교사, 학습공동체에서 미래교육을 상상하다

교사, 학습공동체에서 미래교육을 상상하다

교사 전문성

교원학습공동체

질문이 있는 교실

함영기 지음

성장하는 학교 리더

2022 개정교육과정

미래교육 상상

기초학력

학이시습

교육을 위한 변론

교육의 필요성을 부정하는 사람은 없다. 교육은 '인간답게 살기 위해 필요한 것'이라는 공동체의 합의가 있기 때문이다. 한 아이가 태어나 성장하는 과정을 보면 공식·비공식 교육이 인간다운 삶에 어떻게 기여하는지 잘 알 수 있다.

아이가 수많은 실패와 반복 끝에 두 다리로 바닥을 딛고 일어서는 순간 우리는 삶의 경이를 느낀다. 아이가 입술을 오무렸다 벌리며 처음으로 '맘마'라는 말을 할 때도 마찬가지다. '맘마'라는 말 역시 아이와 엄마가 수없이 반복하여 탄생한, 세상을 향한 첫 발화다. 아이가 혼잣말을 하거나 손을 뻗어 물건을 잡고, 걷는 행위는 의미 있는 타자가 개입함으로써 이루어진다. 의미 있는 타자인 부모와 가족은 아이의 초기 성장과정에서 훌륭한 교육자다.

유아기에 들어선 아이는 궁금한 모든 것을 묻는다. 꼬리에 꼬리를 무는 호기심이 아이에게 가득할 때 아이는 지식을 비약적으로 쌓아간다. 유아기는 가정과 부모에 따라 저마다 다른 교육이 행해지는 시기다. 이때 가정환경이나 문화적 배경에 따라 다양한 비형식적 교육이 이루어진다.

집단생활이 시작되는 어린이집이나 유치원에서 가족 외에 또래 친구를 만나 이야기를 주고받으며 노는 것은 아이에게 신비한 경험이다. 또래집단에서 다양한 놀이를 통해 약속과 질서를 배우는 것도 이 시기다. 대부분의 유아는 어린이집이나 유치원에서 배운 율동을 집에서 몇 번이고 반복한다. 이렇게 연습한 결과 아이는 뼈대와 근육을 움직여 자신이 의도를 표현하고, 점점 그 가짓수를 늘려간다. 이로써 연습은 습관이 되고, 습관은 내면화된다. 단언컨대 교육의 힘이다.

초등학교에 들어간 아이는 좀 더 규율적인 집단생활에 적응하는 한편, 자기표현이 강해진다. 목표를 정하고 그것을 향해 노력하는 모습을 보인다. 친구들과 어울려 공부와 운동, 놀이와 게임도 즐긴다. 운동과 놀이를 통해서는 그 안에 또 다른 규칙이 있음을 발견하고, 그 규칙을 지키지 않으면 함께 놀 수 없다는 것도 알게 된다.

초등학교 고학년부터 나타나는 사춘기 징후는 아이가 중학교에 들어가면서 더 뚜렷해진다. 몸이 변화하고, 이성에 눈을 뜬다. 때때로 격렬한 감정에 휩싸이기도 하고, 감정을 조절하지 못해 공격성을 보이기도 한다. 그와 동시에 모든 것을 다툼으로만 해결하지 않는 능력도 생긴다. 불안해 보이지만, 아이들은 학교와 가정에서 대체로 균형을 이루며 살아간다.

교육은 이렇듯 한 인간이 사회에서 타자와 더불어 자신의 삶을 의미 있게 살 수 있도록 돕는다. 헌법은 초등학교와 중학교 교육을 의무교육으로 정하고 있는데, 이는 국가뿐 아니라 부모의 책임을 전제로 한다. 대체로 초·중등 시기는 지덕체의 조화로운 발달을 위해 여러 교육적 시도가 이루어지는 때이기도 하다.

학생 대부분이 대학에 진학하는 지금, 고등학교 교육도 보편적 공통교육 범주에 속한다는 의견이 많다. 그러나 현재 우리의 고등학교는 대학입시 준비기관으로 존재하는 것이 사실이다. 이런 교육 현실에서 대학입시는 수도권과 비수도권을 가르고, 수도권 안에서도 지역별 차이를 만들어내는 원인으로 작용한다. 높은 주거비용을 감수하면서 대학입시에 유리한 지역으로 거주지를 옮기는 현상만 봐도 교육이 신분 상승의 수단이 된 지는 오래다. 부모는 자신의 지위를 아이에게 물려주기 위해, 아이가 더 높은 지위로 올라가길 바라는 마음에서 경쟁적으로 교육에 투자한다. 모두의 합의 라고 할 수 있는 '인간다운 삶을 위한 교육'은 이렇듯 상급 학교로 올라가면서 그 결을 달리한다.

교육을 받는 목적은 저마다 다르다. 어떤 사람은 오로지 좋은 직업을 갖기 위해, 또 어떤 사람은 지적 교양을 쌓고 가치 있는 삶을 살기 위해 교육을 받는다. 이렇듯 교육은 직업을 구해 생계를 유지하기 위한 외재적 목표와 진리 탐구, 인격 함양을 위한 내재적 목표가 통합되거나 분리된 형태로 나타난다. 내가 하고 싶은 일과 희망하는 직업이 일치한다면 더없이 좋겠지만, 하고 싶은 일과 종사하고 있는 직업의 방향이 다르더라도 그 사이에서 균형을 잘 잡으며 살아갈 수 있다면 큰 문제는 없다. 현실에서 사람들은 비교적 조화롭게 균형 잡힌 삶을 꾸려 나가며, 그 과정에서 교육은 제 몫을 다한다.

그러나 인간은 홀로 삶을 살지 않는다. 그가 속한 공동체와 국가, 지구촌은 상호의존적 관계망을 이룬다. 기후변화나 감염병 유행 등 혼자서는 해결할 수 없는 일들이 점점 늘어나 인류의 생존을 위협하고 있다. 더는 이대로 내버려 둘 수 없다는 문제의식은 전 세계를 하나로 묶어 '지속가능발전목표Sustainable Development Goals, SDGs'를 합의하는 상황에 이르렀다. 개인의 행복 추구가 인류 공동의 행복 추구로 이어지기 위해서는 불확실하고 예측할 수 없는 미래사회를 헤쳐나갈 지적·사회적·신체적 역량과 행동에 따른 책임감이 필요하다. OECD와 UNESCO가 잇따라 내놓은 보고서에서도 '학습자의 행위 주도성'과 '변혁적 역량'을 강조하고 있다. 지금과 같은 발전 속도와 무게로는 인류가 맞닥뜨릴 여러 위협에 대처하기 힘들다는 판단에서다. 어떻게 하면 이런 공동체적 위기에 효과적으로 대응할 수 있을까?

한 인간의 조화로운 성장에 이바지하는 것을 목적으로 하는 교육은 공동체의 지속가능성을 위해 우리가 선택할 수 있는 거의 유일한 수단이다. 그런 의미에서 교육기본법 2조는 우리가 왜 교육에 가치를 부여해야 하는지, 우리 교육이 어느 곳을 향해야 하는지를 말해준다. 인격 도야, 자주적 생활능력, 민주시민으로서 필요한 자질, 인간다운 삶, 민주국가의 발전과 인류공영 등과 같은 이상을 실현하는 것은 교육이 추구하는 개인적·사회적 목표다.

교육은 늘 당대의 정치와 사회, 경제와 문화의 영향을 받아왔다. 특히 최근 교육계를 향한 '산업인재 양성'이라는 요구에는 명백한 경제적 동기가 깔려 있다. '교육부는 경제부처'라는 말 속에도 교육은 경제성장에 기여해야 한다는 강력한 메시지가 담겨 있다. 물론 교육을 통해 마땅히 배워야 할 정치적·경제적·사회적·문화적 지식이 있다. 그러나 문제는 이런 것들이 교육에 영향력을 행사하려 들수록 교육의 고유 가치는 상실될 우려가 커진다는 점이다. 교육이 국가경쟁력을 높이는 데 공헌해야 한다는 요구는 교육을 수단화할 위험을 내포한다. 강한 동기는 성공 가능성을 높이지만, 그 방향이 잘못되어 있다면 동기가 강할수록 더 해롭기만 할뿐이다.

교육은 인간 가치를 실현하고 삶의 방편을 구하는 과정이라는 점에서 내재적 목표와 외재적 목표가 조화를 이루어야 한다. 그저 경제성장에 필요한 도구로만 기능하는 것이 아니라, 좋은 교육을 통해 시민의 지적 교양과 경제·사회적 욕구가 조화롭게 충족되는 가운데 그것의 결과가 국가발전에 기여하는 형태가 되어야 하는 것이다. 이를 위해 교육은 정치로부터 독립하여 헌법이 보장하는 자주성과 전문성, 정치적 중립성을 실질적으로 확보해야 한다.

《교사, 책을 들다》 출간 이후 2년 만에 다시 교육서로 독자들을 찾는다. 이 책은 모두 6가지 영역의 교육 이야기를 다루고 있다. 각 영역의 서두에는 오랜 시간 취재하면서 살펴본 교육현장의 생생한 목소리를 가감 없이 담았고, 말미에는 문제의식을 담은 10가지 제안 또는 질문과 답변으로 내용을 정리하였다.

부디 이 책이 혼자 또는 집단으로 공부하는 교육자, 예비교사의 배움에 도움이 되기를 바란다. 글을 통해 경험을 나누고 때로 주장하며 제안을 하고 있지만, 늘 그렇듯이 탈고 뒤엔 아쉬움이 남는다. 앞으로 독자들과 함께 그 아쉬움을 채우는 작업을 하고 싶다.

함영기

차례

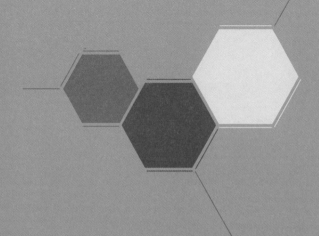

교사의 전문성과 학습공동체

네 교사 이야기

중학교에서 수학을 가르치는 20년 차 경력의 김 교사는 초임교사 때부터 지금까지 동료들과 어울려 공부를 해본 적이 없다. 방학 기간을 이용하여 다음 학기에 맡을 과목의 교과서를 대강 훑어보긴 한다. 대체로 김 교사는 단원을 지도하기 전에 교과서 중심으로 먼저 내용을 검토하고 가끔은 지도서를 참고해 문제집에 있는 어려운 문제들을 먼저 풀어본다.

다른 2명의 교사와 함께 2학년을 나누어 맡고 있는데 정기고사 전에는 다 모여 문항 출제를 두고 협의한다. 대개는 한글 워드프로세서의 수식 기능을 잘 다루는 젊은 교사가 편집을 맡고 3명의 교사가 범위를 정해 각자 출제한 다음 한두 번 모여서 문항을 검토한다. 각자가 출제한 시험 문제에 대해선 웬만하면 의문을 제기하지 않는다. 문항을 검토할 때는 주로 오류 여부에 집중한다. 소홀히 검토하면 문항 자체가 성립하지 않거나 정답이 없는 경우가 생길 수도 있기 때문이다.

지난 기말고사가 그랬다. 문항에 오류가 발견되어 시험 시작 직후 모든 교실을 돌며 수정사항을 안내해야 했다. 젊은 교사는 문항 오류가 나왔을 때 자존심이 크게 상한 눈치다. 수학과 교사들은 이렇게 각자 알아서 교재연구를 하고, 필요할 때 모여서 협의를 한 다음 교과협의록에 그 내용을 간단히 기록하는 식으로 일해왔다.

지금껏 큰 불편은 없었다. 하지만 날이 갈수록 김 교사는 공부의 필요성을 느낀다. 교과수업도 그렇지만, 감당하기 힘든 사춘기 아이들을 이해하기 위한 심리학을 혼자 또는 여럿이 함께 공부했으면 좋겠다는 생각이 커지고 있다.

●●●

이 교사는 초등학교에 근무한다. 올해로 두 번째 학교에서 아이들을 가르치고 있는데, 다음 학교로 옮겨갈 때쯤이면 이 교사는 10년 차가 된다. 이 학교에 부임한 지는 3년이 됐다. 이 교사는 독서를 많이 하는 편이다. 다른 교사와 책을 읽고 이야기를 나누고 싶지만, 아직 그럴 기회가 없었다. 현재 근무하는 학교에선 6학년을 맡고 있는데 아이들이 여간 드센 게 아니다.

영어와 체육은 교과 전담교사가 맡고 있고 나머지는 모두 이 교사의 몫이다. 일주일에 한 번씩 학년부장 교실에서 동학년 티타임을 갖는데, 한 시간 남짓한 티타임에서는 대체로 생활지도 사례를 공유한다. 6명의 6학년 담임들은 앞다투어 자기 반의 사례를 이야기한다. 이야기에 특별한 형식은 없고, 요즘은 아이들이나 학부모에게서 상처받은 이야기가 대부분이다.

학년부장 선생님은 6학년 담임 중 가장 경력이 많다. 거의 30년 가까이 되는 듯하다. 보통 경력이 많은 교사는 6학년 담임을 거의 맡지 않으려고 하는데 6학년 담임도, 학년부장도 자원했다고 들었다. 그것만으로도 존경스럽다. 부장 선생님은 대체로 듣는 편이다. 각 학급에서 겪는 어려운 상황을 공유하면, 가끔 자신의 경험을 예로 들어 의견을 내놓기도 한다. 이 교사는 이렇게 모이는 것이 많은 도움이 되고, 꼭 필요하다고 생각한다.

그렇지만 사전 계획 없이 습관적으로 모여서 학급운영의 어려움만 토로하는 지금의 티타임이 조금만 더 형식을 갖추었으면 좋겠다는 바람도 있다. 주제를 정해 모임을 갖고, 먼저 고민한 담임이 간단히 발표하면서 이를 실마리 삼아 토론하면 훨씬 더 생산적인 모임이 되지 않을까 하는 생각에서다. 몇 번이나 부장 선생님에게 말하고 싶었지만 그러면 자유로운 모임 분위기가 깨질 수도 있다는 생각에 포기했다.

●●●

박 교사는 고등학교에서 지리 과목을 담당한다. 통합사회를 비롯하여 한국지리, 세계지리, 여행지리 등 그해에 맡은 과목을 두루 가르친다. 최소한 2개 학년의 수업에 들어가고 정기고사 때는 세 과목이나 문항 출제를 한 적도 있다. 15년 차인 박 교사는 올해 남은 몇 개월만 근무하면 다른 학교로 전근을 갈 예정이다. 그런데 학생 수와 학급 수가 감소함에 따라 교사 정원도 줄어드니 전근을 갈 때마다 집에서 먼 곳으로 배정될까 봐 늘 걱정이다.

내년에는 1학년부터 고교학점제가 적용되는데, 3년 동안 총 204단위에서 192학점으로 줄어드는 과정에서 내년 1학년 시수와 교사 정원을 비교해보니 그것만으로 1명의 교사가 줄어야 한단다. 설상가상으로 입학생 수도 크게 줄어서

한 학급이 없어진다고 한다. 이 학교 교사들이 모일 때마다 화제에 가장 많이 오르는 이야기는 과원 교사가 어느 교과에서 발생할지, 어떤 기준으로 배치될지다.

교무부장은 계산기를 두드려 교과별로 교사들의 주당 평균 시수를 계산하고 있다. 이 방식으로 해야 그나마 잡음을 최소화할 수 있다고 말한다. 연구부장은 음악 중점학교를 운영하는 학교 상황을 고려해야 한다고 주장한다. 박 교사는 내년에 다른 학교로 가기로 이미 마음을 굳혀서 이 복잡한 문제에 관심을 크게 두지 않고 있지만, 언젠가는 자신의 문제가 될 것이라 생각한다.

이 학교에서는 올 2월에 전체 교사가 '교원학습공동체'에 참여했다. 방학 중 3일 동안 학교에 출근해 새 학기 학사운영 방안을 두고 협의하는 시간을 가졌다. 외부에서 진학지도 전문가를 초빙해 강의도 들었다. 새로 부장교사로 내정된 교사들은 새 학기 계획을 발표하고 다른 교사들의 의견을 수렴했다. 교과별로도 두 차례 모여 새 학기에 어떻게 역할을 분담하고 학년과 학급을 나누어 맡을지 논의했다. 교사들의 참여율이 높았던 것은 학기 초 교육청에서 학습공동체에 참여하는 교사들에게 15시간의 연수 이수 시간을 인정해주겠다는 방침이 내려왔기 때문이다.

교사들의 가장 큰 관심사는 자신이 올해 몇 학년 담임을 맡을지, 교과는 어느 학년의 어떤 학급을 맡을지, 주당 수업 시수는 어떤지, 또 업무분장으로 어떤 직무를 맡게 될지다. 박 교사는 이때 너무 양보하면 자기만 손해라고 생각한다. 과거엔 더러 양보도 하고 어려운 일을 자청하기도 했지만 요즘은 생각이 바뀌었다. 어려운 사정이야 다들 비슷하니 업무나 담임을 맡을 때 공정한 기준이 필요하다고 여긴다.

●●●

최 교사는 혁신학교로 지정된 초등학교의 업무전담부장 이다. 담임을 맡지 않는 대신 과거 담임들이 맡았던 업무를 3명의 교사와 함께 처리하고 있다. 종일 공문서와 씨름하지 만, 본인이 자청한 일이고 담임도 맡지 않았으며 수업시간 도 상대적으로 적어서 불만을 가져서는 안 된다고 생각한 다. 그리고 혁신학교 운영과 관련한 일은 업무가 많긴 해도 아이들에게 도움이 되는 일이라 동기부여가 되는 편이다.

이 학교의 교장은 평교사 중에서 공모를 통해 교장으로 뽑힌 분이다. 3년 전, 싫다는 것을 몇 차례나 설득하여 공모 에 응모하게 한 것도 최 교사다. 막상 교장이 되고 나서는 교장 본인이 더 열정적으로 이것저것 해보자고 제의하는 통 에 최 교사도 앞장서지 않을 수 없었다.

평교사 시절부터 책을 많이 읽은 교장은 희망하는 교사들을 모아 '온 작품 읽기'라는 학습공동체를 조직했다. 첫해에 교사 몇몇이 참여했다. 최 교사도 당연히 참여하여 실무를 지원하는 역할을 맡았다. 참여했던 교사들에게서 모임이 꽤 재미있고 수업에도 도움이 된다는 입소문이 나자 그다음 해에는 대부분의 교사가 여기에 참여하겠다고 나섰다.

무슨 일이든 시작은 교장이 해도 실무는 온전히 최 교사의 몫이다. 업무전담부장 일도, 학습공동체 지원 업무도 종종 벅찰 때가 있지만 보람이 있어 일할 만하다. 다만 참여하는 교사들이 조금만 더 주인의식을 가지면 좋겠다는 바람이 있다. 그러나 구체적으로 일감을 맡으면 다들 열심히 해서 그 또한 큰 불만은 없다. 그런데 몇 년을 몰입해 일하다 보니 몸이 많이 상한 데다가 다른 교사들과 소통하는 일이 피곤해졌다. 무엇보다 최 교사는 아이들 곁으로 돌아가고 싶어졌다. 아마도 내년엔 담임을 맡게 될 것이다.

요즘 업무전담부장을 맡을 교사를 찾고 있는데 마땅한 교사가 없어서 걱정이다. 최 교사가 힘들게 일하는 것을 봐서 그런지 다들 선뜻 나서지 않는 분위기다. 이러다 교장의 임기가 끝날 것이고, 본인도 업무전담에서 손을 놓아야 하는데 어쩌나 싶다. 더구나 내년에는 혁신학교 재지정을 위한 평가도 있다. 이런 답답한 상황에서 최 교사는 어떤 일이든 핵심적으로 일할 사람을 확보해야 한다고 강하게 느낀다.

다시 생각하는 교사 전문성

통념상 교사에게 바라는 역할과 기대가 있다. 교사는 성직자와 비슷한 역할을 하는 것처럼 보이기도 하고 유능한 전문가로 비춰지기도 한다. 그런가 하면 교사는 공적 규범에 충실한 공무원이자 자신이 제공하는 노동을 대가로 임금을 받아 생활하는 노동자다.

교사를 향한 사회적 기대, 부모의 요구, 학생의 바람 등을 종합해보면 교사는 '가르침과 돌봄'을 동시에 잘하는 사람이다. 잘 가르치면서도 안전하게 돌봄을 수행해야 한다는 외부의 기대는 '잘 가르치는 것'에 집중하고 싶은 교사들을 종종 딜레마에 빠지게 한다. 교사는 기본적으로 좋은 수업을 하고 싶은 열망이 있다. 그러나 생활지도도 교사의 몫이고, 여기에 더해 행정업무까지 처리해야 하는 현실은 교사를 수업 준비에 온전히 집중할 수 없게 만든다.

그동안 교사 전문성 신장은 외부의 기대와 교육의 내적 필요에 따라 '관찰 가능한 역량'을 강화하는 차원에서 이루어져 왔다. 교사 역할의 고유성에 비추어 질적 측면을 살펴보기가 쉽지 않다 보니 수업시수, 담임이나 보직교사 여부, 업무의 가짓수와 강도 등 계량화가 가능한 영역이 근무평정이나 성과급 지급의 근거로 사용되기도 한다.

교사 전문성에 관한 전통적 접근 방식은, 대체로 교사 전문성을 규정하는 지식은 객관적으로 존재한다는 것, 교직의 전문지식은 전달된다는 것, 교사의 학습은 교직의 전문지식을 획득하는 과정이라는 것, 교사연수로 쌓은 전문지식은 교육현장에서 언제든 꺼내 쓸 수 있다는 가정에 기초한다.[1] 이로써 교사의 주요 업무가 표준화·객관화·가시화·일상화되어 교사의 업무능력을 평가하기 용이해졌고, 교사 역할은 쉽게 대체될 수 있게 되었다.[2]

전통적인 관점에서 교사 전문성 신장 방식은 교사에게 부족한 부분을 찾아 이를 보완하려는 형태로 나타난다. 제도적 차원에서는 교사 전문성을 함양하기 위한 여러 시도, 예를 들면 각종 교사연수, 교원능력개발평가 등이 여기에 해당한다. 교원능력개발평가의 경우 평가지표를 구성하는 항목을 수업과 생활지도로 구분하여 동료교사, 학생, 학부모가 평가하는 방식을 취한다. 5점을 기준으로 점수를 매기면 평균 4.03점과 같이 수치로 평가 결과가 나온다. 만약 이 수치가 2.5점 미만이라면 단기 연수를, 2.0점 미만이라면 장기 심화 연수를 이수해야 한다.

그러나 교사의 역할과 능력을 지표 중심으로 나열하여 도달 정도를 측정함으로써 전문성을 평가할 수 있다고 보는 관점은 최근 복잡하고 역동적인 학교 생태계와 맞지 않다는 지적을 받고 있다. 교사연수의 경우 그 내용을 질적으로 제고하고 연수방법을 다변화하기 위해 꾸준히 노력해왔지만, 급변하는 현대사회에 필요한 교사의 교육적 소양을 키우는 데는 여전히 부족하다. 교원능력개발평가 결과를 봐도 장기 연수를 이수하고 온 교사가 수업이나 생활지도 측면에서 질적 향상을 이루었는지 판단하기는 어렵다. 이러한 방식은 우수한 교사를 위한 보상 방법으로도 적절치 않으며, 소위 부적격 교사를 정확하게 걸러내는 데에도 한계가 있다.

이런 까닭에 비예측적이고 역동적인 교육의 장에서 교사 전문성을 재정의할 필요가 있다. 그것은 역할과 직무를 중심으로 각 영역의 역량을 강화하려는 전문성 신장 방식에서 벗어나 교사와 학생, 그리고 이들 교육주체를 둘러싼 조건을 동시에 생각하는 것을 전제로 한다. 교사 전문성은 학생을 어떤 시민으로 키울지, 시민으로서 어떤 지식과 기능, 행위능력을 갖게 할지와 관련이 깊다. 이에 따라 교사는 자신의 교육관을 바탕으로 교육상황을 이해하고 실천의 주체가 되어야 한다.

OECD는 학습 나침반 2030을 통해 학생의 '행위 주체성 student agency'과 '변혁적 역량 transformative competencies'을 강조했다.[3] 변혁적 역량은 불확실하고 비예측적 상황에서 발휘되는 학습자의 능력이다. 유발 하라리 2018는 학교가 학생에게 변화에 대처하고, 새로운 것을 학습하며, 낯선 상황에서 정신적 균형을 유지하는 능력을 가르쳐야 한다고 말한다.[4]

새로운 가치를 생성하고, 긴장과 딜레마를 조정하며, 책임감을 갖는 것은 학생의 행위 주체성을 바탕으로 변혁적 역량을 함양하는 방법이다. 학생에게 필요한 역량은 시대적 배경과 사회상황을 반영할 수밖에 없다. 감염병 대유행, 기후변화, 정보공학의 비약적 발전 등 현대사회의 여러 속성에 적응하면서 한 걸음 더 나아가 창조성을 발휘하기 위해서는 이에 상응하는 유연한 역량이 필요하다.

UNESCO는 2021년에 〈함께 그려보는 우리의 미래-교육을 위한 새로운 사회계약〉이라는 제목의 보고서를 발간했다. 이 보고서는 교육을 위한 새로운 사회계약에서 교사가 중심에 있어야 한다고 강조한다. 교사라는 직업은 교육과 사회의 변혁을 일으킬 새로운 지식에 불을 지피는 집단적 노력의 산물로 재평가되고 다시 상상되어야 한다는 것이다.

이 보고서는 교직의 성격을 전문가 또는 팀 활동을 통해 작동하고 진화하고 번영하는 '협력적 직업 collaborative profession'으로 재설정하자고 제안한다. 교사를 '성찰적 실천가'이자 '지식 생산자'로 인정할 때, 교사는 자신의 전문성을 가지고 교육환경과 정책, 연구, 실천의 변혁에 필요한 '지식체 bodies of knowledge'의 발전에 기여할 수 있다는 것이다.[5] 아울러 교사라는 복잡한 역할을 수행하기 위해서 충분히 자유로운 수단과 지원을 특징으로 하는 풍요롭고 협력적인 교사 커뮤니티를 제안하고 있다.

앤디 하그리브스와 마이클 풀란 Andy Hargreaves and Michael Fullan 2012은 교사가 가져야 할 전문적 자본을 인적 자본, 사회적 자본, 의사결정적 자본의 집합으로 보았다. 인적 자본은 지식과 기술의 소유와 개발에 관한 것이며 사회적 자본은 사람 간의 상호작용 그리고 사회관계의 양과 질에 관한 것이다. 의사결정적 자본은 교사의 자율적 판단 능력을 말하며 이는 교사 전문성의 핵심이기도 하다. 결정적 증거가 없어도 판결을 내려야 하는 판사처럼 경험해보지 못한 상황에서도 교사는 현명하게 판단해야 한다.[6] 이렇듯 새로운 교사 전문성은 불확실하고 비예측적인 사회와 교실 상황에서 지속적으로 모종의 판단을 내려야 하는 변혁적 역량을 요구하고 있다.

2009년에 발표한 학위논문에서 교사의 수업 전문성을 실천적으로 재개념화한 적이 있다. 당시 재개념화한 수업 전문성 요소는 반성적 실천, 교육과정 개발 및 재구성, 내러티브적 사고, 연계적 전문성 등이 상황과 맥락에 따라 조화롭게 발현되는 것이었다.[7]

한국의 교실 상황에서 교사는 수업과 생활지도 그리고 얼마간의 행정업무를 담당한다. 이를 종합하면 교사 전문성은 '수업 역량을 중심에 놓고 학생 생활에 대한 이해와 실천을 결합하는 것'이어야 한다. 그동안 전국적으로 이루어진 교육혁신 실험과 교육과정 및 수업, 평가혁신을 위한 노력, 또 지역과 연계하여 교육의 변화를 촉진하기 위한 노력이 있었다. 이러한 과정을 참고하여 교사 전문성을 재정의하면 다음과 같다.[8]

- 교육과정, 수업, 평가의 속성을 이해하고 이를 계획·운영할 수 있는 역량

- 교육과정 개발, 재구성 및 수업 디자인, 실행 능력
- 평가를 교육과정 및 수업과 연계하여 실시하고 이를 피드백할 수 있는 능력

• 학교와 학급공동체를 생성·유지하고 성장시키는 능력
- 민주적 시민성의 개념을 이해하고 학생과 더불어 학교, 학급공동체를 형성하고 성장시키는 역량
- 동료 교사와 수평적으로 협력하여 학습공동체를 형성하고 유지·발전시키는 능력
- 학교와 지역사회의 민주적 교육 거버넌스를 구축·운영할 수 있는 역량

• 학생의 인지·정서·신체 발달과 사회화 등 전인적 성장과정의 이해와 촉진
- 학생을 자유의지를 가진 창조적 주체로 인정하고 이들의 성장을 조력하는 능력
- 디지털, 생태, 인권, 비차별 등 글로벌 이슈를 이해하고 이를 교육상황에 적용하는 능력

이 기준은 교원능력개발평가의 접근 방식과는 근본적으

로 다르다. 각각의 항목마다 도달해야 할 목표를 정해 모든 교사가 이를 달성해야 하는 것도 아니고, 누군가의 평가가 필요한 것도 아니다. 이는 개별 교사가 갖추어야 할 최소한의 소양임과 동시에 학교 또는 그 이상의 교사 집단에서 협력적으로 발현되는 역량이라 할 수 있다. 즉, 교사 전문성은 '교사의 특성과 고유성에 바탕을 둔 역량과, 집단의 특성과 조건에 따라 발현되는 역량의 총체적 결합'으로 재정의할 수 있다. 교사 개인의 능력과 특성이 저마다 다르기에 이질적인 타자와의 협력과 연대를 통해 개인적·집단적 역량이 성숙될 것으로 기대한다.

학교장이 교사에게 "주어진 교육과정에 따라 성실하게 수업에 임하세요. 학생이나 학부모한테서 교과서에 나와 있는 내용을 다루지 않았다는 민원이 발생하지 않도록 하세요."라고 지시하는 것은 앞에서 재정의한 교사 전문성에 부합하지 않는다. 교사 전문성 자체가 교과지식을 충실히 전달하는 능력을 넘어 교육과정을 재구성하고 운영하는 능력, 학교공동체를 생성·유지하고 성장시키는 능력, 학생의 전인적 성장과정을 이해하고 이를 촉진하는 능력으로 그 패러다임이 바뀌고 있기 때문이다.

재정의한 교사 전문성 함양을 위해서는 교사 스스로가 불확실한 문제상황을 이해하고 극복할 수 있게 돕는 회복탄력성을 갖는 것이 중요하다. 책 한 권을 읽거나 강의 한 번을 듣는 것으로는 회복탄력성을 습득할 수 없다. 지금의 교사들 역시 옛 교육체제의 산물이기 때문에 미래지향적 회복탄력성을 갖기 쉽지 않다.[9] 교사 스스로 자기통제력과 회복탄력성을 바탕으로 교육과정을 디자인하고 공동체를 유지하며 학생의 전인적 발달을 조력하는 역량을 갖추는 것은 어느 시대건 요구되는 교사 전문성의 핵심이다.

학습공동체의 생성과 성장

최근 교육을 효율화하려는 움직임이 거세게 일어나고 있다. 이는 교육에 투입하는 자원 대비 얻을 수 있는 효과에 대한 기대에서 비롯한다. 효율성을 중시하는 관점에서 투입을 구성하는 요소는 인적·물적 자원이며 산출, 즉 기대하는 효과는 주로 학생의 학력 신장이다.

산출에 대한 기대는 교육을 표준화하려는 움직임으로 나타나는데, 이러한 움직임은 오히려 교사를 탈전문화의 길로 이끈다. 다시 말해 '학력 신장'이라는 기대 목표를 이루기 위해 학생의 교육적 성장보다는 시험을 통해 학생들을 서열화하는 것에 관심을 둔다.

이러한 관점에서 교사 전문성 역시 외부에서 제공하는 표준화된 지표에 따라 점수를 매기는 것이 가능해진다. 그러나 모든 교사가 똑같은 전문성을 가질 필요가 없다는 전제에서 보자면 이 역시 교사를 탈전문화의 길로 이끄는 요인이 되며, 교사 간 협력의 필요성도 퇴색시킨다. 여기에 더해 상호불간섭과 고립, 안정 추구라는 특유의 교사문화는 교사들을 협력보다는 경쟁체제에 적응하도록 만든다. 따라서 이런 접근 방식은 복잡성, 불확실성, 비예측성이라는 교육의 속성을 제대로 반영하지 못한다는 지적이 있다.

학습공동체는 교사 전문성 신장과 학생의 학습 증진을 위해 협력하여 배우고 탐구하고 실천하는 교사 집단으로, 가치와 규범을 공유하고 교사와 학생의 학습에 중점을 두며 구성원 간의 협력을 특징으로 한다. 한국에서 초기 학습공동체는 디지털 네트워크의 발전과 궤를 같이한다. 좋은교사운동, 교실밖교사커뮤니티, 인디스쿨, 참여소통교사모임 등이 1990년대 후반에서 2000년대 초반에 활동을 시작했다.

현장 교사들의 자발적 활동으로 시작하여 비영리 단체를

세우기까지 당시 교사공동체 운동은 전국에서 활동하는 교사들의 전문성 신장에 실천적으로 기여했다. 이들은 실사구시 차원에서 현장 교사들의 이해와 요구에 기반한 자료를 개발하고 공유했다. 수업 도움 자료와 학급운영 자료, 공부하는 교사들을 위한 학습 커리큘럼 등이 교사공동체 플랫폼을 통해 공유되었으며 교육청과 교육부도 교사공동체 구성원들의 의견을 수시로 참고했다.

2000년대 후반부터 진보 교육감의 시대가 열렸다. 작은 학교 살리기에 집중하던 교사들이 혁신학교 운동을 시작했고, 진보적 성향의 교육감들이 이를 적극적으로 받아들였다. 혁신학교 운동은 수업혁신과 민주적 학교공동체 구현이라는 기치 아래 전국으로 확산되었다. 2014년과 2018년 두 번의 선거에서 교육혁신을 표방하는 교육감이 대거 당선되었다. 이에 따라 교육혁신을 주장하던 교사들의 활동도 새로운 전기를 맞았다. 단위학교의 활동가 교사들이 교육청의 장학사, 장학관으로 다수 전직하기도 했다. 이들은 교육감을 도와 학교를 변화시키는 데 필요한 여러 정책을 개발하고 그 사례를 활발하게 공유했다.

그렇게 혁신학교를 중심으로 교사 다모임 활동과 수업개선 운동이 전국적으로 퍼져나갔다. 일부 학교에서는 사토

마나부 Sato Manabu의 배움의 공동체[10]를 도입하여 교실에 적용했다. 어떤 학교에서는 프레네 교육[11]을, 또 다른 학교에서는 발도르프 교육[12]을 접목했다. 나아가 존 듀이 John Dewey의 활동중심교육[13], 레프 비고츠키 Lev Vygotsky의 인지발달이론[14] 등을 공부하거나 적용하는 학교가 늘어났다. 이 시기 교사들은 지역별로 모임을 만들어 새로운 수업방법을 익혔다. 시도별로 교과통합 프로젝트 학습, 학생자치 운동, 협력종합예술활동 등을 특색사업으로 펼치며 전국적으로 학교혁신의 기운이 크게 일었다.

비슷한 시기에 교장공모제를 통해 내부형 교장이 등장하기 시작했다. 평교사 출신의 내부형 교장은 학교 구성원과 학교를 혁신하기 위한 여러 프로그램을 기획하고 진행했다. 내부형 교장이 운영하는 학교에서는 거의 예외 없이 다모임과 수업협의회가 활성화되었다. 수업공개에 반대하던 교사들이 자발적 수업평가회를 구성하여 교실을 상시 개방하기 시작했다. 아울러 초등에서는 동학년협의회, 중등에서는 교과협의회가 활발하게 이루어지며 사례를 쌓아갔다.

내부형 교장들은 서로 연대하여 학교 리더로서의 철학과 방향, 학교혁신 사례를 공유했다. 이들의 연대 모임은 그 자체로 '학교 리더의 학습공동체'였다. 이러한 교장들의 학습공동체는 그동안의 지구별·지역별 교장협의회의 한계를 극복하고 실질적인 내용과 형식을 갖추면서 그 수를 늘려나갔고 질적으로도 점차 그 수준이 높아졌다.

지역별로 학생인권조례가 만들어졌고 학생자치운동도 활발하게 일어났다. 서울 지역의 '교복 입은 민주시민', '질문이 있는 교실', '협력종합예술활동'[15] 등은 학생을 어엿한 교육주체로 인정하면서 참여 기반 교육정책의 초석을 다졌다. 학생들은 학습이나 정서 측면에서 즐거움과 안정감을 동시에 찾았다. 뮤지컬이나 연극, 영화 만들기 작업에 참여하고 학기말 공연을 준비하면서 자존감을 키웠다. '희망교실' 정책은 교사와 학생이 자유롭게 모임을 만들어 체험학습을 진행하고 개산급[16] 적용 등 예산 사용의 간소화를 꾀해 많은 호응을 얻었다.[17] 각 교육청과 교육부에도 '민주시민교육과'가 설치되어 전국의 상황을 공유하고 지원하는 체제를 갖추었다.[18]

자발적으로 시작된 다양한 영역의 교사공동체 활동이 교육청, 교육부의 정책으로 진화하면서 탄력을 받았다. 많은 교사 모임이 초기에는 소수로 시작하였지만, 교사들이 점차 관심을 갖고 합류하면서 규모가 커졌다. 학교에서 지역으로, 지역에서 전국으로 활동 범위를 넓혀가는 교사단체가 늘어났다. 전통적으로 활동가 교사들의 배양지였던 전국 교직원노동조합이나 한국교원단체총연합회도 전열을 가다듬었고, 늦게 출발했지만 단기간에 회원을 확대한 교사노조연맹은 현장 교사의 이해와 요구를 충실히 반영하며 활동을 전개해나갔다. 이와 함께 새로운학교네트워크, 실천교육교사모임 등과 같은 신생 교사단체에서 현장밀착형 교육 실천 사례를 활발히 공유했다.

이 모든 활동의 중심에는 집단의 힘이 갖는 유용성이 있었다. 한 명 한 명의 고유성을 인정하면서도 협력적 공동체를 통해 힘을 발휘할 때, 개인이 가진 힘의 한계를 뛰어넘을 수 있다는 것을 경험한 이들은 더욱 자신감이 생겼다. 혁신학교 사례가 전국적으로 공유되면서 혁신학교와 비슷한 형태의 자율학교가 교육청별로 지정·운영되기 시작했다. 자율학교는 초기 혁신학교 모델을 지역과 학교의 상황과 조건에 맞춰 도입하는 방식으로 시작하여 점차 저마다의 개성을 살려 나갔다.

자발적 활동과 정책 사이의 불화도 생겼다. 정책은 법령의 범위 안에서 예산을 사용하는 방식으로 이루어지므로 행정 행위와 절차를 중시할 수밖에 없기 때문이다. 한편 자신들의 의견이 관철되도록 교육청이나 교육부를 압박하던 활동가 교사들은 이제 정책 수행의 한 축을 담당한다. 주장하고 비판하는 입장에서 평가의 대상이 된 것이다. 이들은 학교업무 정상화나 교원업무 경감을 통해 이 같은 행정상의 번거로움을 해소하고자 했다. 그러나 업무 총량을 축소하지 않은 채 이루어진 업무경감 운동은 학교 구성원 간의 갈등을 불러왔다. 과거에는 생각할 수 없었던, 학교 내 다양한 직종 간의 갈등과 반목이 생겼으며 권리의식이 강해진 학생과 학부모는 교육 서비스 수요자로서 불만과 개선의 목소리를 높였다.

이러한 상황을 타개하기 위해 교사들이 집단으로 움직이며 노력하자 교육청 정책도 바뀌기 시작했다. 많은 교육청이 '전문적 교원학습공동체'를 정책화하여 지원하고, 학교 전체를 학습공동체로 지정하거나 학년별·교과별 학습공동체 활동을 권장했다. 또 예산 지원과 연수 시간 인정을 통해 더 많은 교사가 학습공동체 활동에 참여하도록 유도했다.

자율적으로 생성·운영되던 학습공동체 활동은 정책과 만나 참여자가 대폭 늘어났다. 그러나 기관이 주도하는 정책에는 만만치 않은 부작용이 따랐다. 학습공동체에 참여하는 동기가 변질되기도 했고, 학교 전체 구성원을 신속하게 학습조직으로 재편성하는 과정에서 진통도 있었다. 학습공동체를 이끌던 활동가 교사들은 교육청의 정책화 과정을 반기면서도 그만큼 다양해진 교사들의 요구에 혼란스러워했다.

'자율'은 외부의 간섭 없이 무언가를 스스로 결정하고 실천하는 원리다. 그러나 교육의 영역에서 자율은 입장과 관점에 따라 다양한 의미로 쓰인다. '수업에서 교사의 자율성이 필요하다'라고 말할 때, 교사는 그가 가진 전문성에 기초하여 학생과 함께 만들어가는 교육과정을 상상한다. 이렇듯 '함께 만들어가는 교육과정'의 핵심은 교사와 학생의 자율성에 있다.

'학교 자율'은 단위학교 구성원들이 스스로 세운 계획에 따라 학교를 운영하고 평가하며 개선하는 과정을 포함한다. 이 경우에도 학교 구성원의 자유의지를 보장하는 것이 필수 조건이다. 자율이란 말을 써도 계속 외부 간섭을 받는 상태라면 이는 진정한 의미의 자율이 아니다. 그 예로 '자율학습'은 개념과 행위가 분리되어 왜곡된 실천을 보여주는 대표적인 사례다.

서울시교육청은 2017년 새 학기를 맞아 '학교자치 시대'를 선언하고 이를 구현할 방법으로 '학교자율운영체제'를 구축하기로 한 바 있다. 학교자율운영체제는 미래사회의 변화에 주도적으로 대응할 학생의 역량을 함양하기 위한 형식적 틀이자, 학교교육의 정상성을 회복하고 구성원의 자율성을 보장하여 교육력을 높이고자 하는 문화운동이다. 구조와 문화는 함께하며 순환적으로 연계될 때 교육적 효과를 발휘할 수 있기 때문이다.

교육청에서 학교자율운영체제를 구축하기 위한 일련의 사업을 제시하고 구성원 참여를 촉구한다면 이는 정책적 측면에서의 접근이자 그동안 우리 교육이 견지했던 관행이기도 하다. 이 경우 정책의 주요한 동력이 되어야 할 교육 구성원은 대상화된다. 자율을 말하면서도 교육청 중심의 사업 관습 때문에 정작 자율의 주체인 구성원이 자유의지를 발휘하지 못하는 사태가 발생한다. 이런 악순환에서 벗어나 정책이 학교문화에 스며들고, 문화는 다시 정책에 반영되는 것이 미래지향적 선순환 구조다.

학생의 미래역량을 함양하기 위해서는 교사의 전문성과 자율성을 전면적으로 보장해야 한다. 전문성과 자율성은 학교 교육계획을 수립할 때부터 수업과 평가, 학교가 지역사회와 연계하는 과정에서도 충분히 발휘되어야 한다. 이를 위해 교육청은 학교자율평가, 토론이 있는 교직원회의, 학교업무정상화, 학습공동체와 같은 학교 단위 사업이 원만하게 이루어지도록 도와야 한다. 또 교사를 지식 전달자가 아니라 지식 생성의 주체로 인정하고, 학습공동체를 탐구의 장으로 만들어야 한다. 교사가 탐구적인 태도를 보인다는 것은 그들의 주된 일, 즉 수업 실제에 비판적이고 역동적이며 유동적인 인식 및 존재 방식을 취한다는 것을 뜻한다.[19]

단위학교의 구성원은 '우리가 바라는 미래교육'을 놓고 대화의 장을 마련할 수 있다. 교육청에서 미리 방향이나 결론을 정해놓고 하는 토론은 형식적인 대화만 오고갈 가능성이 크다. 교육개선을 원하는 주체가 자유의지에 따라 적극적으로 의견을 내고 정책에 반영할 것을 요구하며 제대로 시행되고 있는지를 따져 물을 때 적극적으로 참여하고자 하는 의지가 살아난다. 이 과정에서 학생의 미래역량을 함양할 수 있는 학교교육의 개선과 이를 지원하는 교육청의 성격이나 역할이 재정립된다.

서울시교육청은 이 과정에 '미래교육 상상 프로젝트'라는 이름을 붙이기도 했다. 이름에서도 알 수 있듯이 이는 교육청의 일방적인 정책이 아니라, 서울교육의 주인들이 미래교육을 설계하고 참여하는 문화운동이라 할 수 있다. 교육청은 정책을 이끌어가는 상급 기관이 아니다. 구성원의 자율성을 최대한 보장하면서 그들의 의견을 경청하고 이 과정에서 필요한 것을 지원하는 곳이어야 한다. 물론 미래교육

상상 프로젝트 초반에는 다소 혼란스러웠던 것이 사실이다. 그러나 이런 혼란은 학교교육을 정상화하는 과정에서 당연히 동반되는 것이기에 두려워할 이유가 없다. 이때 구성원이 나누는 대화와 토론은 복잡한 요소가 얽히고설킨 학교생태계 속 혼란을 극복해나갈 수 있는 에너지가 된다.

토론이 있는 교직원회의나 교원학습공동체 또는 자유로운 구성원들의 대화모임에서 '학생의 미래역량', '교육과정-수업-평가 연계 방안', '미래지향적 교육을 가로막는 장애', '교육청에 요구하는 정책 제안' 등을 주제로 대화를 나누는 것, 이것이 미래교육 상상 프로젝트의 요체다. 대화에서 나온 내용을 학교에서 실천할 것, 교육청에 제안할 것, 또 국가적으로 해결할 교육의제 등으로 구분하여 기록하는 과정에서 정책과 문화가 섞이고 재구성되는 교육적 경험이 쌓일 것이다. 이렇게 학교자율운영체제와 미래교육을 상상하고 토론하는 과정에서 왜곡되었던 '자율'의 진정한 개념을 회복하고 구성원 모두가 정책의 대상이 아니라 정책을 제안하고 개선하는 주체가 되어야 한다. 이는 학교와 교육청의 관계까지도 미래지향적으로 진화하게 하는 실험의 과정으로 볼 수 있다.

민주적 의사소통과 학습조직

학교 구성원 전체가 학습공동체로 전환됨과 동시에 학년별·교과별·주제별 학습모임을 활성화하고, 나아가 학교 밖으로 활동 범위를 넓혀 경험을 확장하는 것은 교사 성장을 돕는 바람직한 방법이다. 이러한 과정이 원활하게 이루어지기 위해서는 장애를 사전에 파악하고 대비하는 것이 좋다. 마이클 폴란과 앤디 하그리브스2006는 학교 개선을 가로막는 6가지 장애로 교직업무의 과중함, 관계 절연의 팽배, 집단주의의 만연, 능력 개발의 미흡함, 교사 역할의 제한, 해결 방안의 부재 등을 들었다.[20] 이런 장애 요인은 사실 한국의 교사문화에서도 흔히 찾아볼 수 있다. 이를 극복하기 위해서 어떤 조치가 필요할까?

장애를 극복하기 위해서는 시간이 필요하며 학교 구성원의 공감과 협력이 전제되어야 한다. 우선 학교 리더가 구성원과 함께 공동체 운영 철학을 세우고 핵심가치와 비전을 공유하는 절차가 필요하다. 학교 발전을 위한 교직원 워크숍 같은 자리를 마련해 소모임별 토론과 화합의 과정을 거쳐 비전을 차근차근 만들어가야 한다. 많은 현장 교원이 학교혁신을 위해서는 학교장의 철학과 교사의 열정이 결합해야 한다고 말한다. 맞는 말이다. 둘 중 어느 한쪽에 치우친다면 학교는 조직 운영에서 혼선을 빚을 것이다.

또한 장애 요인을 완전히 제거하기 어렵기 때문에 이를 긍정 요인으로 바꾸려는 노력이 필요하다. 관계 절연이 만연하다는 것은 연대를 꺼리는 교사의 개인주의 측면을 말하는 것이다. 모든 것을 혼자 고민하고 해결하려는 고립화isolation를 극복하기 위해서는 개인의 고유성을 인정하되, 낮은 단계의 협력 프로그램을 도입하여 함께하는 시간을 늘려가야 한다. 이때 소집단별로 성취감을 느낄 수 있는 작은 과제부터 설정하는 것이 좋다. 특히 젊은 교사들의 이해와 요구를 수시로 파악하고 반영하려는 구체적인 절차가 필요하다.

교사들이 학년별·교과별로 좀 더 강하게 결속하는 것은 당연한 일이다. 출신 지역이나 학연으로 만들어지는 집단주의는 경계해야 하겠지만, 그보다는 교사들의 결속이 가져올 수 있는 긍정적 효과에 주목할 필요가 있다. 능력 개발의 미흡함은 필요한 조건이 충족되고 개인적·집단적 노력이 병행될 때 극복할 수 있다. 교사 역할의 제한을 극복하기 위해서는 학교 안팎으로 교사의 의견을 좀 더 비중 있게 정책에 반영하고, 학교운영 과정에 교사가 주체적으로 참여할 수 있도록 보장하는 구조와 장치를 마련해야 한다.

앞서 새롭게 재정의한 교사 전문성은 어떤 과정으로 얻어지는 걸까? 핵심 내용을 담아 교사연수 프로그램을 잘 기획하고 능력 있는 강사를 초빙하여 관련 개념을 이해하는 자리를 만들면 되는 걸까? 이미 우리는 숱한 경험에서 그런 절차와 방법이 교사의 마음을 움직이는 데 실패했음을 알고 있다. 교육상황에서 교사의 마음이 움직이지 않는다면, 교사가 아이들을 만나는 것도 형식에 머물 뿐이다.

교사의 마음을 움직여 실천으로 나서게 하려면 교사를 주체로 만들어야 한다. 좋은 연수를 듣고 그대로 실천하라고 권유하는 것이 아니라, '참여 주체'로서 존중하고 끊임없이 '왜?'라는 의문을 갖게 하며, 자신을 성찰하고 경험을 재구성하여 새로움을 추구하도록 해야 한다. 전국 여러 곳에서 진보적 성향을 띤 교육감의 정책이 시행된 이후 많은 성과가 있었다. 그러나 이 과정에서 교사를 참여 주체로 세우는 데에는 한계가 있었다. 왜일까? 이 질문에 답하기 위해 그동안 교육혁신 과정에서 나왔던 반성의 목소리를 몇 가지로 요약해 살펴보자.

- 혁신교육에 헌신한 활동가 교사들이 피로감을 호소한다.
- 대다수 일반 교사는 여전히 혁신의 대상으로 인식된다.
- 학교 혁신 과정에서 일반 교사의 참여가 부족하다.
- 상명하달식 관료적 혁신교육의 폐해도 생겨났다.
- 학습공동체 역시 소수의 활동가 교사가 주도한다.

여기서 더욱 우려되는 점은 이와 같은 현상이 곧 지속가능성의 상실로 이어질 가능성이 높다는 것이다. 구성원 전체의 공통된 의견 없이 소수의 활동가를 중심으로 학교혁신의 과정이 진행되면, 동력이 쉽게 소진될 수밖에 없고 이들을 대체할 인력을 지속적으로 확보하기도 어렵다. 혁신교육 경험이 있는 전국의 모든 지역에서 이와 비슷한 이야기가 들리는 것을 볼 때 고민의 폭과 깊이는 달라도 같은 어려움을 호소하고 있는 셈이다. 이미 몇 년간의 경험을 공유한 곳에서 이런 문제점이 심화되고 있어 더욱 우려스럽다.

최근 시도교육청에서 혁신교육을 '미래교육'으로 전환하려는 움직임이 보인다. 이어질 '미래교육 미래학교 상상'에서 더 자세히 다루겠지만, 혁신교육의 공과가 충분히 검증되지 않은 상태에서 혁신교육을 기술 기반의 미래교육으로 급격하게 전환하는 것은 그간 힘들게 쌓아온 현장의 동력을 약화시킬 수 있다. 따라서 혁신교육은 그 자체로 성과를 계승하고 문제점을 개선할 방도를 찾아야 한다. 냉정하게 말해 그동안 혁신교육은 '기존의 문제를 지적하는 방식'에 기대어 이루어져 왔다. 이제 이러한 방식의 운동 관행을 적극적인 대안을 모색하면서 실천과 결합하는 방식으로 전환해야 한다. 그렇게 하지 않으면 교사를 주체로 세우는 일은 불가능하다.

우리는 '혁신의 동력'이라는 말을 자주 한다. 그 동력이 타율적으로 이끌려 나온 에너지인지 아니면 자율적으로 생성된 에너지인지에 따라 교육혁신의 성패가 달려 있다. 외부로 드러나는 성과에 연연하지 않고 사람을 키우고 협력하게 하며 타인을 조력할 뿐만 아니라 교사 자신도 성장할 계기를 마련해야 한다.

몇몇 교육청에서 '토론이 있는 교직원회의'를 정책으로 삼아 사업을 진행했는데, 이후 학교장과 교사들에게서 여러 이야기가 들려왔다. 사실 학교 민주주의는 식상함과 신선함이라는 이중성이 교차하는 단어다. '지금이 어느 때인데 민주주의야?'라고 말한다면 식상함이 있고, '지금이야말로 학교 민주주의를 더욱 자주 거론할 때 아닌가?'라고 말한다면 신선함이 있다고 하겠다. 민주적 학교운영은 학교혁신의 가장 중요한 전제이기 때문에 그 의미의 신선함에 무게를 두어야 할 것이다.

민주주의가 꽤 진전되었다고 하는 요즘, 아직도 학교 사회에서 구성원 간 의사소통이 제대로 되지 않는 경우가 많다. 혁신학교에서도 소통 문제가 심각하여 구성원의 의욕이 소진되는 주요 원인이 되기도 한다. 일선 학교 교사들과 진행한 인터뷰에서 드러난 '통하지 않는 학교'의 문제점은 대체로 다음과 같다.[21]

- 공식적인 정보 유통의 양이 줄어든다.
- 전체 구성원의 뜻과 다른 의사결정이 자주 이루어진다.
- 무슨 일을 하든지 책임을 면할 방도부터 생각한다.
- 구성원의 자발성이 현저하게 줄어든다.
- 대화보다 문서, 과정보다 성과를 중시한다.

교사와 학생이 하루 중 가장 많은 시간을 보내고 있는 가르침과 배움의 장에 민주적 소통이 절실하다는 것은 어제오늘의 이야기가 아니다. 많은 문제가 의사소통의 부재, 관리자의 독단적 결정, 대화의 회피에서 비롯한다. 구성원이 자발적으로 참여하지 않고 책임을 면할 방도부터 생각하는 학교는 살아 있는 조직이라 할 수 없다.

경기도교육청 2013에서 추진했던 '학교 민주주의 모델학교'[22], 서울시교육청 2015에서 추진하고 있는 '토론이 있는 교직원회의'[23] 같은 정책이 구성원의 충만한 의사소통을 바탕으로 합리적이고 생산적인 의사결정으로 진화하길 바라는 이유가 여기에 있다. 모델학교 운영교원협의회, 집합연수, 컨설팅 등과 같은 행정적·재정적 지원을 제공하는 것은 학교 민주주의라는 목적에서 보면 기존 사업 관행을 답습하는 것에 가깝다. 또한 운영 결과 소기의 성과를 낸 학교에 민주시민교육 프로그램 우선 지원과 학교 민주주의 우수학교 선정 같은 인센티브를 준다는 방침도 옛 방식에 새 정책을 담은 꼴이라서 실행 동력의 주체성을 확보하지 못하고 있다.

활발한 의사소통은 구성원의 참여 의욕을 북돋운다. 아무리 좋은 계획도 구성원의 자발성에 기초하지 않으면 추진력을 얻을 수 없다. 학교 민주주의는 학교 활동의 계획 단계부터 실행 및 평가에 이르기까지 모든 구성원이 자발적으로 참여해야 실현할 수 있는 과제다.

학교 민주주의는 학생회나 교직원회의 등 민주적 절차가 이행되는 것만으로 완성할 수 없다. 학교생활의 모든 사태와 장면에 시민의 소양이 뿌리내리도록 하는 것은 절차적 민주주의보다 훨씬 중요하다. 민주주의를 실현하기 위해서는 제도적 장치를 확보함과 동시에 삶 속에서 시민성을 체화해가야 한다. 전인적 발달에서 중요한 영역인 사회적 발달은 타인과의 관계를 바탕으로 이루어진다. 민주적 시민성은 타인과 관계 맺고 협력하며, 갈등이 생겼을 때 이를 슬기롭게 해소하여 에너지로 만들어갈 수 있는 역량이다. 따라서 학교 민주주의 모델학교가 시행 과정에서 이런 문제까지 포괄하면서 폭넓은 실험이 이루어졌는지 반성하고 점검하는 일이 필요하다.

최근 전국의 모든 교육청에서 학습공동체를 정책적으로 지원하고 있다. 계획에서부터 진행 그리고 평가에 이르기까지 참여 교사의 민주적 의사결정에 따라 학습공동체를 운영한다면 가장 이상적일 것이다. 하지만 이런 운영 방식을 추진할 수 있는 교사문화가 충분히 성숙되어 있지 않은 것이 현실이다. 사정이 이렇다 보니 소수의 활동가 교사가 모임을 주도하고 나머지 교사들은 수동적으로 참여하는 경우가 많다.

몇몇 교육청은 학습공동체 활성화를 위해 예산을 지원하고 참여한 시간을 연수 이수로 인정해주는 등 정책적 노력을 기울이고 있다. 그러나 이 역시 업무의 일환으로 여겨져

주도하는 소수의 교사가 힘겨워하는 현상이 나타나고 있다. 따라서 이런 활동이 업무로 시작되었다 하더라도 진행 단계에서 문화화 과정을 거쳐 학교의 일상으로 자리 잡는 것이 중요하다.

학습공동체를 논의할 때, 여러 학자가 공통적으로 중시하는 것은 바로 협력이다. 하지만 스스로 필요해서가 아닌, 집단의 목표 달성을 위해서만 강제되는 협력은 효과적이지 않다. 하그리브스[1991, 1994]는 이런 '인위적 협력'의 위험성을 경고했다.[24] 인위적 협력은 협력하는 것에 피로감을 느끼게 한다. 그런데 이것이 교사 개인의 태도나 심성에서 비롯한 것일까? 이를 논하기에 앞서 우리는 현재 학교의 구조와 문화를 함께 생각해봐야 한다.

상호불간섭 논리와 고립화는 아직도 교사문화에 뿌리박혀 있는 문제다. 초등의 경우 동학년, 중등의 경우 교과협의회를 통해 논의 구조가 마련된 듯 보이지만 형식적일 뿐 실질적이지 않다. 여기서 '실질적이지 않다'는 말은 그 단위에서 학년 활동이나 교과에 대한 책임 있는 의사결정을 할 수 없다는 뜻이다. 제도화된 조직에서는 이렇듯 협력에 따른 피로감이 가중될 수 있다.

학교가 '조직화된 무질서 organized anarchy', '느슨한 결합 loosely

coupled'[25]으로 작동하는 복잡한 집단이라는 것을 이해한다면, 더욱더 구성원이 꾸리는 '자발적 학습공동체'를 상상해야 한다. 학습공동체는 필요와 욕구가 있는 교사가 주체가 되어 만들어지고 운영될 때 가장 효과적이다. 여기에 더해 학교 구성원의 요구가 학교의 계획과 맞아떨어진다면 더할 나위 없다. 학교 안에서 학습공동체를 운영하는 경우 다음과 같은 장점이 있다.

- 구성원이 시공간을 공유하기 때문에 운영이 쉽다.
- 학습과 적용, 피드백에서 신속한 검증이 가능하다.
- 관심사가 비슷한 교사들이 언제든 공동체를 꾸릴 수 있다.
- 필요한 예산 등을 지원받기에 좋은 조건이다.

실천을 공유하는 집단에서 공동체를 운영하려면 구성원 간의 신뢰와 인내뿐 아니라, 갈등이 생겼을 때 슬기롭게 대처하는 능력도 필요하다. 학습공동체의 성과나 문제점을 교사 개개인이 확인할 수 있다는 것은 장점이지만 동시에 갈등 요소가 되기도 한다는 점을 염두에 두어야 한다.

학교 규모가 너무 작거나 학교 안 공동체 구성이 힘들 경우 학교 밖 학습공동체[26]를 생각할 수 있다. 학교 밖 학습공동체에는 다음과 같은 장점이 있다.

- 폭넓은 주제를 중심으로 운영할 수 있다.
- 학교 안보다는 전문가 교사가 함께할 가능성이 크다.
- 모임과 실천 공간이 분리되어 관계의 부담을 덜 수 있다.
- 다른 학교 사례를 풍부하게 공유할 수 있다.

물론 단점도 있다. 모임 공간, 이동 시간, 관심사의 차이 등은 학교 밖 학습공동체를 운영할 때 생기는 흔한 문제점이다. 따라서 모임을 구성할 때부터 이런 문제점을 극복할 방안을 함께 고민하는 것이 좋다. 만약 학교장이 교사들의 어려운 사정과 학습공동체의 특징을 미리 알고 있다면 공감과 이해를 바탕으로 구체적인 지원을 해줄 수 있을 것이다.

성장과 사유, 촉진과 나눔

동식물이 자라나는 것도 성장이고, 인간이 몸집이 커지고 나이가 들어가는 것도 성장이다. 이와 더불어 사람의 생각이 넓어지고 깊어지는 것도 분명한 성장이다. 인간의 몸과 마음이 잘 자라나기 위해서는 주변과의 끊임없는 상호작용이 필요하다. 그래서 타인과의 폭넓은 관계 형성 과정이 성장의 중요한 매개가 되기도 한다. 교사는 교육적인 방법으로 그가 가르치는 학생의 전인적 발달을 조력하는 과정에서 성장한다.

전인적 발달은 지적 발달뿐 아니라 신체적인 건강함과 타인과의 관계 능력, 이 3가지 요소를 포함하는 발달 개념이다. 또한 이것들이 서로 분리된 상태에서 저마다 발달해가는 것이 아니라 서로 유기적으로 관계하며 연속적으로 재구성되어 나가는 경험의 과정이라 할 수 있다. 교사가 아이의 전인적 발달을 이해하고 그 과정에서 자신의 역할을 자각하는 것은 교사 자신의 반성과 성찰로 가능하다. 이러한 반성과 성찰의 과정이 바로 '사유'이고, 이것이 교사를 성장하게 한다. 수업을 능숙하게 하는 것, 아이들과 잘 소통하기 위해 노력하는 것도 교사가 성장하는 모습 가운데 하나지만, 그중 으뜸은 사유 능력이 자라나는 것이다.

교육적인 방법으로 아이의 전인적 발달을 조력한다는 것은 무슨 뜻일까? 바람직한 발달은 즉시 눈에 보이는 성질의 것이 아니기에 교사는 아이의 성장을 염두에 두고 여러 방법을 동원할 수 있다. 단, 아이의 바람직한 성장이 목적이라고 해서 동원하는 모든 방법을 정당화할 수는 없다. 교사가 아이들 앞에 서는 방법은 다양하다. 감독자나 경영자, 엄격하거나 자애로운 부모의 모습으로 아이들과 만난다. 그 어떤 경우에도 교사는 교육적 행위를 통해 가르침의 여정에 함께하는 존재다. 교사가 학생들에게 의미 있는 존재가 아니더라도 물리적으로는 학생들 앞에 존재할 수 있다. 반대로 물리적으로는 학생들과 같이 있지 않지만 교사의 삶에 학생이, 또 학생의 삶에 교사가 존재할 수 있다.[27]

'교사의 성장과 사유'는 오늘날 깊이 생각해야 할 화두다. 교사는 하루가 다르게 단순 기능인으로 내몰리고 있다. 관료주의는 깊고 넓게 사유하는 교사보다 단순·반복적 업무를 능숙하게 처리하는 교사를 선호한다. 당장 적용할 수 있는 수업방식이나 기술을 뽐내는 교사가 전문가로 불린다. 이러한 현실에서 교사의 삶과 사유, 실존 등을 떠올리는 것은 그 자체로 의미가 크다. 교사가 이 점을 인식하고 유익한 강의를 찾아 듣거나 좋은 책을 읽고, 좋은 사람을 만나 대화하는 것은 그가 성장하는 데 중요한 동력이 된다.

요즘 인문학에 관심이 높아지면서 존재, 사유 등과 같은 어휘가 많이 쓰이는데, 때로 이것들이 과잉 언급되거나 실천을 배제한 언술로 전락하지 않을까 하는 걱정도 든다. 성장이나 사유 등이 교사 개인의 사고에 머물러 고착화되면, 교사의 삶에서 생기는 부조화와 악순환을 단순히 노력이 부족해서 생기는 것으로 인식할 가능성이 있기 때문이다.

가르치는 사람이 존재, 삶, 사유, 성찰 등과 같은 어휘들의 언술에 빠지지 않으려면 구조와 개인을 가로지르는 실재 reality에 녹아들거나 실천적 경험을 동반해야 한다. 구조와 분리된 개인으로만 성찰하고 사유한다면 개인은 원하는 만큼의 지성은 갖게 되겠지만, 구조의 변화를 기대하긴 어렵다. 개인에게 지나치게 집중할 때, 개인을 지배하는 나쁜 관행은 한층 강화될 뿐이다. 그렇기에 동서고금을 통틀어 권력은 늘 인간을 개별화하려 애써왔다.

교사의 '성장과 사유'는 '동행과 연대'를 덧붙일 때 더 큰 힘을 발휘한다. 함께할 사람, 함께할 방식을 고민하지 않고 골방에 틀어박혀 책을 읽고 사유하는 것만으로는 부족하다. 누구나 가치 있고 정의로운 삶을 꿈꾼다. 그러나 가치와 정의를 따지기 시작하는 순간, 우리는 견고한 구조와 시스템에 압도당하는 자신의 모습을 보게 된다. 사유와 성찰은 가치 실현과 정의 구현을 가로막는 구조와 그것을 지탱하는 여러 관계와 힘을 인식하고 그것들과 정면으로 마주하는 방식으로 이루어져야 한다.

개인의 실존을 강조한다고 해서 모든 구조의 문제를 개인의 문제로 돌릴 필요는 없다. 이는 구조 속에서 삶을 살아가는 현존재 dasein를 통찰적으로 인식하고, 계속해서 의문을 가져야 한다는 의미다. 그렇지 않다면, 이른바 청춘 멘토를 자처하는 사람들이 더는 내려놓을 것이 없는 젊은이들에게 "마음을 비우세요, 내려놓으세요."라고 계속 주문하는 것과 조금도 다를 바 없다.

이렇듯 교사는 늘 갈등과 모순 속에서 엉킨 실타래를 풀 듯 실천해왔다. 어떤 연수나 강의를 듣고 개인적으로 깨우치는 것에서 더 나아가 '나는 어디를 바라보고 있으며 누구 손을 잡아야 할 것인가?'라는 질문에 이를 때 비로소 교사는 진정한 성장과 사유의 길로 나아갈 수 있을 것이다.[28]

구성원의 잠재적 능력과 가능성을 찾기 위해 노력하는 공동체에서는 운영 과정에서 문제점이 발견되었다 하더라도 이것을 긍정적으로 바라볼 수 있는 리더가 있다. 리더는 모든 것을 구성원 개인이 가진 에너지의 한 종류로 보고 그것을 건강한 쪽으로 유도하며 방향을 제시하고 함께 고민한다. 이것이 바로 '촉진 facilitation'이다. 이런 리더는 구성원에게 무엇을 지시하기보다 먼저 '본 model'을 보이며, 구성원이 그것을 따라 할 수 있는 분위기를 조성한다. 공동체의 성과물은 늘 공유되고 구성원이 노력한 대가가 된다.

때로 공동체에서 누가 리더이고 누가 구성원인지 분간하기 어렵기도 하고, 간혹 질서와 규율이 잡혀 있지 않은 듯 보이기도 한다. 그러나 이런 리더와 구성원은 자유로움 속에서 질서를 찾고, 잠재적 가능성을 발현하기 위해 노력하고, 책임과 권한을 자연스럽게 공유하면서 수평적이고 민주적인 조직을 만들어나간다.

'나눔 share'을 중시하는 리더는 공동체의 정보를 독점하지 않는다. 가능한 한 많은 정보가 구성원에게 공유될 때 판단 근거가 풍부해지고 이로써 결정된 사항은 구성원이 주체적으로 참여하게 하는 밑바탕이 되며 이런 과정에서 구성원 모두는 성취감을 얻게 된다. '탈脫사유화'가 특징인 전문적 학습공동체는 '어느 누구의 모임'이어서는 안 된다. 이것이 리더가 중시해야 할 나눔의 모습이다.

지금 자신이 이끄는 공동체나 학급을 한번 살펴보자. 구성원이 리더의 눈치를 많이 보는 분위기인지, 늘 행복해하는지, 의사결정은 주로 리더가 하는지, 아니면 구성원이 참여하여 이루어지는지, 물 흐르듯 소통이 잘되는지, 리더의 지시가 없으면 아무도 움직이지 않는지 등 이런 기준을 들어 조직을 살펴보면 어렵지 않게 자신이 어떤 리더인지 알수 있다.

나눔과 촉진을 보장하는 공동체의 구성원은 자유로운 상상력과 창의력, 문제해결력을 주체적으로 신장해간다. 또한 합리적 절차에 따라 민주적으로 의사결정을 하고 결정된 사항을 잘 추진하며 반성적 사고로써 다음 과제를 처리하기 위해 준비한다. 이러한 활동 과정에서 구성원은 에너지를 축적해가며, 그 성과를 고스란히 구성원의 능력을 신장하는 쪽으로 환원할 수 있다. 그 결과 의도하지 않아도 이런 공동체에서 이루어낸 성과의 양과 질, 리더십은 통제와 처방에 의존하는 공동체의 것보다 뛰어나다. 게다가 구성원은 활동 자체를 즐거워하는데, 바람직한 리더십은 구성원 사이에서 협력적으로 발현되기 때문이다.[29]

한편 실천적 학습공동체가 빠질 수 있는 함정을 경계해야 한다. 그중 하나는 공동체성을 강조하다 보면 나타날 수 있는 집단주의다. 협력을 매개로 집단의 결속을 다지는 것은 학습공동체의 발전 과정에서 자연스러운 현상이다. 그러나 여러 학습공동체와 교류할 때, 자기 공동체만 중시하는 태도는 다른 공동체를 대상화하기 쉽다. 이러한 배타적 집단주의에 빠지지 않도록 개방성을 갖는 것이 중요하다.

다른 하나는 학습 조직에서 종종 나타나는 낭만성이다. 에티엔 벵거 Étienne Wenger 2007는 실천을 공유한다는 것이 곧 구성원 간의 조화나 협력을 의미하는 것은 아니라고 말한다. 또한 공동체는 자율적으로 자신의 실천을 재생산하지만 그것이 실천공동체가 해방을 위한 모종의 힘으로 작용한다는 의미는 아니라고 말한다.[30] 다소 무미건조하게 들리는 이 말은 학습공동체가 잘 굴러가면 구성원 모두가 행복감을 느끼게 되리라는 환상에서 벗어나야 한다는 뜻이다.

학습공동체는 그 생성 동기와 운영 목표에 따라 참여 방식이 다양할 수밖에 없는데, 그 동기와 목표에 이르는 것이 바로 해당 학습공동체가 존속하는 의미다. 학습공동체는 눈에 보이는 어떤 틀이나 형태로 존재하지는 않지만, 마치 사람들이 실재하는 현실로 경험하고 행동하는 그 어떤 것이다. 학습공동체는 학교 현장의 여러 문제를 일거에 해결해주는 만능열쇠가 아니다. 그저 촉진을 거듭하면서 상황을 좋은 쪽으로 조금씩 진전시킬 뿐이다. 학습이 어떻게 일어날지를 미리 설계하기란 사실상 불가능하다. 설계 가능한 것은 학습이 더욱 잘 이루어지도록 촉진해주거나 일어나지 못하도록 하는 정도일 뿐이다.[31]

─── 지속가능한 학습공동체를 위한 ───
10가지 제안

제안 1 누군가의 헌신과 희생을 경계하기

오래전에 쓴《통하는 학교 통하는 교실을 위한 교사 리더십》에서 '헌신과 희생의 리더십'을 '성과지향적 리더십'과 더불어 경계해야 할 리더십으로 꼽은 바 있다. 헌신과 희생은 그 자체로 중요한 덕목이지만 누군가의 헌신과 희생에만 의존한다면 잘못된 권위와 관행이 강화될 우려가 있기 때문이다.

현실적으로 학습공동체의 초기 단계에서는 누군가의 수고로움이 있을 수밖에 없다. 누군가가 더 일찍, 더 깊이 고민하고 다른 구성원보다 시간과 비용을 더 투자해야 모임이 제대로 굴러간다. 이렇듯 집단사고와 실천이 안착될 때까지 누군가의 수고로움은 학습공동체가 성공적으로 운영되는 데 필수적이다. 하지만 계속해서 소수의 헌신과 희생에만 의존한다면 그 공동체는 소멸의 길을 걸을 수밖에 없다. 지속가능한 학습공동체를 위해서는 구성원들의 적극적인 과제 배분과 집단 실천이 이어져야 한다.

제안 2 공동체 생성과 소멸의 과정 이해하기

하나의 공동체는 태동기와 왕성한 활동기를 거쳐 언젠가는 소멸한다. 하나의 유기체인 공동체가 수십 년간 지속한다면 좋겠지만 현실에서 그런 경우는 극히 드물다. 그러므로 구성원은 학습공동체의 생성과 소멸 과정을 이해하고 받아들일 준비가 되어 있어야 한다.

공동체를 운영하다 보면 질적 변환을 꾀하거나 해체와 재구성을 통해 새 출발을 해야 할 때가 있다. 이 시기를 놓치면 공동체의 성장이 정체되거나 퇴행적 소멸의 길로 접어들기도 한다. 특히 최근 사회 상황과 교육 동향이 변화하는 주기가 매우 짧은데, 이런 분위기에서 공동체가 얼마나 오래 갈 수 있는지에만 집중한 나머지 변화를 외면해선 안 된다. 급변하는 주변 변화에 적응하고 진화해갈 방법을 모색하는 것은 빠를수록 좋다.

제안 3 조화롭게 이견 다루기

여러 번 학습공동체를 운영해본 사람은 공동체 안에 이견과 반목이 있을 수 있다는 것을 이해한다. 그렇지만 참여하는 구성원 개개인의 철학적 기반이 다르고, 실천 방법이 다른 데서 생기는 이견은 어떻게 다루어야 할까?

공동체 리더에게 꼭 필요한 역량이지만 단기간 훈련으론 습득하기 어려운 역량 가운데 하나는 구성원 간의 '이견을 확인하고 다루기'다. 특히 구성원 개인의 세계관이나 교육관이 강한 신념으로 이어지기 쉬운 우리의 교육 풍토 아래서 이견을 어떻게 다루는지에 따라 전체 역량이 강화되기도 하고, 모임이 퇴행하기도 한다.

해소 가능성이 있는 이견은 적극적으로 대화하고 토론하여 정리하는 것이 좋다. 그러나 해소 가능성이 없는 근본 문제에 대한 이견이라면 서로의 차이를 존중해야 한다. 공동 목표를 위해 차이를 존중하고 큰 틀에서 협력할지, 그 차이를 드러내 분리의 길을 걸을지는 리더와 구성원이 집단 내에서 이견을 어떻게 다루느냐에 달려 있다.

제안 4 보편적인 것과 특수한 것을 동시에 고려하기

공동체가 어려움을 겪는 이유 중 하나는 내부 의제를 다루는 방식에서 비롯한다. 요즘은 구성원의 구체적 욕구에 기반한 공부 모임이 많다. 예를 들어 학급에서 지속적으로 문제행동을 하는 학생을 지도하는 방법, 특정 주제와 관련한 효과적인 교수 방법 등을 공부하는 모임이 그것이다. 이러한 경우 공동체 운영이 구성원의 구체적 이해와 필요에 기반해 있어 모임의 지속성과 질을 확보할 수 있다는 것이 강점이다.

그러나 무엇이든 논의를 '방법'만으로 한정할 때 나타나는 문제가 있다. 이때는 모든 일을 사례와 경험에 기초하여 판단하고 실천할 가능성이 커지기 때문에 이론적으로 취약해지기 쉽다. 여러 실천 방법을 포괄하는 한 단계 높은 층위에서 이를 정리하는 습관이 중요한데, 여기서 보편성과 특수성에 대한 이해가 필요하다. 다양한 사례 속에서 공통점을 연결하고 인식을 심화하는 단계로 나아가는 것, 바로 이것이 교사의 성장을 앞당긴다.

제안 5 지속적으로 동기 부여하기

각 교육청에서 정책으로 도입하고 있는 전문적 교사학습 공동체를 굴러가게 하는 동기는 무엇일까? 얼마간의 예산이 지원된다는 것, 연수 시간으로 인정해준다는 것 등이 대부분의 참여 교사가 말하는 동기다. 이러한 외적 동기는 공동체를 지속시키는 원천이 되기도 하지만, 공동체를 너무 기능적으로 만들기도 한다. 따라서 외적 동기에만 의존할 경우 지원이 종료되었을 때 모임도 생명을 다할 가능성이 크다.

따라서 학습공동체의 리더와 구성원은 참여자에게 어떤 만족감을 느끼게 할지 항상 고민해야 한다. 공동체 활동을 하며 아이들을 가르칠 때 더욱 자신감이 생겼다든지, 교사로서 성장하는 기쁨을 누리게 되었다든지, 가치 있는 일을 하고 있다는 생각에 보람을 느끼게 되었다든지 간에 참여자의 관심과 흥미를 유발하는 것이 중요하다. 특히 본인 스스로가 학습공동체 활동에 무언가 기여하고 있다는 느낌을 받는 것이 중요하다. 이를테면 자신의 활동이 학교의 변화를 촉진하고 있다는 자부심과 전반적으로 집단사고 역량이 신장되고 있다는 믿음을 구성원 전원이 갖게 하는 것이다.

제안 6 활동 내용 적용과 실천하기

학습공동체 활동 결과를 즉시 적용할 수 있다면 더 바랄 것이 없을 것이다. 그러나 교사 전문성을 신장하기 위한 집단적 노력은 그 속성상 직접 적용이나 실천으로 연결되지 않는 경우도 많다. 당장의 쓸모보다는 학습 활동으로 교육을 바라보는 안목을 서서히 높여 실천의 결과를 얻어 내려할 때가 그렇다.

철학이나 인문학 도서를 읽고 토론 활동을 계속하는 것은 당장의 수업이나 생활지도에 활동 내용이 직접 적용되지

는 않아도 교사의 지적 교양을 높여 교육상황에 대한 이해
와 해석 능력을 높여주는 데 도움을 준다. 따라서 학습공동
체 프로그램을 짤 때 수업 및 평가혁신 방안, 생활지도에 대
한 이해 등과 같이 바로 실천으로 이어질 수 있는 것들 외에
도 철학, 심리학, 교육학 등을 공부하는 데도 적절하게 시간
을 분배하는 것이 좋다.

제안 7 구성원 전원 역할 분배하기

학습공동체는 일반적으로 열성적 소수와 수동적 다수가
결합한 모습을 띤다. 대개는 모임을 운영하는 대표 한 사람
과 소극적으로 참여하는 나머지 구성원들로 이루어진 경우
많다. 공동체에서 누군가의 헌신과 희생이 계속되는 것을
막고, 지속가능성을 확보하기 위해서는 구성원 전원이 운영
에 참여하도록 역할을 분배해야 한다. 즉, 자신이 이 모임에
기여하고 있다는 자부심과 모임을 책임지고 있다는 의식이
있어야 모임을 지속할 수 있다.

모임을 하려면 자료를 마련하고 연락을 돌려야 하며 당일
진행과 결과 처리, 예산 사용 등 할 일이 많다. 한 사람이 일
을 도맡아 처리하는 것보다 일감을 적절하게 배분함으로써
작은 책임이라도 공유해야 한다. 그러나 이를 기계적으로

할당할 필요는 없다. 이 모든 과정은 구성원과 협의하여 균형 있고 조화롭게 이루어지는 것이 좋다. 공동체를 이루는 구성원의 특성은 모두 다르다. 구성원 전원이 참여하도록 하기 위해서는 상상력과 창의성이 넘치는 사람, 비판의식이 강한 사람, 회의 진행을 잘하는 사람, 공동체 운영에 진심인 사람 등 저마다의 특성을 살려 공동체에 기여할 몫을 조화롭게 분배해야 한다.

제안 8 경험을 일반화하기

교육청에서 학습공동체를 지원하는 경우 활동 과정에서 나오는 산출물과 경험을 일반화하자는 제안을 받기도 한다. 어느 초등교사 모임은 아예 처음부터 '학급운영에 관한 실천적 도서 집필'이라는 구체적인 목표를 세우고 1년 동안 월별 사례를 공유하고 토론했다. 연말엔 유익한 학급운영 사례를 모아 책으로 내기도 했다. 만약 모임에 참여하는 교사들의 집필 능력이 어느 정도 된다면 이런 구체적인 과제를 수행해도 좋을 것이다

또 다른 모임에서는 기존 교과서를 분석하여 문제점을 보완한 대안 교과서를 집필하기도 했다. 물론 출판물로 공표하는 것만이 유일한 일반화 방식은 아니다. 경험을 일반화

하는 가장 좋은 방법은 모임을 통해 집단사고의 중요성을 경험하고 참여자 개개인의 의식을 고양하는 것, 고양된 의식으로 학교와 교실, 아이들을 바라보는 것이라 하겠다.

제안 9 구성원 간 갈등 조정하기

공동체 내 구성원 간의 갈등은 다양한 형태로 나타나기 때문에 갈등을 관리하는 방법도 명확히 정해져 있지 않다. 어떤 리더는 갈등이 생길 때마다 임기응변으로 봉합해 넘어가려 한다. 또 어떤 리더는 근본 원인을 따져 해결을 도모하려 하는데, 이 방법이 항상 좋다고는 할 수는 없다. 근본 원인이 모호하거나 원인을 알게 되더라도 해결하기 어려운 경우도 많기 때문이다.

다루는 내용을 둘러싼 갈등, 서로 다른 활동 방식에서 생기는 갈등, 교육관의 차이 등 교사들의 갈등은 생각보다 복잡하고 다층적이다. 그리고 모든 갈등이 항상 해소되어야 하는 것도 아니다. 문제는 갈등을 어떻게 바라보고 접근해야 하는지다. 경험상 갈등은 서로 다른 성격의 구성원이 실천 방식을 한 가지로 공유하거나 합의하려는 데에서 많이 일어난다. 이럴 땐 합의의 수준을 낮게 잡아야 한다. 구성원 개개인에게 폭넓은 자율성을 보장해 모임 활동을 일종의 과제처럼 받아들이지 않게 하는 것이 좋다.

최근에 어느 중견 교사가 젊은 교사들이 모여 학습공동체를 구성한다는 말을 듣고, 그 모임에 참여하고자 나갔다가 크게 실망하고 온 이야기를 들었다. 그 중견교사는 젊은 교사들과의 거리도 좁히고 혹시 자신도 기여할 수 있는 부분이 있지 않을까 하는 기대를 갖고 참석했다고 한다. 그런데 주로 재테크를 공부 주제로 정하는 것을 보고 문화적 충격을 받았고, 결국 주제 선정을 놓고 옥신각신하다가 모임에서 빠지고 말았다는 것이다.

관심사는 저마다 다를 수 있고, 또 관심사를 선악 개념으로 따질 필요도 없다. 관심사가 다를 땐 서로의 차이를 인정하고 모임에 계속 참여하든지 아니면 관심사가 같은 구성원끼리 모인, 다른 모임에서 활동하는 수밖에 없다. 뻔히 갈등이 생길 것을 알면서도 억지로 모임에 참여하는 것은 현명하지 못하다.

제안 10 규율 확보하기, 책임성 갖게 하기

공동체는 기본적으로 서로 다른 생각을 가진 사람들이 모여 활동 경험을 쌓아가는 유기체다. 구성원 중에는 뭔가 좀 더 집약적이고 밀도 있는 활동을 원하는 사람도 있고, 그저

한 발만 담가놓고 결과물을 얻어가려는 사람도 있다. 활동의 질을 놓고 서로 간에 반목할 필요는 없다. 누구에게는 이 모임이 생명처럼 귀하지만, 또 다른 누구에겐 그저 참여하고 있는 여러 모임 중 하나일 뿐이다.

규율은 헌신적인 리더에 의해 담보되기도 하지만, 그 규율이 제대로 작동하려면 최소한의 합의를 통해 원칙을 세우는 것이 좋다. 또한 구성원 개인의 불성실 때문에 다른 구성원이 손해를 보지 않게 운영 원칙을 세우고, 이를 어기지 않도록 서로 노력해야 한다.

권위 있는 누군가가 부여하는 것을 '책무성'이라 하고, 스스로 자기 몫을 다 하고자 하는 것을 '책임성'이라 부른다. 공동체에는 책무성이 아닌 책임성이 필요한 만큼 모임의 지속가능성을 위해서는 구성원 간의 자율적 규제가 필요하다.

학교 리더와 학습조직

세 교장 이야기

    수도권의 한 초등학교를 총괄하고 있는 신 교장은 오늘도 교사들에게 언성을 높였다. 신 교장은 학교야말로 가장 안정된 조직이어야 한다고 굳게 믿고 있다. 신 교장은 교감으로 복무하던 중 자격연수를 통해 교장 자격을 취득했다. 자격 취득 이듬해에 인근 학교에서 내부형(A형) 교장[32]을 공모한다는 소식을 들었고 이에 응모하여 교장으로 임용되었다.

    신 교장이 내부형 교장 공모에 응모한 것은 한 학교를 나름대로 열심히 운영해보고 싶은 욕구도 있었지만, 그보다는 경력관리에 필요해서였다. 신 교장은 남들보다 일찍 장학사로 전직하여 5년을 근무하고 교감으로 발령받았다. 40대 중반의 이른 나이였다. 이대로 가다가는 교감 이후 교장으로 발령받아 중임까지 한다고 해도 정년까지는 5년 이상의 기간이 남게 될 터였다. 교육청에 장학관으로 전직하는 방법도 있긴 했지만 과거 장학사 생활이 너무 힘들었기 때문에 다시 전직할 자신이 없었다. 장학사는 시험으로 선발하지만 장학관부터는 업무능력이 발탁 여부를 좌우하는 분위기여서 신 교장은 재전직을 망설일 수밖에 없었다.

그런 신 교장에게 내부형 교장 공모는 남는 경력을 관리할 수 있는 좋은 기회였다. 선배 공모교장의 경영계획서를 여러 개 얻어 공부했고, 경영계획 발표 때에는 리허설까지 할 정도로 심혈을 기울인 결과 학교와 교육청 심사의 최종 관문까지 통과했다. 그렇게 신 교장은 공모교장으로 큰 문제 없이 4년을 보냈고, 자동으로 초임교장에 임용되었다. 그런데 교사들은 신 교장이 학교를 너무 안정적으로만 운영한다고 비판했다. 공모교장을 할 때도 그렇다는 말이 돌았는데, 과연 뜬 소문이 아니었다.

이번에 언성을 높인 것도 사소한 문제에서 시작되었다. 교사들이 동학년 중심으로 학습공동체를 조직한다고 계획서를 올렸는데 신 교장이 볼 때 탐탁지 않은 부분이 있었다.

학교 예산으로 도서를 구입하여 읽고 토론하는 것까지는 이해하겠는데 도서 목록에 교사 전문성 신장과는 무관한 소설책이 포함되어 있었던 것이다. 또 매주 수요일 방과후에 체험학습을 하겠다는 것도 용납하기 어려웠다.

신 교장은 교육청에 전화해 문의했다. 담당 장학사에게 교사들이 학습공동체를 한다는데 구입 도서 목록에 소설책이 있고, 매주 체험학습을 나간다는 게 말이 되느냐고 물었다. 그러자 담당 장학사는 학습공동체 활동과 교사들의 복무 사항은 교장 선생님이 결정해주면 되는 사항이라고 답했다. 신 교장은 장학사의 말이 무책임하다고 생각했다. 10년 전 본인이 장학사를 할 때는 되는지 안 되는지를 명확하게 판단해주었기 때문이다.

결국 신 교장은 혹시라도 문제가 될 소지를 없애기 위해 도서 목록에서 소설책을 제외할 것과 근무시간 중 체험학습 불가라는 지침을 내렸다. 당연히 교사들은 반발했다. 역사문화체험 학습공동체를 운영하고 있던 교사들은 자신들이 구입하려는 소설은 역사소설로 함께 공부할 때 꼭 필요한 책이며 역사문화체험을 위해 수업이 다 끝난 뒤에 출장을 가는 것은 문제가 없으니 결재해달라고 졸랐다.

신 교장은 안정적인 학교운영을 위해 출장이나 복무도 조금은 보수적으로 접근해야 교사나 학교 리더를 보호할 수 있다고 믿는다. 안정을 도모하는 원칙 덕분에 이때까지 큰 사고가 없었다는 자부심도 있다. 또한 학교는 이러한 안정적인 토대 위에서 규정에 따라 점진적으로 바뀌는 것이 바람직하다고 생각한다. 신 교장은 수업시간이면 늘 복도 순시를 했고 행여 교실에서 학생과 교사 간의 다툼이 없는지, 학교 건물에는 이상이 없는지를 살폈다. 학교를 둘러보며 보이는 쓰레기를 손수 처리하기도 했다.

오늘도 언성을 높인 신 교장은 교사들이 빠져나간 교장실에서 회한에 잠겼다. 그는 정년까지 아무 사고 없이 보내길 바랄 뿐이다.

●●●

서울의 한 중학교에 근무하는 황 교장은 바로 직전에 교육장을 지냈고, 교육청 요직을 두루 거친 베테랑 교장이다. 이제 이 학교에서 2년을 더하면 정년을 맞는다. 황 교장은 늘 의욕이 넘친다. 학교를 변화시키기 위한 아이디어가 풍부했고, 새로운 과제를 부여할 땐 본인이 책임을 질 테니 걱정하지 말고 열심히 추진해달라는 당부도 잊지 않았다. 그는 승진을 원하는 교사들이 서로 반목하지 않으면서도 헌신적으로 움직이게 하는 방법을 알았다.

경험 많은 황 교장이 지시하는 것들 대부분이 아이들을 위해 옳은 일을 하자는 것이어서 교사들은 딱히 지시를 반대할 명분이 없었다. 황 교장은 교육청의 이런저런 자문위원회나 태스크포스에서도 일했고, 학교 기본운영비 외에 특별한 용도의 예산도 곧잘 확보했다. 구청장, 시의원과도 자주 교류했으며 적지 않은 학교환경 개선 예산을 가져오기도 했다. 또 교육청에서 중점 사업으로 선정한 교육과정과 수업개선에도 공을 들였다.

그뿐만 아니라 황 교장은 기초학력 신장을 위해 방과후 수업이나 대학생 멘토링, 다중지원팀 운영, 컴퓨터 기반 학업성취도 평가 등을 도입해 열정적으로 학교를 운영했다. 해결해야 할 문제가 생기면 가장 먼저 나서서 해법을 제시했다. 교장이 먼저 움직이고 솔선수범하니 교사들은 교장의 의견에 토를 달 수가 없었다.

황 교장에 대한 교사들의 평가는 엇갈렸다. 요즘 보기 드문 교장 스타일이라는 의견부터 그냥 일중독자일 뿐이라는 말까지 돌았다. 학교에 교원단체도 있었지만 교장의 열정에 문제를 제기하기 힘들었다. 학생과 학부모, 또 지역사회의 평판이 좋았기 때문이다. 그럼에도 이 학교 교사들에겐 뭔지 모를 불편함이 있었다.

교장 개인의 특별한 능력과 풍부한 경험, 솔선수범하는 자세는 구성원을 끊임없이 수동적으로 만들었다. 교사들은 학교 구성원의 참여를 바탕으로 한 성과를 공유하기 바랐다. 그러나 황 교장은 '분산 리더십distributed leadership'[33]을 용납하지 않았다. 문제는 황 교장이 정년퇴직하고 학교를 떠난 뒤다. 그때도 지금의 성과가 지속가능할까?

겨울방학을 맞아 교직원 워크숍이 열린 자리에서 교무부장은 용기를 내어 새 학년 학교운영 방안을 마련하기 위한 '전원참여 전원토론' 방식을 제안했다. 임의로 편성된 모둠에서 학교운영 개선에 필요한 제안을 각자 포스트잇에 쓴 다음 그것을 몇 개의 범주로 나눠 정리한 뒤 모둠별 발표 시간을 갖는 형식이었다. 교사들은 모처럼 의견을 개진할 시간이 왔다고 생각하고 적극적으로 참여했다. 워낙 교장이 열정을 가지고 학교를 운영했던 터라 개선이 필요한 부분은 '의사소통 활성화'와 '교사의 주도적 참여' 정도였다. 토론에선 교사들이 건강하게 의사소통하고 적극적으로 학교운영에 참여해 자부심을 느껴야 학생들도 행복할 수 있다는 이야기가 쏟아졌다. 교사들도 수동적인 자세를 벗어던지고 주도적으로 학교 변화에 나서자는 이야기도 여러 번 나왔다.

황 교장은 오랜만에 흐뭇했다. 본인이 기울여왔던 노력

이 이제 열매를 맺는다는 생각이 들어서다. 교사들은 기분 좋게 방학에 들어갔다. 그리고 개학 첫날 교직원회의가 열렸다. 각 부서의 알림 사항을 고지한 뒤 황 교장이 마이크를 잡았다.

"겨울방학을 앞둔 워크숍에서 선생님들이 해주셨던 말을 듣고 방학 동안 많은 생각을 했습니다. 그래서 앞으로 이렇게 하기로 했습니다. 먼저 다음 새 학년 준비 연수 시간에는 유명한 의사소통 전문가를 초빙하여 강의를 듣겠습니다. 그리고 교직원회의는 주요 사항만 전달하는 것이 아니라 부서별로 매월 주제를 한 가지씩 정해 깊이 있는 토론을 하려고 합니다. 부장회의 역시 마찬가지입니다. 토론이 살아 있는 회의를 하겠습니다. 학교운영위원회, 학생회 등 학교의 모든 거버넌스에서 민주적 의사소통이 넘치게 하겠습니다. 이를 위해 3월 학부모회의를 이런 방식으로 준비해주시고, 이어지는 학부모 면담 시간에서도 학부모님의 말씀을 경청해주시기 바랍니다. 그리고 4월에는…."

황 교장의 말은 계속해서 이어졌다. 끝으로 7월에는 이 모든 과정을 평가하는 시간을 갖겠다는 말로 마무리됐다. 이야기를 듣던 교사들의 표정이 일그러졌다. '이건 아닌데' 하는 표정이었다. 교사들의 바람은 의사소통의 활성화를 넘어서 학교장의 권한을 교사에게 '위임하는empowering' 것이었다. 교사들은 의지가 있었음에도 교장의 탁월한 능력 때문에 주인이 아닌 손님처럼 학교생활을 했다. 교사들도 자기 의견을 내고 책임감 있게 학교운영에 참여하고 싶었다. 물론 교장 말대로만 하면 학교는 잘 돌아가고 교육청이나 지역사회의 평판도 좋을 것이 분명했지만, 교사들에겐 일종의 독약이나 다름없었다. 교사들은 다시 좌절감에 빠졌다.

●●●

한韓 교장은 수도권의 한 신도시에 있는 고등학교에 초임 교장으로 발령받았다. 그는 늘 교사들의 의견을 존중했고, 학부모나 학생의 이야기에도 귀를 기울였다. 행정실 직원과 공무직원 등 모든 학교 구성원의 의견을 귀담아들었다. 교직원회의 때도 특별한 경우가 아니면 발언을 삼가고 모두의 이야기를 경청했다. 일장 훈시를 일삼는 교장의 모습과는 거리가 멀었기에 이전 교장의 상명하달식 학교운영에 염증을 느끼고 있던 교사들은 한 교장을 크게 반겼다. 이 학교 교사들은 '이제야 학교 민주주의를 열어갈 수 있겠구나' 하는 기대감에 들떴다. 그러나 이 기대는 한 달도 되지 않아 물거품이 되었다.

한 교장은 모든 구성원의 이야기를 경청했지만, 막상 교장으로서 판단을 내려야 할 때는 결정을 내리지 못하고 머뭇거리기 일쑤였다. 업무 소관이 정해지지 않아 교육청에서 온 공문이 며칠째 부서를 맴돌아도 관여하지 않았다. 교무실과 행정실, 교사와 공무직 사이에 업무를 놓고 갈등이 자주 발생했지만 듣기만 할 뿐 개입하거나 조정하려 들지 않았다. 학생이 교권을 침해하고, 구성원의 성비위性非違 의심 사건이 보고되어도 조기에 적극적으로 개입하지 않아 사태를 키웠다. 학교에선 구성원 간 다툼이 자주 일어났고, 학부모 민원도 쏟아졌다.

한 교장은 구성원들의 지성과 자정 능력으로 이 모든 어려움을 극복할 수 있을 것이라 믿었다. 학교장이 직접 개입하기보다는 구성원 간 의사소통과 토론으로 문제를 풀 수 있으리라 생각했다. 그래서 문제가 생기면 교장 본인은 빠지고 당사자끼리 협의하여 해결하라는 말을 반복했다. 교장이 결정해야 할 일도 교직원회의에서 다수결로 처리했다.

사정이 이렇다 보니 가장 힘든 사람은 교감이었다. 교감은 교장에게 항의했다. 소신껏 학교를 운영해달라고, 교장의 결정이 필요한 순간에 회피하지 말라고 쓴소리를 했다. 교감이 교장에게 항명했다는 소문이 퍼졌지만 달라지는 것은 없었다. 교장의 학교운영 방식은 바뀌지 않았다.

다시 생각하는 교장의 역할

학교를 변화시키는 가장 큰 동력은 무엇일까? 교사의 개별적·집단적 노력은 학교 변화의 핵심 요인이다. 그러나 한국 상황에서는 교사의 노력만으로 학교를 변화시키기엔 한계가 있다. 초·중등교육법 제20조(교직원의 임무) ①항에 따르면 '교장은 교무를 총괄하고, 소속 교직원을 지도·감독하며, 학생을 교육'하게 되어 있다. 이는 학교 변화를 위해서는 교장이 앞장서거나 최소한 학교를 변화시키려는 교사의 노력을 지원해야 한다는 뜻이다. 학교의 변화가 필요 없다고 생각한다면 교장의 교무 총괄, 소속 교직원에 대한 지도·감독, 학생을 교육할 권한도 아무 의미가 없다.

최근 교감은 실무 역할을 맡아야 하며 교장도 수업을 해야 한다는 주장이 있기는 하다. 이는 교사들의 과중한 업무를 경감하는 차원에서 나온 것으로 학교 변화를 이끄는 근본적인 처방은 될 수 없다. 물론 수업을 원하는 교장을 막을 필요는 없으며, 실제로 소수이긴 하지만, 일주일에 두어 시간 보강을 지원하는 교장도 있다. 그러나 수업을 하느냐 하지 않느냐를 논하기에 앞서 법으로 정한 교장의 역할을 명확하게 인식하고 제대로 수행하는지가 더 중요하다.

최근 학습공동체와 관련해서 교장의 역할이 더욱 다양해지고 복잡해지고 있다. 특히 학교 전체를 학습조직으로 전환하는 데서 가장 핵심적인 것이 교장의 역할이다. 학교 안팎에서 활동하는 교사들의 학습공동체를 어떻게 지원할지, 시간과 예산을 얼마만큼 투입할지, 어떻게 결과를 처리하고 후속 조치를 취할지 등 지속가능한 학습공동체를 위해 교장의 역할이 나날이 중요해지고 있다.

교장의 역할과 관련해 우크라이나의 파블리시 학교[34]에서 교장이자 교사로 헌신했던 바실리 수호믈린스키 Vasily Sukhomlinsky를 소개하고자 한다. 시공간을 뛰어넘어 그가 운영했던 학교와 현재 한국의 학교 모습을 비교해보는 것은 학교 리더의 철학이라는 측면에서 의미가 있기 때문이다.

파블리시 학교의 교장 이야기

《바실리 수호믈린스키 아이들은 한 명 한 명 빛나야 한다》[35]를 읽은 독자들은 파블리시 학교의 교장이었던 수호믈린스키라는 인물에 대해 '대단한 사람', '극단적으로 헌신적인 사람', '평범한 사람은 도저히 따라갈 수 없는 탁월한 실천을 한 사람'이라고 느낄 것이다. 책의 도입부에 아내의 참혹한 죽음을 대하는 수호믈린스키의 분노와 승화 과정이 극적으로 묘사되어 있고, 책 전반에 걸쳐 아이를 사랑으로 대하는 교육자의 모습이 가장 이상적인 형태로 그려지고 있기 때문이다.

이 책의 주인공은 분명 수호믈린스키이고, 모든 이야기는 그의 교육적 실천을 중심으로 펼쳐지기에 다른 이야기는 마치 보조장치처럼 느껴지는 대목도 꽤 많다. 그만큼 수호믈린스키의 삶 자체가 극적이고, 그의 실천은 평범함을 뛰어넘어 다른 학교에서는 도저히 따라 하기 힘든 것이 많아서 그가 더 특별한 교육자로 느껴지는지도 모른다. 그럼에도 책을 옮기고 고쳐 쓴 입장에서 말하자면 이 책은 한 사람의 영웅적 서사에 관한 이야기가 아니다.

수호믈린스키의 삶과 교육적 실천은 마사 누스바움Martha Nussbaum이 강조하는 '서사적 상상력narrative imagi nation'이 현실에서 그대로 구현된 것처럼 보인다. 서사적 상상력이란 간단히 말해 내가 타자의 입장에서 느낄 만한 감정에 공감하는 능력이다.[36] 타자의 감정에는 기쁨과 슬픔 외에도 고통, 연민, 두려움과 같은 복잡한 감정이 섞여 있다. 이를 가능한 한 타자의 관점에서 공감하고, '내가 그 사람이라면 어떻게 생각하고 행동할까?' 하고 상상하는 마음, 바로 이것이 서사적 상상력의 핵심이다. 이때 개인이 가져야 할 것은 '감수성'이다. 수호믈린스키는 감수성이 뛰어난 사람이었고, 그의 교육철학 근간은 아이들 한 명 한 명의 감수성 계발이었다. 집단의식을 강조했던 당시의 분위기를 생각하면 수호믈린스키의 이 같은 사고는 대단히 파격적이다.

그러나 서사적 상상력이 개인의 감정에 머문다면 세상을 변화시킬 에너지는 만들어지지 않는다. 이것이 누스바움이 서사적 상상력에 '사회적 참여social participation'를 덧붙이는 이유다. 사회적 참여는 타자에 공감한 사람이 정의로운 방식으로 그 사태에 참여하고 행동하는 것을 말한다. 민주주의는 상황을 느끼는 것으로 끝나는 것이 아니라, 상황을 인식하고 문제가 되는 사태를 찾아내며 그 사태에 적절한 방식으로 참여하는 가운데 진전한다. 민주적 절차를 마련하는 것에서 더 나아가 이 체제를 운용할 시민의 소양을 기르는 것이 중요하다. 우리 사회가 안고 있는 이러저러한 문제는 관련 법령이나 절차가 없어서 풀리지 않는 것이 아니다. 민주주의는 체제의 입법, 사법, 행정을 다루는 사람들의 민주적 소양, 참여하는 시민의 소양만큼 발전한다. 말하자면 수호믈린스키는 당시 경직된 사회 분위기에서도 서사적 상상력과 사회적 참여 방식을 고민하면서 이를 실천으로 옮긴 사람이다.

책을 편역하면서 말미에 '전인적 발달과 시민교육'이라는 말로 덧대어 그의 실천을 설명한 바 있다. 수호믈린스키의 전인적 발달론은 전통적인 지덕체 교육에 노동교육과 예술교육을 포함한다. 특히 노동교육은 별개로 존재하는 것이 아니라 모든 요소에 통합적으로 관계한다. 전인적 발달을 이루는 각 요소의 관계를 공식으로 표현하면 다음과 같다.

$$전인적\ 발달 = 조화 \times \{(지덕체 + 예술) \times 노동\}$$

자세히 설명하지 않아도 전인적 발달 구조를 왜 이렇게 표현했는지 바로 알 것이다. 전인적 발달의 다섯 요소는 각각 독립적으로 중요하지만, 모든 요소는 삶의 의미를 발견하기 위한 노동을 통해서 조화를 이룬다. 즉, 전인적 발달에서 가장 중요한 것은 조화로움이다. 여기서 《바실리 수호믈린스키 아이들은 한 명 한 명 빛나야 한다》에서도 소개한 바 있는 교육기본법 2조를 다시 한번 살펴보자.

교육은 홍익인간의 이념 아래 모든 국민으로 하여금 인격을 도야하고 자주적 생활능력과 민주시민으로서 필요한 자질을 갖추게 함으로써 인간다운 삶을 영위하게 하고 민주국가의 발전과 인류공영의 이상을 실현하는 데에 이바지함을 목적으로 한다.

앞서 말했듯이 우리 헌법이 현대 시민국가보다 후진적이고 관계 법령이 부실해서 문제가 해결되지 않는 게 아니다. 법과 제도를 만들어내는 역량은 민주국가의 근간을 이루는 필수 요소이지만 그보다 더 중요한 것은 이를 유지하고 운용해나가는 시민들의 소양이다.

수호믈린스키가 말하는 전인적 발달은 서사적 상상력과 사회적 참여를 말하는 누스바움의 주장과 매우 비슷하고, 우리 교육기본법의 맥락과도 유사하다. 차이가 있다면 수호믈린스키는 이를 파블리시 학교에 적극적으로 적용했고, 우리는 훌륭한 법체계와 절차를 가지고 있음에도 전인적 발달과 시민교육을 구호에 그치게 하고 있다는 것이다.

다시 앞의 이야기로 돌아가보자. 수호믈린스키는 걸출한 영웅으로 추앙받아 마땅할까? 수호믈린스키 같은 교육자를 다시는 만날 수 없는 걸까? 이 이야기는 한 사람의 영웅적

일대기를 그린 극적 서사에 불과한 걸까?

모든 읽기는 독자가 작가의 의도 또는 텍스트의 등장인물에 동화하는 것으로 시작한다. 작가나 주인공의 입장에 공감하는 것에 머문다면 이는 단순하고 평면적인 독서다. 그다음 단계는 독자의 입장에서 재음미하는 것이다. 일종의 재해석 과정으로, 이 과정은 읽는 사람마다 달라서 독자의 경험에 따라 더 풍부하고 깊게 내면화하기도 한다.

한편 수호믈린스키는 아는 것에서 머무는 것이 아니라 실천을 통해 체화하는 교육을 강조했다. 이 대목은 마치도 '행하여 학습 learning by doing 한다'는 듀이의 생각과 꼭 닮았다. 그는 몸을 움직여 창조적 생산물을 만드는 것을 교육과정에 담아 학교 차원에서 아낌없이 지원했다. 운동장, 정원, 실습실, 공작소, 농장 등 학교의 모든 장소와 시설을 포함하여 학교 밖 자연환경까지 교육과정에서 훌륭한 도구로 쓰였다.

그런 까닭에 수호믈린스키 이야기는 위인전도 영웅담도 아니다. 교육을 개선하고자 했던 한 교육자의 생각과 그 생각을 현실로 옮긴 과정에 관한 이야기다. 우리는 그의 실천이 철저한 공부와 임상을 바탕으로 행해지고 있었으며 지적 허영과 주먹구구식 실천에서 벗어나 있었다는 점에 주목할 필요가 있다. 그가 주장한 전인교육의 핵심은 모든 전인적 요소가 조화롭게 발달하고 각 개인의 사유와 실천을 통합하는 것이었다.

서사적 상상력과 사회적 참여, 전인적 발달과 시민교육은 시대를 관통하는 교육 권고라 할 수 있다. 이것들이 제대로 작동하지 않는 사회라면, 전인적 발달은커녕 암기 주입식 지식교육을 포기할 수 없는 구조와 풍토라면(사실 우리 교육에 대한 비관과 절망은 여기에서 비롯하지만), 교육 개선은 꿈도 꿀 수 없다. 교육에 관해 순탄하게 합의해본 경험이 없고, 앞으로 그런 경험을 하기는 어려운 형편에서 각자도생의 상황이 지속된다면 우리는 앞으로도 오랫동안 절망에서 헤어나오지 못할 것이다.

수호믈린스키는 학교를 '민주적 자치공동체'로 만들었다. 그가 가졌던 권한은 오늘날 한국의 교장이 가진 권한과 크게 다를 바 없다. 차이점은 학교 구성원과 함께 공부하며 실천했다는 것이다. 이는 파블리시라는 학교 공간과 마을을 배경으로 수호믈린스키 개인의 탁월함을 넘어 교장의 역할, 학교 구성원의 강력한 동료성, 실천적 부모교육이 유기적으로 결합된 형태로 펼쳐졌다.

교육과정은 전인적 발달을 통해 창조적 시민을 길러낼 때 의의가 있다. 한국의 교육 현실에서 수호믈린스키를 따라

하기엔 상황이나 조건이 달라 무력감이 들 수 있다. 교장이자 교사였기 때문에 가능한 실천, 그 당시 사회에서 노동교육에 대한 인식, 파블리시 학교 교사들의 동료성, 기꺼이 학교에 조력하는 학부모의 공동체 정신, 때 묻지 않은 아이들의 마음 등 이런 요건이 있었기에 수호믈린스키가 탁월한 실천가가 될 수 있었다는 지적은 상당 부분 수긍이 간다.

그럼에도 우리가 느끼는 갈증이 있다. 파블리시 학교의 탁월한 교육적 성과를 이룬 수호믈린스키의 능력은 어떤 종류의 것인지, 팍팍한 우리 현실에 수호믈린스키의 실천은 어떤 시사점을 남기는지를 말이다. 즉, 수호믈린스키가 어떤 실천을 했고 어떤 교육적 성과를 이루었는지 알아보는 것도 중요하지만, 그보다 더 가치 있는 것은 그가 학교라는 공간을 어떻게 사고했고 아이들을 어떤 존재로 생각했으며 아이들을 둘러싼 세계를 어떻게 인식했는지 살피는 일이다.

파블리시 학교의 모든 구성원이 가지고 있었던 특별함은 '교육상황을 보는 눈'이다. 막스 반 매넌 Max van Manen에 따르면 이는 학교에서 일어나는 모든 상황을 교육적으로 응시하고 교육적으로 해석하며 교육적으로 개입하는 것을 말한다.[37] 수호믈린스키는 다른 교육자보다 교육상황을 보는 눈이 깊었다.

교장과 학교 구성원이 관계 맺는 법을 구체적으로 살펴보면 들어가기, 나오기, 거리두기 등 3가지 방법으로 요약할 수 있다. 이는 교사와 학생의 관계에서도 마찬가지다. '들어가기'는 학생에게 교사의 조력이 필요한 상황을 잘 포착하고 배움을 촉진하는 행위다. 그리고 촉진을 통해 학습자가 스스로 무언가를 이루어나갈 준비가 됐다고 판단했을 때는 '그로부터 빠져나와야(fading: 조력을 제거하기)' 한다. 계속 조력한다고 끌어안고 있으면 아이는 독립적인 존재로 설 수 없다.

들어가고 나오는 행위에는 기술이 아닌 예술적 감각이 필요하다. 기술은 표준화된 기준에 맞는 제품을 만들고 불량품을 줄이는 일이지만 예술은 작품, 즉 유일무이한 과정을 생성하는 활동이다. 작품을 창조하는 일, 섬세하게 교육적 맥락과 상황을 보는 눈이 바로 '질적인 눈'이며 '미학적 감식안'이다.[38] 그런데 평소에 대상 곁에 너무 바짝 붙어 있거나 너무 멀리 떨어져 있으면 들어가고 빠져나올 상황과 시기를 포착하기 어렵다. 그러므로 대상과의 적당한 거리를 잘 유지해야 한다.

'거리두기'는 대상과의 친밀함을 포기하는 것이 아니다. 섬세한 리더는 적절히 대상을 조력하거나 자연스럽게 조력을 제거하여 대상이 스스로 설 수 있도록 하며, 거리두기는 리더의 이러한 행위를 유려하게 만드는 시작점이라고 할 수 있다. 이 모든 과정에서 인지적이든 사회·정서적이든 리더의 조력은 절제를 바탕으로 정중하고 친절하게 이루어져야 한다. 절제된 친절함은 적당한 거리두기의 전제 조건이다. 교육과정은 교사가 한 대상에게 개입했다가 그에게서 빠져나오기를 반복하면서 경험을 재구성하도록 돕는 활동이다. 그러므로 교사 전문성이란 교사가 설정한 시기와 상황에 개입하고 빠지기를 반복하는 것이라 해도 과언이 아니다.

충족을 넘어 넘치는 상태가 과잉인데, 이런 상태가 지속되면 부작용이 생길 수밖에 없다. 교사도 부모도 부지불식간에 몸에 밴 과잉 개입을 사랑이라 착각하는 경우가 많다. 무엇이든 과잉이 되는 순간 균형은 무너지며 바람직한 성장은 사라진다. 그럴 바에는 결핍을 경험하게 하여 대상에게 도전 의욕을 북돋아 주는 것이 낫다.

여기서 말한 관계를 맺는 방법에서 교사를 교장으로, 학생을 교사로 바꾸었을 때도 이 모든 과정이 그대로 들어맞는다. 앞서 세 교장 이야기에서 보았듯이 학교 구성원 간의 갈등과 다툼이 있을 때 어떤 교장은 다툼의 원인이 누구에게 있는지 따지면서 더 잘못한 구성원을 가려내 지적하거나 훈계하려 들 것이다. 또 다른 교장은 갈등이 생겨난 상황을 현상 그대로 이해한 다음 자신의 경험에 비추어 해석하고, 옳고 그름보다는 맥락과 관계의 측면에서 접근하면서 대화를 통한 해결책을 모색할 가능성이 높다. 갈등을 해결하는 방식이 서로 다른 이유는 두 교장의 지식과 열정의 차이에서 비롯한 것이 아니라 교육상황을 보는 시선 자체가 다르기 때문이다.

수호믈린스키는 성공 욕구와 과잉 헌신으로 자신의 능력을 발휘한 것이 아니다. 그 능력은 상황을 교육적으로 바라보고 해석하는 능력, 본인이 어떻게 개입하고 관계할지 판단하는 능력, 그리고 학교 구성원이 독립적으로 설 수 있도록 도움을 거두는 능력, 아울러 거리를 두고 성장을 지켜보는 것 등이 어우러진 총체적 능력이었다. 수호믈린스키가 충만한 교육적 시선을 유지할 수 있었던 것도 학교를 학습 조직화하려는 문제의식과 민주적 공동체를 이루고자 하는 학생의 자치 역량, 교사의 동료성, 학부모의 열정적인 참여가 조화를 이루면서 만들어진 성과였다.

이렇게 생각할 때 수호믈린스키의 교육적 실천을 배우고 난 뒤에 생기는 부담, 즉 그가 했던 대로 따라 해야만 훌륭한 리더가 될 수 있을 거란 생각을 떨칠 수 있다. 다시 말해 파블리시 학교의 교육방식을 그대로 따라 하거나 우리 교육

현실에 바로 적용하는 데 미덕이 있지 않다. 우크라이나와 우리의 상황이 다르기도 하고, 교육적 필요나 이에 화답하는 방법도 같지 않다. 그러므로 우리가 진짜 배워야 할 것은 구체적인 실천 하나하나가 아니라 파블리시 학교 구성원이 가졌던 교육상황을 보는 눈이다. 현상을 직관하고, 다시 이를 자신의 경험에 비추어 해석하며 자기화하는 과정은 교육자가 갖추어야 할 전문성 구축 방안 가운데 하나이기 때문이다.

교육상황을 보는 눈은 어떻게 기를 수 있을까? 교육자의 전문성은 읽고 쓰고 말하는 방식으로 발현된다. 많이 읽고 쓰고 말하되 그것대로 실천해야 한다. 그리할 때 수호믈린스키가 말한 '아이들은 한 명 한 명 빛나야 한다'의 의미가 맥락으로 읽힌다. 이렇듯 교육상황을 보는 눈이란 현상을 보고 해석하며 적시에 적절하게 개입하는 능력을 말한다. 동시대를 살았던 철학자이자 교육자 조셉 솔로베이치크 Joseph Soloveitchik는 파블리시 학교가 성공할 수 있었던 요인을 다음과 같이 정리했다.[39]

1. 학생의 행복과 복지를 최우선 관심사로 둔다.
2. 자연에서 학습하는 동안 집중적으로 질문을 던진다.

3. 교사는 모든 과목에서 학생의 언어능력 발달에 중점을
   둔다.
4. 학생이 암기해야 할 학습량을 줄이고, 추론과 이해에 중
   점을 둔다. 대부분의 암기는 지식을 응용하는 과정에서
   무의식적으로 일어나게 한다.
5. 학습을 방해하는 정서적 장애물을 없앤다. 특히 처음 몇
   년 동안은 학생들이 섣불리 실패를 경험하지 않도록 조
   심한다.
6. 지적 활동에 대한 풍부한 배경을 만들고 특별활동에 흥
   미를 느끼도록 아이들을 격려한다. 그래야 정규수업이
   형식적으로 흐르지 않는다.

이러한 성공 요인이 함축하는 바는 교사의 탁월한 전문성
과 협력적 동료성이라 할 수 있다. 그러므로 우리는 교사 전
문성과 동료성을 가능하게 하는 가장 큰 동기가 무엇인지에
주목해야 한다. 《바실리 수호믈린스키 아이들은 한 명 한 명
빛나야 한다》를 옮기고 고쳐 쓰면서 가장 인상 깊었던 것은
'학교장의 리더십'이었다. 시대와 국가가 다르고 교육상황
이 달라도 여전히 학교장의 리더십은 성공적인 학교운영에
서 가장 중요한 요인으로 꼽힌다.

학교장의 철학이 확고하고 전문성이 뛰어날 때는 학교장의 강한 권한이 상당 부분 긍정적으로 작용한다. 하지만 그 반대라면 학교운영에서의 실패는 예약된 것이나 다름없다. 학교장의 권한을 교사에게 대폭 이양하도록 역할을 조정할 때도 학교 리더의 철학과 비전은 분명해야 한다. 그렇지 않으면 권한 위임 과정에서 무책임도 함께 넘어가 아무도 책임지지 않으려는 분위기가 만들어질 수 있다. 즉, 많은 학교에서 구성원들이 책임을 면하려는 문화가 형성되는 이유가 학교장의 리더십 문제일 수도 있다는 것이다.

학교 교육과정을 운영하는 데는 학교 리더의 사고와 판단이 매우 중요하다. 문서로 고시된 국가 교육과정에만 비추어 무엇은 되고, 무엇은 안 되는 식의 경직성을 가지고는 아이들과 함께 살아 있는 배움을 구성할 수 없다. 학교 리더는 교육과정의 생명력을 이해하고 이를 실행할 힘이 있어야 한다. 교과서 내용을 빠짐없이 전수해야 한다는 고정관념 대신에 교사와 아이들의 호흡과 숨결이 교차하는 역동적 상황에서 쌓이는 경험의 총체가 바로 삶을 가꾸는 교육과정이라는 생각을 가져야 한다.

교실에서는 활기차게 질문이 오가고 학교에는 우정이 넘칠 때, 학교 리더가 지식뿐 아니라 일과 놀이를 포함하는 교육과정을 제대로 이해할 때 민주적 리더십을 발휘할 수 있다. 이는 앞서 솔로베이치크가 말한 파블리시 학교의 성공 요인에도 잘 드러나 있다. 아이들의 행복과 복지, 자연과 함께하는 학습, 언어능력 발달을 통한 문해력 신장, 추론과 이해 강조, 학습을 방해하는 정서적 장애물 제거, 지적 활동을 위한 풍부한 배경 형성 등과 같은 과제는 교사만의 힘으론 이루기 어렵다. 학교 리더의 철학과 실행력이 뒷받침되어야 학교운영의 성공을 보장할 수 있다.

그런 의미에서 자생적 혁신학교라 할 수 있는 파블리시 학교에서 수호믈린스키는 학교장 역할과 관련하여 오늘날 우리에게 몇 가지 강력한 메시지를 던진다. 먼저 수호믈린스키는 교장과 교사를 겸하면서 공부를 게을리하지 않았다. 공부하지 않는 교장은 학교를 학습조직으로 만들 수 없다. 교사들에게 공부하라고 말하려면 적어도 교사들의 관심사, 최신 교육 동향 및 학교문화를 놓고 대등하게 토론을 벌일 정도로 준비해야 한다. 공부를 열심히 해도 학교 구성원과 소통하지 않는다면 독선적으로 학교를 운영할 위험이 크다. 따라서 공부는 개인의 인식 지평을 확대하는 것을 넘어 상호의존적으로 행해지고 배운 것을 나눌 때 의미가 있으며 더 효과적이다.

나아가 공부할 때는 지위를 내려놓고 동료성을 바탕으로 한 수평적 토론을 해야 한다. 수호믈린스키가 동료성을 유지하기 위해 본인이 먼저 수업을 여러 번 공개한 뒤에 교사들의 논평을 듣고 서로 토론했다는 사실은 지금 우리에게도 시사하는 바가 크다. 또한 수호믈린스키는 교사를 채용할 때 교사가 갖추어야 할 전문성과 소양 외에 학생에게 전수해줄 특별한 '노동기술'이 있는지를 매우 중요하게 생각했다. 이렇듯 파블리시 학교는 삶과 노동 그리고 학습의 기쁨이 공존하는 곳이었다.

　수호믈린스키가 주로 활동했던 때는 집단주의 색채가 강했던 시대였다. 그렇지만 수호믈린스키는 학생 개인을 집단의 부속물로 여기지 않았다. 중앙 정부로부터 핍박을 받으면서도, 그는 공동체성과 개인성에 똑같은 비중을 두면서 집단을 위해 개인의 고유한 특성이 희생되는 일은 없어야 한다고 주장했다. 수호믈린스키는 교육의 목적을 아이들 한 명 한 명의 감수성 계발에 둘 만큼 인문주의를 지향하는 교육자였다.

교장의 철학 vs 교사의 열정

교사를 대상으로 한 연수 강의에서 "학교문화를 결정하는 데에서 가장 중요한 요소는 무엇이라고 생각하시나요?"라고 물은 적이 있었는데, 그때 교사들은 '학교장의 경영철학'이라고 답했다. 똑같은 질문을 교장 대상 연수 강의에서 했을 때는 '교사의 열정'이란 답이 돌아왔다. 저마다 자신의 위치에서 말한 셈인데, 다 맞는 말이다. 결국 학교장의 경영철학과 교사의 열정이 만나면 바람직한 학교문화를 형성하는 가장 중요한 요소 2가지를 한꺼번에 충족하는 셈이다. 두 요소는 어느 하나가 다른 것의 전제 조건이 아니며, 두 요소가 동시에 결합하는 것이 가장 이상적이다.

학교장의 경영철학은 비전 제시, 변화를 이끄는 힘, 위임과 신뢰 역량, 민주적 공동체 형성 및 갈등 조정 능력을 포함한다. 이 중에서 비전은 학교공동체가 나아갈 방향으로 학교 모든 구성원의 의견을 모아 함축적으로 제시하는 것이 좋다. 따라서 학교장은 학교 구성원의 지향, 학생의 주요한 바람, 학부모와 지역사회의 요구를 파악하고 이를 자신의 경영관과 조율하여 학교공동체의 비전을 밝혀야 한다. 이는 학교장으로서 갖추어야 할 기본 덕목이다.

변화를 이끄는 힘을 가리켜 흔히 혁신 마인드라고 한다. 단순히 새로움을 추구하는 것을 넘어 현재 학교 상황에서 계승·발전시켜야 할 것과 극복해야 할 문제점 등을 판단하여 학교를 한 단계 진전시키는 힘을 말한다. 이를 통해 불확실하고 비예측적인 학교 상황을 총체적으로 이해하고, 이에 대응하는 변혁적 리더십이 필요하다.

위임과 신뢰 역량은 구성원을 믿고 일을 맡겨 성과를 공유하는 학교운영 방식을 가능하게 한다. 법령상 학교운영의 거의 모든 권한은 학교장에게 있다. 중간 리더를 키워 권한과 책임을 나누면서 되도록 많은 구성원을 학교운영에 참여시키기 위해서는 리더십 분산이 필요하다. 흔히 중간 리더십 또는 분산 리더십이라 불리는 이 역량은 학교 구성원 모두가 참여하는 형태로 나타난다.

민주적 공동체 형성 및 갈등 조정 능력은 한마디로 말해 '자치 역량'이다. 한 학교가 수준 높은 자치 상태를 유지하기 위해서는 학교운영위원회, 교직원회의, 학생회, 학부모회 등 학교 단위의 거버넌스가 잘 작동해야 한다. 이를 위해 학교장이 자신의 권한을 각 단위로 위임하는 것이 중요하다. 권한을 제대로 위임하지 않으면, '권한은 구성원이 누리고 책임은 교장 혼자 지라는 것이냐'라는 불만이 터져 나올 수도 있다. 그래서 자치 역량은 앞에서 언급한 위임과 신뢰를 포함한다.

특히 갈등 조정 능력은 최근 학교장에게 요구되는 리더십 가운데 하나다. 사람이 모이는 곳에는 갈등이 생기기 마련이다. 그 갈등은 구성원끼리의 반목일 수도 있고 학년, 부서, 교과 간 견해가 달라 생기는 문제일 수도 있다. 피한다고 해서 문제가 사라지는 것이 아니기에 갈등의 원인을 정확히 파악하고 구성원의 요구를 취합한 뒤 바람직한 학교운영을 위한 최적의 지점을 찾아 조정력을 발휘해야 한다. 이것이 학교장의 당연한 책무다.

앞서 학교장이 꼽은 좋은 학교문화를 이루는 으뜸 조건은 '교사의 열정'이라 했다. 만약 구성원이 공감할 수 있는 경영철학과 민주적 리더십을 갖춘 교장이라면 교사의 열정을 끌어올리는 데 훨씬 유리한 조건을 갖고 있다고 할 수 있다. 이는 모든 교사가 달라지는 것보다 교장 한 사람이 변화하는 것이 바람직한 학교문화를 형성하는 더 빠른 길이라는 말이다. 따라서 교사들이 학교문화를 결정하는 가장 중요한 요소로 학교장의 경영철학을 꼽는 것은 어찌 보면 지극히 당연한 일이라 하겠다.

교사의 주요한 일은 교실에서 이루어진다. 아이들의 전인적 발달과 바람직한 성장을 촉진하는 것은 교사의 가장 중요한 임무다. 학교혁신의 주요 영역 중에 '학교업무 정상화'라는 것이 있다. 소수의 교사로 업무 전담팀을 만들어 이들이 학교 업무를 도맡아 처리하고, 담임교사는 수업과 생활지도에 집중하도록 하는 것이다. 이 같은 혁신 방안을 통해 교사들이 교육활동에 몰두하도록 돕는 것이 골자지만, 한편으로는 학교 업무는 다 전담팀이 떠안고, 담임은 오로지 수업과 학급 일에만 신경 쓴다는 불만의 목소리가 들리기도 한다. 업무를 충분히 덜어내지 않은 상태에서 남은 업무가 전담팀으로 쏠리면서 이런 말들이 나오는 것인데, 이럴 때 학교장은 갈등 조정 능력을 잘 발휘해야 한다.

언젠가 한 워크숍에 참여한 교사가 자기는 혁신학교에 가고 싶지 않다면서 그 이유로 혁신학교는 회의를 너무 길게 하기 때문이라고 말했다. 좌중은 우스갯소리인 줄 알고 다 웃었지만 새겨들어야 할 말이다. 회의를 위한 회의, 지나치게 긴 논쟁, 주도권 다툼이 전제된 토론 등은 혁신의 동력을 떨어뜨린다. 학교 구성원 모두가 생산적인 길을 모색하도록 안내하고 조력하는 것, 이 역시 교장의 몫이다.

《통하는 학교 통하는 교실을 위한 교사 리더십》에서 교육 리더가 가져야 할 몇 가지 조건을 말한 적이 있다. 예를 들면 '원칙은 기본, 유연성은 양념'과 같은 말이다. 상충하는 가치를 놓고 선택해야 할 때 굳이 어느 하나를 택하고 그 외에 다른 것을 버릴 필요는 없다. 무엇을 기본으로 하고 무엇을 결합해 더 풍부하게 만들지 생각하고 판단하는 것은 경험 많은 리더의 소양 중 하나다.

'지도성과 대중성의 통일'도 중요하다. 지도성은 위에서 아래로 향하는 힘이고, 대중성은 전체 구성원의 의사를 반영하여 위로 향하는 힘이다.[40] 리더가 바람직한 경영철학을 가지고 있을 때 강한 지도성을 발휘하면 학교는 조금 더 빠른 발전을 기대할 수 있다. 그러나 리더의 소양이 부족할 때 지도성이 강하면 매우 위험하며 대중성 역시 마찬가지다. 인기를 좇아 주관 없이 대중의 의견에 휩쓸리는 건 포퓰리즘이나 다름없다. 어디까지나 좋은 경영철학 아래 지도성과 대중성을 조화롭게 통일해야 한다.

한 학교를 혁신하기 위한 요건은 다양하며 다층적이다. 교장은 교사에게, 교사는 교장에게 무언가를 먼저 해주기를 바라서는 혁신을 기대할 수 없다. 먼저 구성원 간에 대화를 시작하고 가능한 것부터 합의를 이루어내야 한다. 그리고 합의한 것은 일단 실천해보는 것이 좋다. 미처 합의하지 못한 것은 목록화하고 중요성과 시급성을 따져 과제로 남긴다. 이런 과정은 구성원들이 변화를 체감하고 성장하는 계기로 작용하므로 매우 중요하다. 구성원이 성장하면 의사소통 역량도 높아진다. 소통 능력이 향상되면 이견 때문에 그동안 과제로 남겨두었던 것들을 하나씩 해결해나갈 수 있다. 끝내 해결하기 어려운 과제라면 시간이 좀 더 필요한 과제라는 것을 서로 확인하는 것으로 충분하다.

한스-게오르크 가다머 Hans-Georg Gadamer는 토론의 목적은 상대를 논파하여 자신의 의견을 관철하는 것이 아니라, 자신과 타자의 '지평의 융합'이라고 말했다. 지평의 융합은 표현되지 않고 드러나지 않은 존재의 깊은 부분까지 응시하고 존재 전체를 깊이 이해하려 할 때 이루어진다.[41] 토론에선 이겼는데 아무것도 실천으로 옮기지 못한다면 무슨 의미가 있겠는가. 토론은 더 풍부한 내용을 확보하기 위한 생산적 과정이다. 모두가 지지 않는 토론도 있고, 나아가 모두가 의미를 찾는 토론도 있다. 리더는 바로 이런 지점을 찾아 끊임없이 확인하고 연결하는 사람이다.

대개 학교장의 마인드 변화와 교사들의 열정은 함께 움직인다. 우선 순위를 매긴다면 학교장의 경영철학이 먼저고 뒤따라 교사들의 열정이 살아나면서 학교가 변화한다는 것이지만, 현실에선 그렇지 못한 곳도 적지 않기에 교장과 교사들이 학교혁신을 위해 대화를 시작하는 것이 무엇보다 중요하다.

한국처럼 교육이 본질적 가치보다는 사회적 신분 상승의 주요 수단으로 기능하는 곳에서는 헌법이나 법률에서 다루는 교육의 목적과 실제 현실에서 나타나는 교육상황이 많이 동떨어져 있다. 교육을 개선한다는 것은 이렇게 괴리된 측면을 드러내고, 그것의 간격을 좁혀가는 길고도 험난한 작업이다.

파블리시 학교에서는 학교와 가정이 긴밀히 연결되어 있었고, 그 안에서 교육적 실천이 이루어졌다. 학생들은 초등학교에 입학하기 전에 학교에서 진행하는 '자연으로 떠나는 소풍'이라는 프로그램에 참여했다. 이는 오늘날 우리가 말하는 선행학습과는 전혀 다른 개념이다. 오히려 이들은 입학 후에도 상당 기간 교실에 들어가지 않고 학교 주변의 자연 속에서 수업을 받았다. 또한 파블리시 학교가 비중을 두어 진행한 것 중 하나는 부모교육이었다. 수호믈린스키는 학생이 학교에 입학하기 2년 전부터 부모들에게 250시간 이상의 교육에 의무적으로 참여하게 했다. 부모들은 이 과정에서 교육학과 심리학, 그리고 아이의 건강관리 등에 관한 교육을 받았다.

물론 한국 상황에서 학교가 많은 시간을 부모교육에 할애하는 것은 쉽지 않다. 그러나 좋은 학교를 만들기 위한 노력 중 하나가 학부모의 과잉 교육열을 식히고 학생에게 전인적 발달의 기회를 제공하는 것이라고 한다면 부모교육은 피할 수 없는 당면 과제다. 그러므로 학교는 학부모의 평생교육 기관이자 또 다른 학습조직으로 기능해야 한다. 처음에는 학교가 프로그램을 기획하고 진행하는 것으로 시작하겠지만, 나중에는 학부모들이 스스로 다양한 학습조직을 만들어 공부할 수 있도록 지원해야 한다.

학교와 학부모가 자녀교육을 둘러싸고 긴장 상태에 있을 필요는 없다. 학부모는 학교에 요구만 하는 민원인으로서가 아니라 당당한 교육주체로 학교교육에 참여해야 한다. 지금 학교에는 교육주체 간의 갈등과 반목이 어느 때보다 심각하다. 하지만 이럴 때일수록 서로를 원망하고 경계하는 마음을 갖기보다는 학교의 변화를 만들어가는 공동체의 일원으로서 저마다의 역할에 충실해야 한다.

학습공동체는 지위와 신분을 가리지 않는다. 교사들의 학습공동체는 교장들의 학습조직과 연결되어야 하고, 학부모 역시 평생교육의 측면에서 공부를 게을리하지 말아야 한다.

그런 의미에서 일부 지역에서 실시하고 있는 학부모 인문학 교실 등은 좋은 사례라 할 만하다.

부모교육 프로그램은 파블리시 학교처럼 자녀가 다니고 있는 학교에서 마련하는 것이 가장 좋으며, 좋은 커리큘럼을 제시하여 많은 학부모가 참여하도록 해야 한다. 학교 구성원과 교장, 학부모가 각각 학습조직을 이루어 공부하는 학교에서는 끊임없는 학습을 통해 서로의 입장을 이해하고 더 좋은 학교를 위한 에너지를 생성할 것이다. 그리고 학교 리더가 제 역할을 다할 때, 이 모든 것을 현실화할 수 있다.

——— 학교 리더의 성장을 위한——— 10가지 제안

제안 1　원칙과 유연성을 동시에 발휘하기

학교는 다양한 구성원으로 이루어진 조직이다. 학생, 교사, 행정직원, 학부모 등 서로 다른 처지의 구성원들로 이루어져 있으며 이들의 이해와 요구는 저마다 다르다. 사안에 따라 각 구성단위는 합해졌다가 흩어지기를 반복한다. 서로 다른 권한과 의무가 충돌할 때도 있다. 무질서한 것 같지만 각각의 구성단위는 나름의 논리와 체계 속에서 운영된다.

앞서 세 교장 이야기에서 보듯이 각 구성단위의 이야기를 경청하는 것은 교장의 당연한 책무이므로 의견을 청취하기 전에 교장 혼자서 모든 일을 결정해서는 안 된다. 그렇다고 의견만 구하느라 필요한 순간 결정을 내리지 못하는 것 또한 교장으로서 바람직한 태도가 아니다. 학교의 교육력을 높이기 위해 거듭 방안을 고심하고 어느 쪽이든 결정을 내리고 책임을 지는 위치에 있는 사람이 교장이다. 다시 말해 사안을 결정하기 전에 구성원 간 협의와 토론은 꼭 거쳐야 하지만 법령상 최종 결정권자는 교장이라는 말이다.

그렇다면 교장을 무엇을 판단 기준으로 삼아 결정을 내려야 할까? 그것은 바로 학교운영에 대한 확고한 원칙이다. 이 원칙은 구성원 간의 민주적 합의를 거쳐 일종의 규범이 되어야 한다. 그렇다고 해서 원칙만 고수하는 것은 조직을 엄격하게 만드는 부작용이 따른다. 구성원이 자신의 업무에 의미를 부여하고 즐거움을 느끼게 하려면 친밀한 분위기를 조성해야 한다. 이때 필요한 학교 리더의 덕목이 유연성이다. 물론 원칙이 수립되지 않은 상태에서 유연성만 있다면 조직의 기강은 무너지고 사공이 많아 배가 산으로 가는 상황이 벌어질 수도 있다. 따라서 '원칙은 기본, 유연성은 양념'이라는 리더십을 발휘해야 한다.

제안 2 학교를 복잡계로 이해하기

학교 리더의 큰 착각 중 하나는 자신의 경영방침에 따라 학교가 운영되고 있다고 믿는 것이다. 실제로 그런 학교는 없으며, 모든 구성원이 학교장의 경영방침을 따라야 학교가 원만하게 작동하는 것도 아니다. 조직의 측면에서 본다면 학교는 문화적으로 서로 다른 요소들이 얽혀 작동하는 '복잡계 complex system'다.

한국의 모든 학교는 매년 학교 교육계획을 수립한다. 여기에는 학교장의 경영목표가 있고 이를 이행할 중점과제와 영역별 실행계획이 있다. 모든 학교 구성원이 학교의 목표를 공유하거나 내면화하는 것은 아니다. 교장과 교감 그리고 계획을 수립한 부서의 부장교사와 담당교사 등이 알고 있는 정도다. 많은 학교에서 학교 교육계획을 소수가 형식적인 절차를 밟아 수립하기 때문에 다수의 교사, 학생, 학부모는 학교의 목표, 학교장의 경영철학, 중점과제 등에 대해 알지 못한다. 그래도 교사가 수업을 매개로 학생과 교육적 관계를 맺는 데에는 아무런 문제가 없다. 구성원이 분명한 목표와 목표를 구현하기 위한 전문성을 공유하고 있지 않은 상태에서 유동적으로 참여하는 것, 이것이 바로 학교의 특징이다. 이를 마이클 코언Michael Cohen 1972 등은 '조직화된 무질서'로 명명했다.[42]

'느슨한 결합'이란 연결된 각 사건들이 서로 대응되는 동시에 저마다의 정체성을 보존하면서 물리적·논리적 독립성을 갖는 경우에 쓰는 말이다. 교사는 교실에선 독립적 정체성을 가진 인격체로 학생들과 만나면서도 교직원회의 때는 한 사람의 구성원으로 참여한다. 그러나 학교 구성원으로서 사명감을 가지지 않아도 학생을 지도하는 데에는 문제가 없다. 이러한 학교조직의 특성이 바로 느슨한 결합이다. 학교 리더가 이를 이해하지 못하고 자신의 경영방침에 따라 학교 운영, 수업, 생활지도까지 요구한다면 사사건건 구성원들과 충돌할 것이다.

복잡계 사회인 학교는 학교장의 강력한 지도력보다는 학교 구성원 간에 자연스러운 상호작용과 연결관계가 있어야 원만하게 작동한다. 구성원의 경험과 집단사고는 때로 교장 한 사람의 뛰어난 아이디어보다 더 좋은 효과를 발휘한다. 이 같은 학교의 작동방식을 이해한다면 학교 리더와 구성원이 맺는 관계는 선순환적으로 발전할 것이다.

제안 3 공사 구분하기

혹시 학교 리더가 좋은 평가를 받고 있지 못하다면 가장 먼저 확인해야 할 것은 공사(公私) 구분을 제대로 하고 있는지다. 학교운영 과정에서 공적 절차와 사적 이해관계가 얽히면 조직의 기강이 무너진다. 관계를 통해 친밀감을 유지하려 하는 것은 인간의 본능이다. 그래서 조직 안에 있는 리더든 구성원이든 공식적 관계 외에 사적 관계를 형성하기 위해 노력한다.

사적 네트워크가 강한 사람은 교직원회의 때는 거의 발언하지 않지만 학교운영에 영향력을 미친다. 사적 관계를 통해 영향력을 발휘하는 경우가 공적 절차를 통해 문제를 해결하는 경우보다 더 많고 더 효과적이었던 학교에서는 더욱 그러하다. 심지어 리더가 나서서 자기와 친밀한 소수 그룹을 만들어 자주 어울리는 경우도 있다. 이는 친목이라는 이름 아래 공과 사의 경계선을 넘나들면서 학교운영을 교란하는 짓이다.

물론 친목이나 화합을 다지려는 노력이 모두 부정적인 것은 아니다. 문제는 이렇게 사적 관계로 구축된 네트워크나 영향력을 이용하여 공적인 절차까지 움직이려 할 때다. 또한 이런 일을 직접 경험하거나 목격한 경우에 많은 사람이 공적 절차를 따르기보다 사적 영역에서 문제를 해결하려 들 것이다.

사적 관계를 통한 일 처리를 선호하는 학교 리더는 없을 것이다. 그렇지만 공적 절차를 통해서 자신이 의도한 바를 학교운영에 반영하기 어려운 경우라면 사적 관계를 동원할 가능성이 크다. 또한 리더의 의사결정에 따라 구성원이 느끼는 체감적 만족은 다르기 때문에 학교 구성원 역시 자기에게 유리한 결정을 이끌어내기 위해 사적 관계를 구축하려 들 것이다.

리더는 사적 관계가 공적 절차를 뒤흔들지 못하도록 질서를 바로 잡아야 한다. 공사를 철저히 구분하는 것은 리더와 구성원 모두가 가져야 할 덕목이다. 조직이 크고 영향력이 커질수록 리더에게 뻗는 유무형의 유혹도 많아진다. 그 유혹의 대부분은 사적 관계를 통한 청탁일 경우가 많다. 이러한 유혹에 리더가 빠지게 되면 일 처리의 원칙과 기준이 흔들리게 되고, 이는 조직의 방향성과 건강성에 있어 치명적이다.

앞에서 언급한 문제들을 해결하는 방법은 의외로 단순하다. 그것은 바로 '공은 공, 사는 사'라는 원칙을 리더와 구성원이 함께 지키는 것이다.

제안 4 불확실성에 대처하는 변혁적 리더십 갖기

기후변화, 감염병 유행, 정보기술 발달 등과 같은 예측 불가능한 미래사회에 대비하기 위해 마련한 OECD 학습 나침반 2030은 학생의 행위 주체성과 변혁적 역량을 중시한다.[43] 따라서 학생을 가르치는 교사와 학교운영을 총괄하는 교장에게도 변혁적 리더십이 필요하다.

지난 3년간 학교는 코로나19라는 과거 경험해보지 못한 감염병 사태로 큰 혼란을 겪었다. 밀집도에 따른 수업 형태, 교직원의 복무 방식, 체험학습 일수 조정 등 학교장의 의사결정을 필요로 하는 사안이 많았었다. 학교 리더는 이 같은 감염병 상황 외에도 태풍이나 폭우 같은 자연재해 발생 시 등교 방식을 결정하거나 학교폭력이나 인권침해 등 학교 안에서 발생하는 예기치 않은 사건들에 신속하게 대처해야 한다. 누구와 협의할지, 최종 결정은 어떻게 내릴지, 교육청이나 외부기관의 협력은 어떻게 구할지 등 학교 리더의 역량은 더욱 다변화되고 있다.

학교에는 각각의 상황을 해결하기 위한 많은 위원회가 있고 매뉴얼이 있다. 그러나 위원회를 여는 것, 매뉴얼대로 조치하는 것은 책임성을 확보하기 위한 최소한의 장치일 뿐이다. 절차만 충족하는 것은 때로 책임을 피하기 위한 수단에 지나지 않는다. 절차는 지켰지만 문제가 해결되지 않는 상황도 많기 때문이다.

학교 리더의 역량은 상황을 판단하는 능력, 절차의 준수, 문제의 합리적 해결을 모두 포함한다. 교장 자격연수에서는 지켜야 할 규정뿐만 아니라 불확실한 시대에 요구되는 리더의 역량을 재정의하고 이를 깊이 있게 다룰 필요가 있다.

제안 5 갈등의 조정자 역할하기

전통적인 학교조직에는 대체로 교장과 교감, 학생과 교사가 있으며 이를 지원하는 행정직원이 있다. 그중 교사들은 학년과 교과, 부서에 따라 나뉘는데, 새 학년을 앞둔 업무분장 회의는 갈등의 집합소라 할 수 있다. 담임교사 여부, 주당 수업시수, 어떤 업무를 맡는지에 따라 한 해의 업무강도가 결정되는 교사들은 최선을 다해 본인이 원하는 수업과 업무를 맡고자 애쓴다. 인사자문위원회가 있지만 순조롭게 조정되는 경우가 드물어 갈등이 생기기도 한다. 이때 갈등을 해결하지 못하면 최종 결정은 교장의 의사에 따른다.

전통적인 학교조직과 달리 오늘날 학교에는 다양한 구성원이 공존하고, 반목과 갈등 속에서 살아가고 있다. 여러 영역의 비교과 교사를 비롯하여 교무행정실무사, 급식종사원,

학교보안관, 돌봄종사자, 사회복지사와 디지털 기기 관리자 등 과거와는 비교할 수 없을 정도로 많은 직종의 종사자가 있다. 교사들은 이들이 있으니 불필요한 행정업무를 덜고 수업에 전념하기를 소망하면서, 이 과정에서 교원업무 경감 또는 학교업무 정상화를 주장한다. 이에 대해 행정직원들은 교사의 일을 행정실로 떠넘긴다고 반발한다(법은 행정직원이 할 일을 '행정업무와 그 밖의 사무'로 정하고 있다). 여기에 학교 단위로 계약하는 강사, 교육공무직, 무기계약직원 등도 급여나 근무조건을 개선해줄 것을 요구하고 있다. 이렇듯 요즘 학교에는 이중 삼중의 갈등 요소가 존재한다.

학교장이 갈등의 원천이 될 때도 있다. 갈등 속에서 조기 퇴직을 결심하는 학교 관리자도 있을 정도다. 그러나 학교 리더는 갈등 유발자가 아닌 조정자여야 한다. 갈등의 유형에 따라 사건을 덮는 식으로 상황을 조정할 수도 있지만, 그보다는 갈등 요인을 정확하게 확인하는 것이 중요하다. 갈등에는 당사자와 관련자가 있고, 대립을 해소할 물리적·정신적 해결책이 요구된다. 이러한 갈등 상황을 학교장 개인의 덕망으로 돌파할 수 있을까? 설령 몇 번은 그럴 수 있다 해도 좋은 해결책은 아니다.

그러면 학교장으로서 갈등을 조정하는 바람직한 방법은

무엇일까? 먼저 구성원 간 의사결정에 관한 민주적 절차를 확립해야 한다. 이 절차는 학교장 혼자 또는 구성원 소수가 만들어서는 안 되며 반드시 당사자 전원 참여 원칙을 지켜야 한다. 필요한 의사결정 단위가 만들어지면 그다음으로 어떻게 상황을 파악하고 판단할지 협의한다. 아울러 갈등의 당사자들이 참여하여 발언할 자리를 마련해야 한다. 여기에 덧붙여 구성원 간에는 이런 공적 절차에 따른 결과를 수용하겠다는 결의가 필요하다.

이 과정에서 학교 리더는 민주적 권위를 통해 화해, 조정, 중재를 시도할 수 있다. 이때 갈등을 원만히 조정하려면 탁월한 개인 능력이나 훌륭한 인격이 아니라, 공적 절차의 확립과 구성원의 시민적 소양이 결합해야 한다. 이것을 제도화하도록 노력하는 것, 바로 이것이 요즘 학교장에게 필요한 리더십이다.

제안 6　권한이양과 자율성 확대하기

초·중등교육법 20조 ①항은 '교장은 교무를 총괄하고, 소속 교직원을 지도·감독하며, 학생을 교육한다'로 교장의 역할을 규정하고 있다. 같은 조 ④항에서는 '교사는 법령에서 정하는 바에 따라 학생을 교육한다'로 교사의 역할을 정하고 있다. 개정 전 교육법에서 이 조항은 '교사는 교장의 명을 받아 학생을 교육한다'로 되어 있었다.

교장도 교사도 학생을 교육해야 할 권한과 의무가 있다. 아직도 일부 교장 중에는 교무 총괄권과 소속 교직원에 대한 지도·감독 권한을 내세워 학교의 모든 상황을 통제하려 드는 경우가 있긴 하다. 심지어 과거 교육법에 따라 교무를 통할해야 한다는 교장도 있다. 지금도 학교 홈페이지에 교장의 역할을 '교무 통할'로 적는 곳이 있을 정도인데, 통할統轄이라는 개념은 일제의 잔재로 '전체를 거느리고 다스린다'는 뜻이다.

현재 법령에서 교장의 역할을 규정하는 말은 '교무 총괄'로 총괄總括이란 '개별 업무를 한데 묶어서 관리한다'는 정도의 개념이다. 따라서 법이 정하는 바에 따라 학생을 교육하는 교장과 교사는 그 권한과 의무를 적절히 나누어야 한다. 이는 민주적 권한 관계를 정하기 위해서이기도 하지만 효과적인 학교운영을 위해 필요한 사항이기도 하다. 위임전결 규정에 따른 행정상의 권한 위임도 있지만 이는 소극적인 성격을 띠고 있다.

권한이양은 조직의 자율성 확대를 포함하면서 단순 위임을 넘어서는 개념이다. 예를 들어 교사의 교육과정, 수업과 평가 운영에서 자율성을 확대하는 것은 대표적인 권한 이양 사항이라고 할 수 있다. 학급운영 권한을 담임에게 온전하게 보장하는 것, 부서나 학년의 운영 방식을 해당 영역의 구성원에게 믿고 맡기는 것 또한 이에 해당한다. 앞에서 언급했던 체험학습 같은 학습공동체 활동을 일과 시간 내에 할 수 있도록 보장하는 것 역시 교사의 자율성을 확대하면서 교장의 권한을 이양하는 사항이다.

이렇듯 교장의 권한이양은 전반적인 학교조직의 자율성 확대를 가져온다. 이러한 행위가 교장의 법적 권한을 침해하는 것은 아니며, 오히려 학교 리더로서 민주적 권위가 세워질 것이다. 이때 권한이양은 서로 간의 책임과 신뢰를 바탕으로 해야 함은 물론이다.

제안 7 '꼰대' 이미지에서 벗어나기

대부분은 교사와 교감을 거쳐 교장이 된다. 이 과정에서 자연스럽게 학교운영의 기준을 자기 경험에 맞춰 세우는 경향이 있다. '꼰대' 소리를 듣는 것도 여기서 비롯한다. 내가 교사 때는, 교감 때는 이러이러했고 그것이 학교 발전에 크게 기여했다는 자부심에서 과거의 것을 현재에 적용하려 든다면 '당연히 고루하다', '대화가 되지 않는다', '꼰대 기질이 있다'는 말을 듣게 될 것이다.

교장이 되면 교장실이라는 독립된 공간에서 일하기 때문에 학교 구성원의 근무 상황이나 생활을 관찰하기 힘들다. 교장실은 교장으로서 권위와 근무 편의를 위한 공간이기도 하지만 학교 구성원과 분리되는 고립의 공간이기도 하다. 교장실에만 있다 보면 요즘 교사들의 관심사, 교무실의 여론이나 쟁점, 학교운영에 관한 교사들의 의견을 들어볼 기회가 그만큼 줄어든다. 결국 교감이나 일부 부장교사의 말에 귀를 기울이게 되는데, 각자의 욕구가 반영된 소수의 말이어서 전체 의견을 듣기에는 한계가 있다.

자주 복도를 순시한다고 해서 교사들의 근무 형태나 관심사를 파악할 수 있는 것도 아니다. 복도를 순시하면서 교사들의 수업을 관찰한 인상으로 그 교사를 판단하기엔 정보가 너무 부족하고 단편적인 판단의 근거가 될 수 있어 위험하기까지 하다.

교사들의 대화에 끼게 되는 순간 교장은 못다 한 말을 보충이라도 하듯 많은 말을 쏟아낸다. 주로 과거의 경험, 전해 들은 이야기, 복도를 순시하면서 교사들에게서 받은 인상, 교장실이라는 한정된 공간에서 나눈 대화 등이 화제에 오른다. 하나같이 교사들이 싫어하는 내용일뿐더러 죄다 교장이 꼰대라는 소리를 듣게 하는 말들이다. 이는 교장이라는 지위에서 생기는 어쩔 수 없는 한계다. 젊은 교사를 불러 대화를 많이 나눈다고, 최신 경향을 공부한다고 쉽게 극복할 수 있는 문제가 아니다.

대화할 때는 가능한 한 말을 줄이고 주로 들어야 한다. 답답하기도 하고 해법을 제시하고 싶은 마음이 굴뚝 같겠지만 참고 잘 들어야 꼰대에서 탈출할 수 있다. 다시 말해 '잘 듣는다'는 한 가지만으로도 꼰대 이미지를 벗을 수 있다. 그다음에 할 일은 자신이 들은 이야기에서 공통된 사항을 정리해보는 것이다. 여러 교사가 공통으로 하는 말, 바로 그것이 학교 여론이다. 교장은 그것에 기초하여 이행계획을 세우면 된다. 그러면 학교 구성원의 말을 경청하면서 교사들의 가려운 곳을 긁어주는 교장으로 변모할 수 있다. 여기에 더하여 꼰대 이미지도 벗을 수 있으니 일석이조라 하겠다.

제안 8 전인적 발달의 조력자 되기

학교교육의 일반적인 목적은 무엇일까? 두말할 것도 없이 '학습자의 전인적 성장과 발달'이다. 학교장의 운영철학, 교사의 모든 교육활동은 이 목적을 향해야 한다. 학생을 독립적 인격체가 아닌 인재 양성의 재료로만 바라보는 것은

'기술적 합리성 technical rationality'에 근거한 접근 방식이다.

교장의 법적 권한 중 하나인 교직원에 대한 지도·감독권은 교사의 복무나 교육활동을 지도·감독하는 것 이상으로 교육적인 관점에서 행해져야 한다. 이는 교사의 가장 중요한 임무인 학습자의 전인적 발달을 위해 교육활동이 잘 이루어지고 있는지 관찰하고 지원해야 한다는 뜻이다. 요즘은 지도·감독 대신 지원하는 방식으로 교사의 교육권을 보장해주는 교장도 많다. 한마디로 학교 리더는 법으로 보장되는 학교장의 권한을 지키면서 교육적으로는 학습자의 전인적 발달을 돕는 조력자가 되어야 한다.

전인적 발달은 학습자의 인지역량, 사회·정서역량, 행동역량을 조화롭게 발달시키려는 노력으로 이루어진다. 다만 발달의 방향만 공유하는 것이 아니라 구체적인 방법론까지 제시해야 한다. 이는 학교 차원의 공동활동, 학급이나 교과의 교육활동을 통해 구체화할 수 있다. 독서, 예술, 체육, 생태환경, 노작활동을 계획하고 실행함으로써 학생의 지적 능력과 생태 감수성, 건강과 체력이 조화롭게 성장하도록 도울 수 있다.

제안 9   의사소통 능력 키우기

교육과정의 핵심역량으로도 제시되고 있는 의사소통 능력은 학생에게만 필요한 능력이 아니다. 학교 리더의 의사소통 능력은 단순히 말을 잘하고 잘 듣는 능력 이상의 것이어야 한다. 학교장은 학교 내에서 이루어지는 업무 처리와 교육활동 외에도 교육청이나 지자체, 지역사회와의 소통 능력을 키워야 한다. 이는 갈등 유발자가 아닌 갈등 조정자로 자리매김하기 위한, 또한 시대가 강력하게 요구하는 교장의 역량이기도 하다.

의사소통은 청자와 화자, 상호 간에 신호를 주고받는 행위다. 자신이 말한 바를 상대가 이해해야 하며 상대의 말에서 그 의도를 파악해야 한다. 대화로 갈등을 풀어나가는 태도는 기본이며, 필요한 경우 토론으로 문제를 해결하려는 열린 자세는 의사소통의 전제 조건이다. 교사들이 흔히 호소하는 것 중 하나가 '우리 학교 교장과는 대화가 안 된다'는 것이다. 이는 교장과의 의사소통에 장애가 있다는 말로, 교장인데 이런 말을 들었다면 즉시 자신의 태도를 점검해볼 필요가 있다.

학교 구성원과는 마음을 터놓고 솔직하게 대화해야 한다. 어떤 의도를 숨기고 서로를 이용하려는 태도는 공동체 발전에 도움이 되지 않는다. 업무와 관련하여 협의하는 시간을 갖고 적극적으로 경청하고 발언하면서 소통의 밀도를 높여 가야 한다.

젊은 세대와 기성세대 간에 생각이 다르고 구사하는 어휘나 문장도 다르니 서로를 이해하고 공감하려는 노력 없이 대화가 통하기란 쉽지 않다. 이럴 때는 소통의 원칙을 세우는 것이 좋다. 누군가가 대화를 독점하지 않도록 발언할 기회를 고루 주고 서둘러 정리하려 하거나 대화가 미진한 상태에서 의사결정을 유도하려 들지 말아야 한다. 이 과정에서 인내해야 할 사람은 교장이다. 서둘러 판단하려 들지 말고 구성원의 말을 '끝까지 듣는다'는 원칙만 잘 지켜도 학교 리더에게 필요한 의사소통 능력을 키우는 데 큰 도움이 될 것이다.

제안 10 평생 학습자로서 학교 리더 되기

앞에서 제안한 학교 리더의 성장을 위한 모든 방안을 단번에 역량으로 전환할 수는 없다. 학교장이 되기 전에 했던 공부와 교장 자격연수만으로는 시대가 요구하는 역량을 확보하기 어렵기 때문에 부단한 학습과 훈련이 필요하다. 현대사회에서 학교 구성원의 성향이 다양해지고 교사나 학생,

학부모 문화가 과거와 사뭇 다른 상황에서 학교 리더로서 교장의 역할 역시 재개념화해야 한다.

교장이나 교사가 역량을 발현하는 방법은 비슷하다. 말하고, 글로 쓰고, 행동하는 이 3가지의 형태다. 단순히 말을 잘하고, 글을 잘 쓰고, 솔선수범하는 모습을 보이면 역량이 발휘되는 걸까. 그러기엔 학교 사회가 너무 복잡하다. 내부 갈등을 조정하기에도 벅찬데 외부의 압력도 만만치 않다.

민주적이고 평화로운 학교공동체를 안착시키고 학습자의 전인적 발달을 조력하기 위해 교사들에게 학습공동체를 권하고 있는 마당에 교장이 공부를 게을리할 이유는 없다. 다만 교장에겐 자신의 조건과 문화에 맞는 공부 방법이 필요할 뿐이다. 좋은 책을 통해 지식과 영감을 얻는 것은 예전이나 지금이나 권장하는 방식이다. 실제로 많은 교장이 손에서 책을 놓지 않고 있다. 그러나 모든 공부는 지적 능력을 키우는 것을 넘어 실천 속에서 검증해야 하고, 이는 다시 당사자의 철학과 전문성을 높이는 쪽으로 흘러야 한다. 그러기 위해선 학교 리더 역시 평생 학습자라는 인식을 가지고 개인적·집단적 학습 활동을 해야 한다.

인근 학교 교장이 10명 안팎으로 모이는 '지구교장협의회'라는 것이 있다. 아마 농산어촌에서는 교육지원청 단위가 될 것이다. 보통 여기서는 교육(지원)청이 학교에 부과하는 공통과제나 현안 사항을 의논한다. 이 단위에서 결의한 내용은 규정상 강제력은 없지만 각 학교에 권고라는 이름으로 전달된다. 이 조직의 중요한 목적 중 하나는 '공동보조를 맞추는 것'이다. 특정 학교가 튀거나 뒤처지는 일이 없도록 하여 지구학교의 안정을 도모하자는 취지다. 이 협의회를 학습조직으로 전환할 수 있다면 최상이겠지만 이런 모임을 꾸리기가 쉽지 않다.

내부형 공모교장들이 주기적인 학습모임을 운영한 사례는 꽤 있다. 이러한 모임이 혁신학교를 넘어 일반학교까지 널리 퍼지려면 방식과 내용 모두를 검토하여 함께 공유할 수 있어야 한다. 혁신학교 교장들끼리의 학습조직을 유지하면서 혁신학교와 일반학교 교장이 함께하는 학습조직이 새로이 만들어져야 한다. 이 과정에서 혁신학교의 질적 강화와 일반화도 이루어질 수 있고 일반학교 역시 다양한 인근 학교의 사례를 공유할 수 있다. 다시 말해 혁신학교 중심이 아닌 모든 학교의 공통 문제로 접근할 때 학습조직 생성의 선순환을 기대할 수 있다.

교장이 모인 학습공동체가 꼭 학교 문제만을 주제로 다루라는 법은 없다. 교사학습공동체가 그러하듯이 좋은 책을 읽고 토론하는 일, 현장 체험 후 느낌을 나누는 일 등을 병행하면 좋다. 더 나아가 학교 개선의 사례를 모아 저술 작업을 할 수도 있다. 학교를 학습조직화하여 교육력을 높이는 일에 학생은 물론이고 교사와 학교 리더가 함께할 수 있다면 우리가 소망하는 학교공동체의 안정과 발전, 학생의 전인적 발달에 성큼 다가설 수 있을 것이다.

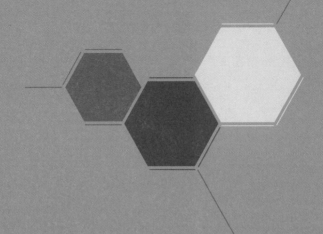

질문이 있는 교실과
민주적 수업문화

교실 풍경 넷

강 교사는 대도시 아파트 밀집 지역에 있는 초등학교에 근무한다. 올해 13년 차인 강 교사는 이 학교에 근무한 3년 동안 줄곧 1학년 담임을 맡았다. 지난 학교에선 주로 5, 6학년 담임을 했었다. 처음 1학년 담임을 맡았을 때 꽤 힘들었던 것을 생각하면 지금은 어느 정도 잘 적응하고 있다.

1학년에 입학하는 아이들 상당수는 이미 한글을 읽고 쓸 줄 알았다. 일부 아이들은 간단한 수식 계산과 영어 회화까지 할 수 있었다. 그렇지만 몇몇 아이들은 자기 이름조차 쓰기 힘들어했다. 갓 입학한 아이들이지만 이미 학습격차가 있었고, 이 격차는 1년 내내 좁혀지지 않았다. 강 교사는 한글을 깨치지 못한 아이들을 따로 가르쳤다. 대개 가정에서 아이의 공부를 봐줄 형편이 되지 않았을 때 글을 읽고 쓰는 데 어려움을 겪는 아이가 많았다.

아이들은 호기심이 왕성하여 활발하게 질문하고 답했다. 수업시간에 궁금한 것을 묻는 것은 기본이요, 어떤 아이는 쉬는 시간이나 점심시간에도 질문을 달고 살았다. 강 교사는 평소에 아이들에게 궁금한 것이 있을 땐 꼭 질문하라고 일렀다. 질문을 많이 하는 사람이 이다음에 훌륭한 사람이 된다는 말도 잊지 않았다.

선행학습을 한 일부 아이들은 강 교사가 설명하기도 전에 먼저 아는 척을 하기도 했다. 그럴 땐 곤혹스러웠지만 강 교사 자신이 초등학교에 다닐 때를 생각하면 그것도 학습 의욕의 일종이려니 하는 생각이 들었다. 어떤 아이는 옆 반 이야기를 전하기도 했다. 이것저것 자꾸 물었더니 선생님이 그만하라며 말린 적도 있고, 같은 질문을 계속하다가 혼이 나기도 했다는 것이다.

옆 반 선생님은 30년 가까이 교직 생활을 한 분인데, 특히 교실 질서를 잘 잡았다. 그 반 아이들은 선생님이 설명할 때 잘 집중했고 궁금한 것이 있을 땐 반드시 손을 들어 선생님이 지명해주길 기다렸다. 그래서 강 교사는 때때로 옆 반 선생님이 부러웠다. 자기 반 아이들은 대체로 무질서했기 때문이다. 그렇지만 아이들과 질문하고 답하면서 교실 분위기가 시끌벅적한 것이 꼭 나쁘기만 한 것은 아니었다. 아이들이 지나치게 조용하면 그건 그것대로 어려움이 있었다. 강 교사는 1학년에 입학하는 아이들의 학습격차가 적다면 더 잘 가르칠 수 있을 거란 생각이 든다.

●●●

중소도시에 있는 중학교에서 수학을 가르치고 있는 조 교사는 올해 2학년을 맡았다. 요즘 조 교사는 고민이 있다. 1학년 때는 수업시간에 곧잘 질문을 했던 아이들이 2학년이 되고는 좀처럼 질문을 하지 않는 것이다. 처음엔 2학년에 올라와 학습 난도가 높아지고 학습 분량도 많아져서 그런 것이려니 생각했다. 그런데 마땅히 질문이 있을 법한 학습주제를 다룰 때도 아이들은 질문하기를 주저하고 반 친구들의 눈치를 보았다. 사춘기의 절정을 지나는 아이들 사이에선 교사에게 질문하는 것조차 튀는 행동으로 주목을 받았다.

조 교사는 특정 학생을 지명하여 질문하는 방식으로 학습 분위기를 살려보려 했다. 그러나 질문을 받은 학생들은 '예', '아니오'로 답하거나 정답 또는 오답을 단어나 완성되지 않은 문장으로 말했다. 몇 문장으로 이어진 답변을 하는 아이들은 극소수였다. 1학년 땐 자신의 의견을 곧잘 말했던 학생도 급격하게 말수가 줄었다. 상황을 타개해보려 야구 경기 속에 숨은 수학이나 유명한 수학자를 조사하는 과제도 내줘봤지만, 거의 인터넷에 있는 내용을 복사하여 붙이는 수준이었다.

어떤 학생은 중학교 2학년이 되었는데도 간단한 수 계산도 어려워했다. 일대일로 지도도 해보고, 방과후 보충 지도도 해봤지만 별다른 성과는 없었다. 수업을 모둠학습 체제로 바꾸어 서로 머리를 맞대고 문제를 해결하도록 유도했지만, 모둠에서 개인적으로 공부할 뿐 협력의 분위기는 찾을 수 없었다.

이런저런 방법을 동원하다 보니 수업 진도가 늦어진 적이 있었는데, 일부 학부모에게서 '왜 정해진 진도대로 수업을 하지 않느냐'는 항의를 들었다. 그래서 시험 때가 되면 조 교사는 몰아치듯 빠르게 문제풀이 수업을 했다. 학생들은 오히려 이런 수업방식을 더 좋아했다. 조 교사는 다양한 방법으로 수업을 하고 싶었지만, 현실은 조 교사 편이 아니었다. 학년 말에 이르니 교실에서 질문이 거의 사라졌다.

• • •

지방 큰 도시에 있는 고등학교에서 근무하는 윤 교사는 1학년을 대상으로 한국사를, 2학년에게는 선택과목인 동아시아사를 가르친다. 요즘 윤 교사는 아이들에게 역사를 어떻게 가르칠 것인지 하는 문제로 고민이 많다. 윤 교사의 생각에 역사란 인류의 변천과 흥망성쇠를 현재 시점에서 공부하는 것이다. 과거 속에 박제화한 사건을 단순히 외우는 것으로는 학생들의 역사관이 제대로 형성되지 않을 것이라고 줄곧 생각해왔다.

　　학창 시절 역사 과목을 좋아했던 윤 교사는 학생들도 역사 공부를 즐길 것으로 생각했다. 한국사 과목은 수업 시수도 많고, 특히 현대사 영역에는 흥미로운 부분도 많아 윤 교사는 수업 준비에 공을 들였다. 그런데 학생들의 반응이 윤 교사의 기대와는 많이 달랐다. 학생들은 수업 시간에 질문하지 않았고 윤 교사의 질문에도 거의 침묵했다. "이거 답 맞아요?", "이 문제에는 답이 없는 것 같아요."라는 말이 고작이었다.

　　학생들은 주제사보다는 통사 쪽에 훨씬 관심을 보였고 핵심정리 및 예상문제 풀이 방식의 수업을 선호했다. 외우기 쉽게 축약해주거나 연상법을 써서 암기에 도움을 주는 방법을 좋아했다. 논쟁이 되는 부분은 교사가 알아서 정리해주기를 바랐다. 이런 의견도 있고 저런 의견도 있는 사건이라고 설명하면서 학생들에게 의견을 물으면 선생님이 말씀하시는 게 정답이라고 생각한다면서 논쟁하기를 회피했다.

하루는 윤 교사가 학생들에게 수업이 재미가 없냐고 물었다. 그러자 돌아온 대답은 이러했다.

"저희도 이런 수업방식이 나쁘지 않아요. 그런데 한국사는 수능 필수과목이잖아요. 그러니 수능 중심으로 공부할 수밖에 없어요. 선생님이 한번 쭉 훑어주시고 그다음에 기출문제, 예상문제 순으로 풀어주세요."

그제서야 동아시아사 수업을 할 때 몇몇 학생들의 눈이 반짝거렸던 것이 생각났다. 윤 교사는 시험 부담을 덜어야 학생들과 의미 있는 수업이 가능하단 사실을 깨달았다. 그렇다고 오로지 시험 대비를 목적으로 가르치려니 교육의 본질을 왜곡한다는 생각이 들었다. 윤 교사는 오늘도 어떻게 하면 시험 대비를 하면서 수업도 재미있게 할 수 있을까 고민하고 있다.

●●●

국립대학 부설 초등학교에 근무하는 장 교사는 요즘 수업이 재미있다. 장 교사가 근무하는 학교는 IB International International Baccalaureate, 국제바칼로레아 월드스쿨로 인증받은 학교다. 오랜 연

수와 복잡한 절차를 거쳐 IB 월드스쿨로 인증받기까지 우여
곡절이 많았다. 이곳 학교의 입학 경쟁률은 10:1이 넘고 많
은 지원자 중에서 추첨을 통해 학생을 선발하고 있다.

학부모와 아이 모두 학습동기가 높았고 성취를 바라는 욕
구도 뚜렷했다. 교장, 교감 등 학교 관리자도 수업 준비에 들
어가는 예산과 자원을 아끼지 않았고 최선을 다해 교사들을
지원했다. 아이들은 모든 과목에 열의를 보였고 수업시간에
는 질문이 넘쳤다. 아이들이 지적으로 성장하는 모습을 보
면서 장 교사는 이것이 교직의 보람이라고 생각했다. 장 교
사는 지금까지 없었던 특별한 경험을 하고 있다. 이제 10년
차를 넘어가는 장 교사는 이 학교에 지원하길 잘했다고 생
각하면서 열심히 수업 준비를 하고 있다.

하지만 장 교사의 마음 한편에는 불안한 마음이 있다. 이
모든 것이 IB를 도입한 덕분만은 아니라는 생각에서다. 이
학교에 입학하는 아이들은 이미 학습 동기화가 잘 되어 있
었고, 입학 후에도 가정에서 지속적인 관리를 받았다. 가정
의 충분한 조력과 관심이 있을 때 아이들이 학교에 잘 적응
하고 공부하는 데 부담을 느끼지 않는 건 당연했다.

또한 장 교사는 수업 준비에 적잖은 부담도 느끼고 있다.
이 학교에서 수업을 설계하고 자료를 만드는 데는 꽤 많은

시간이 걸렸다. 그래서 장 교사는 수업 준비를 위해 늦게까지 학교에 남을 때가 많았고, 주말에도 종종 학교에 나왔다. 조금이라도 준비가 소홀한 날이면 금세 표시가 났다.

다음에 장 교사는 일반학교로 갈 생각이다. 이 학교는 보람은 있지만 그만큼 피로도 컸다. 그는 아이들을 더 잘 가르치려면 재충전의 시간이 필요하다고 믿는다.

2014~2022 서울 교육지표, '질문이 있는 교실'

"교실이 잠들어 있습니다. 학생들은 아무런 질문이 없습니다. 이제 질문이 쏟아지고 우정이 넘치는 교실을 만들어야 합니다. 굳게 닫힌 우리 아이들의 말문을 열어 교실을 살리고 이들을 민주시민으로 성장시키겠습니다."

조희연 서울시 교육감은 1기 후보 시절 '질문이 있는 교실'을 만들겠다고 이처럼 공약했다. 그는 질문이 있는 교실이 살아 있는 교실이고, 이런 교실에서 학생의 자기주도성과 창의성이 발현된다고 보았다. 호기심으로 충만한 학생의 눈빛이 반짝이는 교실에서 질문이 넘칠 때 자율성이 회복된다는 것이다. 그리고 이런 교실에서 우정을 키운 학생들이 미래의 민주시민으로 성장할 수 있다고 보았다. 이러한 문제의식은 조 교육감이 취임하면서 발표한 1기 서울 교육방향 및 서울 교육지표에 담겼다.

서울교육청은 '모두가 행복한 혁신미래교육'으로 교육방향을 확정하고 교육지표로 '질문이 있는 교실', '우정이 있는 학교', '삶을 가꾸는 교육'을 제시했다. 교육지표는 혁신미래교육이 실현하고자 하는 미래 서울교육의 모습, 즉 서울교육의 미래상이라고 할 수 있다. 정해진 답을 찾기보다는 질문을 중시하고, 함께 머리를 맞대고 답을 찾아가는 과정에서 협력하고 배려하는 우정을 기르며, 경쟁 대신 삶의 가치를 일깨워주는 교육이야말로 우리가 만들어가야 할 미래 교육의 참모습이기 때문이다.[44]

2018년부터 시작한 혁신미래교육 2기에서 교육방향을 '창의적 민주시민을 기르는 혁신미래교육'으로 정했지만 교육지표는 그대로 이어졌다. 3기를 맞아 조금씩 변화하긴 했지만 '질문이 있는 교실'이 가진 의미와 방향은 그대로 살아 있다.

'질문이 있는 교실'은 우리 학생들이 공부하고 생활하는 가장 기본적인 공간인 교실의 이상적인 모습으로, 정답을 찾기보다는 창의적인 생각이 살아 있는 교실, 일방적 전달이 아니라 상호 소통이 활발한 교실, 서로 협력하고 토론하며 함께 생각하는 교실, 무기력하지 않고 활기가 넘치는 교실의 모습을 담고 있다.

'우정이 있는 학교'는 교육활동이 이루어지는 모든 공간에서 서로를 깊이 배려하고 모두가 따뜻하게 어울리는 모습으로, 경쟁의식보다는 공동체의식이 두드러지는 학교, 이기심보다는 타인에 대한 존중과 배려를 우선하는 학교, 차별과 따돌림이 아닌 함께하는 어울림이 있는 학교의 모습을 담고 있다.

'삶을 가꾸는 교육'은 삶의 참된 가치를 살리는 '살림의 교육'을 뜻한다. 이는 아이들이 창의력과 잠재력을 발휘하도록 모든 가능성을 열어둠으로써 스스로 살아갈 수 있는 역량을 길러주는 동시에 아이들을 무한경쟁에 맡기는 대신 더불어 살아가는 삶의 가치를 일깨워주는 교육을 포함한다.

교실에서 이루어지는 교사와 학생의 활동은 거의 학습 주제에 대한 설명과 교사 또는 학생의 질문 및 답변으로 구성된다. 즉, 교실 활동의 중심은 학습내용을 매개로 한 수업주체 간의 의사소통이다. 교사의 질문은 학급 내 대화방식을 이끌고 확장하며 동시에 통제하는 가장 강력한 도구다.[45] 수업에 질문을 도입하면 학생들의 흥미나 관심을 불러일으키고 지식을 장시간 기억하는 데도 도움을 준다. 광주시교육청 2014 역시 진보 교육감 2기를 맞이하여 '질문이 있는 교실'을 슬로건으로 내걸고, 질문이 있는 교실이란 '상호작용이 활발하여 배움이 일어나는 살아 있는 교실'로 정의했다.[46]

'질문이 있는 교실'을 좁게 해석하면 수업 장면에서 교사와 학생, 학생과 학생 간의 상호작용을 활발하게 하여 지식 축적의 효과를 극대화하는 것으로 볼 수 있다. 많은 교사가 그렇게 이해하고 있는 것도 사실이다. 그러나 여기서 말하는 질문이 있는 교실은 효과적인 지식의 축적 정도에만 결부된 의미가 아니다. 학생들의 호기심에 기초한 다양한 질문과 응답, 이 같은 의사소통이 가능한 조건과 환경을 생각하지 않고 질문이 왕성한 교실을 상상할 수 있을까?

교실 내 상호작용의 전제 조건은 학생의 자유의지에 기초한 비판적 사고와 민주적 의사소통이 가능한 수평적 관계다. 그러므로 '교복 입은 시민'이라는 슬로건이 말해주듯 질문이 있는 교실은 지식의 축적을 넘어 민주적 시민성을 구현할 유력한 방안이자 철학이다.

다음으로는 교육방법의 하나인 '질문'의 원형을 찾아보

고, 무엇이 교실에서 질문을 가로막고 있는지 살펴봄으로써 질문이 가능한 교실의 조건을 탐색하고자 한다.

교육방법으로 본 질문의 원형들

소크라테스와 플라톤의 문답법

소크라테스는 학생들이 논리적으로 자신의 사고를 알아보고 그 사고의 타당성을 판단하기 위해서는 깊이 있는 질문으로 사고를 단련하는 것이 필요다고 믿었다. 소크라테스의 문답법은 질문과 응답이라는 형식을 통해 개념을 규정해가는 학습방법이다.

소크라테스는 자신의 무지를 고백하는 것으로 대화를 시작했다. 그다음으로 소크라테스의 질문을 받은 상대방이 자신이 생각하는 답을 말하고, 소크라테스는 다시 질문하고, 상대방도 다시 답하는 방식으로 대화를 이어나갔다. 플라톤은 이 대화법에 '산파술'이라는 이름을 붙였다. 임부가 산파의 도움을 받아 아기를 낳듯이 교사가 좋은 질문을 하여 학생을 앎에 이르게 한다는 것이다. 즉, 소크라테스 문답법에서 학습자가 앎에 이르러 깨달음을 얻기 위해 필요한 것은 교사의 '좋은 질문'이다.

우리나라에서도 방영한 적 있는 미국 드라마 〈하버드 대학의 공부벌레들〉을 보면 킹스필드 교수는 끊임없이 학생들에게 질문을 던진다. 드라마에서의 모습이 아니라 실제 하버드 대학 로스쿨에서는 소크라테스 문답법 또는 수정된 문답법을 사용하여 수업을 하는 것으로 유명하다. 학생들은 질문을 예상하고 사전에 답변을 준비해놓는다. 특정 사건을 놓고 관련한 사실이 무엇인지, 어떤 법리의 적용을 받는지, 예외 사항은 없는지 등을 충실하게 공부하지 않으면 교수의 질문에 제대로 답하지 못하기 때문이다. 학생들은 교수의 질문을 예상하면서 많은 자료를 읽고, 자신의 수준을 올려놔야 수업에 따라갈 수 있다. 하버드 로스쿨 학생들은 교수와 학우들 앞에서 잘 답변해야 한다는 압박감에 엄청난 학습량을 소화해낸다. 비대칭적 권력 구조로 짜인 강의실에서 교수가 하는 질문은 이미 정해진 내용과 방법을 따르도록 안내하는 과정일 뿐이다.

플라톤이 정교화하게 다듬은 소크라테스 문답법은 '이데

아'라는 진리를 대상으로 일련의 질문과 응답을 반복해가는 과정이라 볼 수 있다. 교사는 궁극적 진리를 상정하고 이를 찾아가는 과정에서 학습자의 '상기想起'를 자극한다. 앎에 이르는 순간 그것은 문제를 통해 답을 찾아낸 '재현'으로 설명이 가능하다. 이 방법은 특정 지식을 모르는 것처럼 보이는 학습자라 해도 그의 내면에는 올바른 지식이 내재한다고 가정한다. 그러므로 교사가 좋은 질문을 만들 수 있느냐 없느냐가 학습자가 앎에 이르는 과정에 결정적인 영향을 끼친다. 여기서 교사의 역할은 좋은 질문을 함으로써 학습자가 진리로 나아가는 과정에서 이탈하지 않도록 돕는 것이다.

듀이, 비판적 사고와 문답식 수업

듀이는 문답식 수업에서 교사와 학생이 가장 밀접하게 접촉한다고 말한다.[47] 교사는 문답식 수업에서 학생의 활동을 안내하고 언어습관에 영향을 주며 관찰을 통해 지도할 수 있다는 것이다. 듀이는 문답식 수업이 학습자의 성찰을 자극한다고 보면서 기억한 내용을 재생산해내는 것은 여기서 부수적이라고 말한다. 교사는 교과목 내용을 학습자가 숙달하도록 지도하는 것보다 교과목 내용을 조정하여 학습자의 사고를 길러주기 위해 힘써야 한다는 것이다.

듀이는 학생이 반성적으로 사고하게 하기 위해 교사에게 올바른 문답식 수업을 권했다. 그는 올바른 문답식 수업의 요소로 문제의식을 갖게 하는 것, 비교와 대비를 결합해 아이디어를 내고 이를 정교화하는 것, 일반화로 얻은 원리를 새로운 사안에 적용하고 검증하는 것 등을 들었다. 듀이는 학교에서 지식을 암기하는 것이 우선이고, 마음을 길러내는 일은 후순위로 다루기 때문에 학교교육의 목표가 학생들을 '쓸모없는 정보의 백과사전'으로 만드는 것처럼 보인다고 말했다. 학교교육이 실수를 피하는 것에 집착하는 것 또한 학생의 사고 훈련을 방해하는 요인으로 보았다. 이렇게 하면 건설적 사고로 가야 할 에너지가 실수하지 말아야 한다는 긴장과 불안으로 소모된다는 게 그의 생각이었다. 100년 전 듀이의 충고로부터 학교는 무엇을 배웠을까? 21세기 지식정보화 시대에 들어서도 학교는 여전히 교과지식을 잘 기억하는 것과 실수를 피하는 것에 집착하고 있다.

듀이의 문답식 수업은 질문법의 원형이라 할 수 있는 소크라테스의 '상기와 재현'을 넘어서고 있다. 그는 학습자가 진리에 도달하기 위해 묻고 답하는 과정을 반복하는 것이 아니라, 비판적 사고를 기르기 위한 '문제의식'을 가질 것을 주문한다. 바꿔 말하자면 좋은 질문은 진리를 알고자 하는 욕구보다 사실이라 알려진 어떤 것에 대한 의심과 문제의식을 담은 것이어야 한다는 것이다.

들뢰즈, 배움은 문제제기로 이루어지는 활동

질 들뢰즈 Gilles Deleuze에게 배움은 전적으로 문제제기로 이루어지는 활동이다. 들뢰즈는 '배움은 문제의 객체성과 마주하여 일어나는 활동이며, 배우는 자는 실천적이거나 사변적인 어떤 본연의 문제를 구성하고 공략하는 사람'이라고 말한다. 학습자를 교사가 전달하는 지식을 수동적으로 받아들이는 대상이 아니라, 문제를 구성하고 이를 주체적으로 탐구해가는 사람으로 정의한 것이다. 들뢰즈가 말하는 문제제기식 교육은 변화와 차이의 유희에 적극적으로 가담하는 생성 활동, 무지와 망각을 긍정함으로써 창조적 사유를 촉구하는 것, 재현의 원리가 아닌 차이와 반복에 의해 추동되는 교육이다.[48]

들뢰즈와 플라톤 철학에 나타난 '문제'의 성격을 비교·분석한 연구에 따르면 플라톤의 문답법을 '재현의 교육'으로 보고 이 과정을 철로모형으로 설명한다. 재현의 교육은 출발지에서 목적지까지 기차가 탈선하지 않고 주어진 경로를 충실하게 따라가는 철로와 같은 이미지를 제공한다는 것이다. 철로모형은 다음과 같은 특징을 지닌다. 첫째, 철로모형은 교육의 목표가 분명하다. 주어진 목표를 향해서 배움이 진행되며 목표에서 탈선하는 경우 다시 목표로 돌아오게 하는 방안이 제시된다. 둘째, 배움의 과정이 구조적이다. 따라서 문제는 순차적 계열을 충실하게 밟는 것이 중요하다. 셋째, 교육활동에서 중요한 것은 미리 주어져 있는 해解를 재현하는 것이다. 넷째, 종착지에 있는 해를 완전하게 재현하기 위해서는 제시된 문제들을 한 단계씩 충실하게 밟아가야 한다.[49]

'생성의 교육'이라는 특징을 지니는 들뢰즈의 문제이론은 우연한 마주침을 통해서 배움이 시작된다는 점에서 교육의 항해모형으로 명명할 수 있다. 교육의 항해모형을 간단히 설명하면 다음과 같다. 첫째, 교육이 지향하는 목표는 문제-장에 적극적으로 잠입하는 것 외에는 없다. 둘째, 교육의 과정이 매우 비구조적이다. 셋째, 교육의 결과는 문제-장의 미분비와 독특점에 의해서 산출된 해다. 넷째, 항해모형에서 가장 중요한 것은 차이와 반복의 원리, 즉 차이 생성의 원리를 적극적으로 살리는 것이다.

김재춘과 배지현 2012은 교육의 철로모형과 항해모형이 양
극단에 위치한다고 지적하면서 실제 학교교육에서는 두 모
형을 절충할 것을 제안했다. 절충의 한 가지 형태는 국가교
육과정의 형태로 학생이 도달해야 할 어떤 목표를 상정해두
되 학생과 교사의 가변적 상호작용, 학생의 주관적이고 다
양한 흥미 등을 고려하면서 교육의 내용과 방법을 다채롭게
하여 미리 상정한 목표에 이르게 하는 것이다.

연구자들은 두 모형의 절충안이 두 지점을 잇는 도로의
이미지를 보여준다는 점에서 새로운 모형에 '도로모형'이라
는 이름을 붙였다. 또한 문제중심학습 problem-based learning, PBL을
두 모형의 이념적 극단성을 완화하여 실제 교육활동으로 적
용할 수 있는 현실적 대안으로 평가하기도 했다.[50]

하브루타, 짝을 이루어 논쟁하기

이스라엘이나 미국의 유대인 사회에 가면 토라와 탈무드
를 공부하는 예시바라는 전통학교가 있다. 예시바에서는 수
백, 수천 명의 학생이 둘씩 짝을 지어 매우 시끄럽게 논쟁하
면서 공부한다. 이렇게 친구와 짝을 지어 토론과 논쟁을 하
면서 공부하는 방법을 '하브루타'라고 한다. 때에 따라 여러

명이 하는 경우도 있지만, 보통 2명이 짝을 이루고 4명을 거의 넘지 않는다.[51]

하브루타의 유익함을 말할 때 유대인의 노벨상 수상 현황을 언급하는 경우가 많다. 전 세계 인구에서 유대인이 차지하는 비율은 0.2퍼센트밖에 안 되지만 노벨상 수상자는 178명으로 전체의 22퍼센트에 달한다. 특히 물리 47명(26퍼센트), 화학 30명(20퍼센트), 의학 53명(28퍼센트) 등 과학 분야에서 높은 성과를 보이는데, 이를 하브루타 교육의 효과로 보는 것이다. 게다가 이스라엘에 전 세계 벤처 투자의 31퍼센트가 몰리고, 세계 100대 하이테크 기업의 75퍼센트가 연구소나 생산 기지를 두는 등 이스라엘이 지식경제 산업 중심 국가로 성장한 배경에도 하브루타가 있는 것으로 알려지면서 우리나라에서도 얼마 전 하브루타 열풍이 불었었다.

유대인은 수세기 동안 파트너와 함께 토라와 탈무드를 연구해왔다. 두 사람은 함께 앉아서 본문을 큰 소리로 읽고 토론하고 분석한다. 또 다른 본문과의 관계를 살피고, 관련 정보를 찾아보고 그들의 삶과 관련지어 생각해본다. 의견이 엇갈릴 때는 자신이 주장하는 것의 근거를 차근차근 제시한다. 이렇듯 하브루타를 통한 공부는 우리의 지평을 넓히고 서로 간의 견해 차이를 드러내준다.[52]

이러한 점들이 한국 교실에서 하브루타를 적용해야 하는 이유로 해석되기도 하고, 그 반대의 경우로 읽히기도 한다. 수세기 동안 파트너와 더불어 토라와 탈무드를 연구해온 유대인과 수동적인 학습을 반세기 이상 지속해온 한국을 비교했을 때 여러 강점이 있는 하브루타는 충분히 적용해볼 만한 사례지만, 그 전에 역사와 문화 차이를 고려해봐야 한다.

무엇이 질문을 막는가

어린이는 호기심이 충만하다. 부모가 귀찮아할 정도로 쉴 새 없이 묻고 또 묻는다. 호기심은 곧 탐구하려는 의욕이다. 이와 같은 아이들의 호기심은 대체로 초등학교를 졸업할 때까지 지속된다. 초등학교 교실에서는 교사의 질문에 아이들이 "저요, 저요." 하면서 먼저 대답할 기회를 달라고 청한다. 초등학교 교사들은 이러한 아이들의 무질서와 역동성에 익숙하다. 산만한 분위기 속에서도 아이들과 함께 수업을 이끌어간다.

이 아이들이 중학교에 들어가면 분위기가 달라진다. 담

임선생님은 모든 학생의 질문에 친절하게 답해주지 않는다. 예를 들어 질문의 내용이 담임교사의 교과와 다를 경우 "그 과목 선생님께 여쭤봐."라고 말한다. 처음에 아이들은 이것을 이해하지 못한다. 초등학교에서는 담임선생님이 과목을 가리지 않고 모든 질문에 답해주었기 때문이다.

그래도 중학교 1학년까지는 아직 호기심이 남아 있다. 친구들의 눈치를 보지 않고 선생님에게 질문을 하고, 선생님의 질문에 나서서 답변도 한다. 그러다 사춘기의 절정에 이르는 중학교 2학년이 되면 아이들은 질문을 피한다. 반 친구들의 눈치를 보기 시작하는 것이다. 튀면 관심의 표적이 될 수 있다는 또래 아이들 특유의 집단의식이 발동하는 데다가 학습 분량도 늘어나 질문할 여유가 없어진다. 이렇게 교실에서 질문이 사라져간다.

고등학교 교실을 들여다보자. 우리 현실에서 고등학교 공부의 목적은 대학에 들어가는 것이다. 이를 위해 초등학교나 중학교 때와는 비교도 할 수 없는 엄청난 양의 지식을 머릿속에 넣어야 한다. 자칫 의문점을 묻거나 교사의 설명에 문제를 제기했다가는 정해진 진도를 나가지 못한 책임을 뒤집어쓸지도 모른다. 또한 많은 지식을 효과적으로 기억하기 위해 학생은 '설명을 듣고 기억했다가 다시 상기하는' 방법을 택한다. '설명-기억-상기'로 이어지는 공부 관행 속에서 교사와 학생 간에 '질문과 답을 하지 않는다'는 암묵적 동의가 이루어진다. 결국 죽은 교실이 된다.

황청일과 이성호2011는 대학 강의식 수업에서 학습자가 경험한 질문의 저해 요소를 분석했다.[53] 이들은 학습자의 질문에 영향을 주는 교수자 요소로 부정적인 태도와 행동, 질문 시간과 질문 기회의 부재, 부정적인 감정적 피드백, 불충분한 정보적 피드백을 들었다. 그리고 학습자 질문에 영향을 주는 환경적 요소로는 어렵고 불편한 교수자와의 관계, 동료학습자의 부정적인 시선과 반응, 대형 강의로 인한 심리적 위축, 질문이 낯선 수업 분위기 등을 꼽았다.

교수학습의 한 주체인 고등학생의 시선에서 '교실에서 왜 질문이 사라졌을까?'를 추적한 유지원2014은 질문이 사라진 교실의 원인을 분석하고 해결 방안을 제시했다.[54] 그는 학생들을 대상으로 면담 조사한 뒤에 수업시간에 질문이 없는 요인이 복합적이라는 것을 밝혔다. 반 친구들의 부담스러운 시선, 몰아치는 수업으로 인한 사고의 부재, 입시제도에 종속된 교사의 태도 등이 합쳐져 영향을 미친다는 것이다. 여기에 덧붙여 질문을 가로막는 지식의 위계질서가 존재한다고 말한다. 그 위계질서의 최상위에 있는 지식권력으로 교

육과정평가원과 EBS를 꼽았다.[55]

유지원은 교실에서 새로운 문화를 창조하여 질문이 있는 교실을 실현하자고 제안한다. 교사는 답이 확실한 개념을 묻기보다 학생이 답을 찾아가는 방식으로 지적 호기심을 만족시키는 수업을 해야 하며, 학생은 교사의 설명에만 의존하지 말고 능동적인 배움의 주체가 되어야 한다고 말한다. 아울러 교사와 학생의 권력관계가 평등하지 않은 상태에서 교사가 변화를 주도하는 경우 질문이 있는 교실 문화가 질문을 강요하는 문화로 왜곡될 수 있음을 지적하고 있다.

유지원의 연구는 고등학생의 시선을 통해 교실 사례를 질적으로 분석했다는 데 의미가 있으며, 질문이 있는 교실을 위해 그가 제안한 방법 역시 시사하는 바가 크다. 그동안 지식의 효과적 축적이라는 측면에서 질문의 효용에 중점을 둔 연구가 많았는데, 그는 '지식권력'과 '민주적 교실 분위기'를 언급함으로써 질문이 있는 교실이라는 슬로건이 지향해야 할 곳을 보여주고 있다.

좋은 수업과 민주적 시민성의 상관성에 관한 내용에 다소 거리감을 느끼는 교사들에게는 힐베르트 마이어 Hilbert Meyer 2004가 제안한 좋은 수업에 대한 정의가 도움이 될 것이다.[56] 그 내용은 다음과 같다.

좋은 수업은 민주적인 수업문화의 틀 아래서 교육 본연의 과제에 기초하여 성공적인 학습동맹이라는 목표를 가지고 의미가 생성되는 것을 지향하면서 모든 학생의 능력이 계속 발전하는 데 기여하는 수업이다.

과학적 교수기법을 선호하는 교사들의 문화 역시 학습자의 질문을 가로막는 요인으로 작용한다. 특히 교과 간 전문화·개별화가 상당히 이루어진 고등학교에서 더욱 그러하다. 수업에서 추구하는 '합리성 rationality'은 학생이 도달해야 할 목표를 중심으로 교사의 주관을 배제하고 교수학습 과정을 표준화한다. 이 같은 합리성은 잘 짜인 수업지도안에서도 볼 수 있는데, 그 특징은 수업을 시작해서 종료할 때까지 교사가 의도한 대로 흘러간다는 것이다.

과학적 교수기법을 강조하는 관점에서는 풍부한 교과지식을 갖추고 이를 잘 전달하는 교사가 좋은 수업을 할 것이라고 본다. 그러나 교실 상황은 종종 계획한 대로 흘러가지 않는다. 수업시간에 학생들이 교사가 예측하지 못한 문제에 대해 질문하고 의견을 제시하는 것은 자연스러운 일이다. 따라서 교과지식과 전달 기술 외에도 교사가 갖춰야 할 수업역량에도 관심을 가져야 한다.

함영기 2009는 기존의 수업전문성 담론을 재개념화해야 한다고 주장하면서 대안적 관점에서 교사의 수업전문성 요소를 반성적 실천, 교육과정 개발 및 재구성, 내러티브적 사고, 연계적 능력으로 제시했다.[57] 이혁규 2013는 과학적 교수기법으로 훈련된 교사들은 훌륭한 교수 전문가이지만 역설적으로 언제든 동일한 기법을 가진 다른 교사로 대체될 수 있는 존재로 보았다.[58]

위르겐 하버마스 Jürgen Habermas는 교사가 겉으로는 중립적 언어를 사용하는 듯하지만, 청자를 설득하고 조정하기 위해 전략적으로 언어를 사용한다고 말한다.[59] 이 말은 교사와 학생의 관계가 충분히 민주적이지 않을 때, 지식과 정보의 불균형 상태에서 의사소통을 최소화하고 몰아치듯 수업을 할 가능성을 암시한다. 하버마스는 질문이 있는 교실을 조성하기 위해 지나치게 '좋은 질문'을 만들어내려 애쓰느라 질의 응답 방법과 절차에 매몰되지 않아야 한다고 말한다.

지식은 든든한 토대 위에 쌓아가는 축적의 과정이라기보다 계속되는 자기부정의 과정으로 성장한다고 볼 수 있다. 즉, 일정하게 정착된 하나의 규준으로 모든 현상을 설명하기보다는 '규준 그 자체'의 변형을 통해 지식이 발달한다.[60] 학생이 공부하는 목적은 절대적 지식을 상기하거나 재현하는 것이 아니라 생성과 탐험의 과정을 통해 비판적 사고 능력을 갖추는 것이다. 그러기 위해 수업에서 정답을 찾아가는 질문을 배치하는 것은 피하고, 기존 질서에 대한 회의와 새로움에 대한 호기심으로 문제를 계속 제기해야 한다. 이러한 문제제기 학습에서 주의할 것은 교사는 수업의 운영자 또는 감독자가 아니어야 한다는 것이다. 교사는 수업의 적극적 협력자 역할을 하며 학습자가 적절한 문제제기를 할 수 있도록 촉진하는 능력을 갖추어야 한다.[61]

지금까지 교실에서 질문이 사라진 배경과 질문이 가능한 조건을 살펴보았다. 상급학교로 올라갈수록 교실에서 질문이 사라지는 것은 학생들의 발달단계에 따른 특성 때문이기도 하지만, 학년이 올라감에 따라 다량의 지식을 단시간에 주입해야 하는 입시 위주의 학습방식과 무관하지 않다. 여유를 가지고 질문과 토론을 할 수 있는 민주적 분위기가 교실에 자리잡지 못한 것도 설명과 기억, 상기를 패턴으로 하는 수업을 조장하는 데 한몫을 한다.

교육내용을 민주적 원리에 따라 구성하는 것도 중요하지만 교사와 학생, 학생과 학생 사이를 관통하는 민주적 수업문화 역시 좋은 수업을 위한 핵심 조건이다. 거듭 말하지만 질문이 있는 교실과 민주적 수업문화는 깊은 관련이 있다.

질문이 있는 교실을 위한 ──── 10가지 제안

제안 1 '일대일' 질문을 '다대다' 질문으로 바꾸기

우리 교실 상황에서 그나마 질문과 답변이 이루어지는 경우 몇 가지 특징을 갖는다. 먼저 수업의 주도권은 거의 교사에게 있다. 교사는 전체 학생을 대상으로 질문하고 전체 학생은 '예' 또는 '아니오'로 답한다. 과거의 수업지도안을 보면 "교사가 질문하고 학생들은 일제히 '예'라고 답한다."라는 문장이 있을 정도였다. 다음으로 교사가 특정 학생을 지목하여 내용을 이해했는지 확인하는 질문이 있다. 드물긴 하지만 용기 있는 학생이 교사에게 질문을 하거나 협동학습에서 학생이 학생에게 질문하고 응답할 때도 있다. 그러나 여전히 교실수업은 교사 특유의 방식을 따른다.

질문이 있는 교실문화를 조성하려면 수업질문 형태를 확장할 필요가 있다. 먼저 교사와 학생 간에 '일대일' 또는 '일대다'로 주고받는 질문을 교사와 학생을 구분하지 않는 '다대다' 형태로 바꿔야 한다. 이를 효율적으로 구현하기 위해서는 소인수 학습 단위를 구성해 모둠 구성원을 4~5명으로 재편성하고 서로 수업대화를 하는 것이 좋다. 때때로 모둠 구성원을 바꿔 전체 학생이 의사소통을 이어가게 한다. 내용이 형식을 따라오게 적극적으로 모둠을 활용하는 것이다.

이때도 교사는 교육과정의 성취기준과 단위 시간에 가르쳐야 할 학습 분량을 생각하지 않을 수 없다. 이를 해결하기 위해서 '차시' 개념으로 지나치게 수업을 세분화하는 것보다 큰 주제 안에서 재구성하는 것이 좋다. 또한 학습 내용을 꼼꼼하게 따져 의도된 질문과 답변을 기대하는 대신에 학생에게 풍부한 상상력이 솟아나게 해야 한다. 거침없이 질문하고 상대방의 질문에 자신의 의견을 밝히는 방식의 수업은 지식을 습득하고 구성하는 과정을 확장해준다.

제안 2 사실 확인에서 의견 제시로 수업 분위기 바꾸기

질문하는 교실 분위기를 만드는 것은 중요하지만 여기서 조금 더 나아갈 필요가 있다. 질문과 답변이 활발히 오갈 때, 서로가 '알고 있음'을 확인하는 선에서 그친다면 학생의 사고력·창의력 신장을 기대하기 어렵다. 단순한 질문과 답변을 반복하는 것은 어떤 지식에 대해 '현재 알고 있음'을 확인하는 것에 지나지 않는다. 학생이 그 지식을 제대로 이해하고 있으며, 타인에게 설명할 수 있는지는 알 수 없다.

교사가 학생에게 "○○를 알고 있나요?"라고 묻는 대신 "○○를 어떻게 생각하는지 친구들에게 말해주겠어요?"라고 해보자. 이는 해당 지식에 대한 '알고 있음'은 기본이고, 그 지식에 대한 이해와 비판까지도 허용하는 방식이다. 교사는 정답을 정해놓고 질문과 답변을 주고받는 데에서 만족하지 말고, 학생들의 의견을 끌어낸다는 생각으로 접근해야 한다. 예를 들어 "1+1은?" 이렇게 묻는 것과 "더해서 2가 되는 수에는 무엇이 있지요?"라고 묻는 것은 차원이 다르다.

수업에서 학생들이 의견을 제시하는 것을 꺼리는 교사도 있다. 이 또한 수업시간에 정해진 진도를 나가야 한다는 교사의 강박에서 비롯한다. 그런 까닭에 교육과정을 탄력 있게 재구성하지 않는다면 학생들의 의견이 넘치는 교실은 기대하기 힘들다.

교육과정 재구성은 성취기준에 도달하는 방법을 다양화하는 것이라 볼 수 있다. 교과서 속 단원이나 순서는 성취기준과 핵심내용을 더 효율적으로 달성하기 위한 하나의 예시다. 다시 말해 성취기준과 핵심내용을 전제로 가르치는 순서, 방법, 소재의 제시 등은 교사가 얼마든지 재구성할 수 있다는 말이다. 더 나아가 교사는 교실을 복수의 의사소통 기반 학습조직으로 재편성할 수 있다. 교육과정 재구성과 교실 학습 단위의 재편성이 이루어진 상태에서 학생들은 자신의 의견을 더 쉽게 말할 수 있다.

제안 3 의도한 질문에서 자연스러운 질문으로 바꾸기

지금은 수업 형태가 많이 다양해졌지만, 여전히 교실에서는 직접교수법 같은 고전적 모형이 자주 쓰인다. 의사결정모형, 문제해결모형, 탐구모형 등 모형을 다양화하더라도 모형학습이 갖는 한계가 있기에 아무리 훌륭한 수업이라도 특정 모형에 의존하는 것을 경계해야 한다.

교사는 예측이 가능한 수업을 원하기 때문에 수업상황을 머릿속에 그려놓고 그것에 따라 수업을 전개하고자 한다. 그러나 모든 수업상황을 약속해놓지 않은 이상 예측한 대로 흘러가지 않는 것은 당연하다. 오래전 교실 풍경이긴 하지만 시나리오를 짜서 학생들과 리허설까지 하고 연구수업을 했던 경우도 있었다. 학습목표 제시, 발문과 수업 전개 방식, 수업 정리와 차시 예고까지 촘촘하게 수업지도안을 작성하여 약속한 대로 매끄럽게 진행할 수 있는지가 능력 있는 교사의 기준이었다.

그러나 수업에서는 불확실하고 예측할 수 없는 일들이 연속적으로 일어난다. 언제 무슨 상황이 벌어질지 모르고 학생이 어떤 질문을 할지 예상하기 힘들다. 그러므로 공개수업이라 하더라도 의도한 질문과, 질문에 맞는 답변만으로 수업을 형식화할 필요는 없다. 교사도 학생도 자연스럽게 질문하고 응답하는 가운데 민주적 수업문화가 자리잡는다.

질문이란 본래 인류가 호기심을 해결하기 위한 방법의 하나로 택한 것이었고, 인간의 호기심은 인류가 존속할 수 있던 원동력이었다. 궁금하면 묻는 존재, 그것이 바로 인간 진화의 핵심인 것이다. 그런데도 교실에만 들어오면 질문의 본질은 없어지고 형식만 남는 일이 빈번하게 일어난다. 질문이 자연스럽게 터져 나오기 위해서 교실은 훨씬 더 개방적이고 자유로울 필요가 있다. 의사소통이 활발한 학습조직이 되기 위해서는 학생이 머무는 공간을 유연성과 개방성으로 채우는 것이 우선이다.

제안 4 재현에서 생성으로 나아가기

교재에 담긴 지식을 설명하고 기억하며, 시험을 위해 상기하는 재현의 방식은 질문이 있는 교실을 만드는 미래지향적 방법이 아니다. 좋은 질문은 '사실'이라고 알려진 기존 지식을 비판적으로 사고하는 것에서 비롯한다. 질문은 단순히 묻고 답하는 선형적 절차가 아니라 학생과 학생, 학생과 교사 간의 상호교섭 속에서 지식을 생성해나가는 하나의 방향이자 철학이 되어야 한다. 그렇다고 상기와 재현을 반복하는 수업방식을 구시대의 유물로 치부할 필요는 없다. 사실 확인에 불과한 질문이라도 반복하는 것이 질문이 없는 것보다 훨씬 낫다.

우리의 수업 관행에서 보면 처음부터 생성적 질문을 기대하는 것은 무리일 수 있다. 그럴 경우 정답을 주고받는 일차적 질문과 응답이라 하더라도 반복적으로 활성화하여 개방적인 교실 분위기를 만드는 것이 중요하다.

제안 5 질문기법 개발에서 문제제기 수업으로 전환하기

우리는 좋은 질문과 그렇지 않은 질문을 구분할 수 있다. 예를 들어 닫힌 질문과 열린 질문, 수렴적 질문과 확산적 질문을 구분하여 교사가 질문을 잘 기획하면 그에 따른 부수적 효과를 누릴 수 있다. 그런데 '질문이 있는 교실'은 좋은 질문기법을 개발하는 것 이상의 방법이 필요하다.

어디까지나 잘 기획된 질문은 좋은 응답을 전제한다. 수업이 예측 가능한 방향으로 흘러가는 것을 선호하는 교사들은 질문전략 개발에 공을 들인다. 나쁘지 않은 방법이지만 이렇게 해서는 학생의 상상력이 자라나지 않는다. 무릇 가르치는 사람이라면 아이들이 가진 창조적 발현 능력을 믿어야 한다. 간혹 엉뚱한 길로 빠지더라도 꼬리를 무는 의심과 질문 속에서 지식을 활발하게 구성해나갈 수 있다.

당대의 학문공동체가 합의한 '사실적 지식'도 마찬가지다. 그 지식의 생성 배경, 지식이 폐기되거나 유지됨으로써 일어나는 학문의 발전 과정을 알려주면 학생들은 자연스럽게 지식과 교육, 지식과 사회 등으로 사고 범위를 넓힐 수 있다. 또한 한 사회를 통해 지식이 어떻게 형성되고 활용되는지도 알 수 있다.

이 과정에서 우리는 어떤 지식이 잠재적인 것인지, 어떤 지식이 비교적 영속하는지도 이해할 수 있다. 다만 문제제기에 너무 큰 비중을 둔 나머지 암기와 반복을 통해 습득할 수 있는 지식이 있다는 것을 잊어서는 안 된다. 다시 말해 개별학습, 집단학습을 가리지 말고 지식에 접근하는 학생의 통로와 수준이 다양함을 인정해야 한다.

제안 6　개인적 지식 축적에서 사회적 관계 증진으로 나아가기

OECD 2003의 미래핵심역량의 범주2는 '이질적 타자와의 협력'을 말한다. 아울러 OECD 2018 학습 프레임은 학습자의 행위 주도성에 중심을 둔 변혁적 역량이 필요하다고 말한다. 또한 학습과정에서는 동료와 관계를 맺고 협력하여 갈등을 원만하게 조절하는 능력이 미래사회에서 필요하다고 보았다. UNESCO 2015에서 강조하는 글로벌 시민교육에서도 사회적 역량의 함양을 바탕으로 시민사회에 적극 참여할 것을 주문하고 있다. 더 나아가 UNESCO 2021가 최근 발표한 보고서 〈우리의 미래를 함께 다시 생각하기-교육을 위한 새로운 사회계약〉은 교육의 목적을 개인의 성공과 국가 경쟁력 강화에 두는 것이 아니라, 지속가능한 미래 건설을 위한 협력적·변혁적 주체를 형성하는 데 두고 있다.[62]

교실은 하나의 소小사회로 작동하기 때문에 질문을 주고 받는 행위는 이미 사회적 성격을 띤다. 간혹 '질문이 있는 교실'에서 구축해야 할 능력을 인지역량으로, '우정이 있는 학교'의 목적을 정서 및 사회역량 함양으로 생각하여 이들을 구분하는 경우가 있는데, 이는 기계적 접근 방법이라 하겠다. 두 역량은 공존하며 지식과 가치, 태도를 동시에 증진하는 사회적 개념이다.

제안 7 집단적 메타인지 향상하기

'메타인지 meta-cognition'란 자기 자신의 사고 처리 과정을 이해하고 인식하는 것으로, 쉽게 말하면 자신이 무엇을 모르고 무엇을 아는지 파악하는 능력이다. 메타인지는 '생각에 대한 생각'으로 자신의 사고방식을 통제하고 조절하는 정신적 과정이라 할 수 있다.

이 능력이 발달한 학습자는 학습의 계획과 진행, 결과 처리의 전 과정에서 주도성을 갖는다. 토론할 때도 자기 의견만 고집하는 것이 아니라 내 의견과 상대방의 의견을 관찰하고 점검하면서 대안까지 모색하는 학습 성향을 갖는다. 아울러 이런 학습자는 호기심이 충만하고 궁금한 것을 바로 해결해야만 직성이 풀리기 때문에 많은 질문을 하는 특징이 있다.

자유로운 질문이 보장된 교실에서 학생들은 '학습방법에 대한 학습'까지 나아갈 수 있다. 학생들은 공부를 시작하기 전에 무엇을 어떤 방법으로 학습할지, 진도를 어느 정도 나갈지를 미리 설계한다. 또한 동료 학습자와 활발하게 대화하면서 집단적 메타인지 상황을 만들어낸다. 학습을 어느 정도 진행한 뒤에는 처음 설정했던 목표에 얼마나 근접했는지 동료들과의 대화를 통해 평가한다. 그 결과는 지금까지의 진행 상황을 수정하고 보완하는 근거 자료로 활용한다.

이 모든 과정에서 자기 자신, 동료 간, 교사와 학생 간 질문과 응답이 오가며 학습자는 학습상황을 조정할 힘을 키워

나간다. 질문을 활발하게 하는 학습자는 메타인지가 뛰어날 가능성이 높으며, 메타인지가 탁월한 학생은 질문이 많다. 두 개념은 이렇듯 서로를 발전시키는 선순환 관계에 있다.

제안 8　공부하는 교사 되기

공부하는 교사는 텍스트를 읽고 이해하며 기존 지식과 연결한다. 텍스트는 문자 외에도 영상이나 각종 미디어를 포함한다. 새로운 지식과 기존 지식은 서로 얽히고설키며 또 다른 수준의 지식을 형성한다.

텍스트를 많이 보면 문해력이 높아지고 상황을 해석하는 힘이 커진다. 앞서 교사 전문성은 교사가 교과지식을 잘 이해하여 이를 학생에게 잘 전달하는 능력 이상의 것이라고 말한 바 있다. 교과지식을 잘 전달하는 것만으로는 복잡계이자 비예측적인 교실 상황을 극복하는 데 한계가 있기 때문이다.

질문이 있는 교실을 위해 교사가 기본적으로 수행해야 할 역할은 무엇일까? 누누이 말하지만 교사는 학습자의 전인적 발달을 위해 조력해야 한다. 철학과 인문학, 교육학과 심리학은 교사가 지적 교양을 쌓고 좋은 수업을 하기 위해 공부해야 할 기본 영역이다.

교사는 텍스트를 읽고 이해하는 것 이상으로 공부해야 한다. 이론적으로 많이 아는 것과 질문이 있는 교실을 만들어가는 것은 별개의 문제다. 질문이 있는 교실은 이론과 실천, 경험과 사례가 풍부하게 쌓이는 지점에서 형성된다. 부단히 실천해보고, 이를 이론과 결부시켜 검증하면서 한 걸음씩 진화하는 것이 교사 성장의 요체라 할 수 있다. 혼자 공부하는 것보다는 교사들과 함께 하는 것이 좋고, 아예 안 하는 것보다는 혼자서라도 공부하는 것이 몇 배 더 효과적이다.

제안 9 교육과정, 수업, 평가를 바라보는 새로운 관점 기르기

질문이 사라진 교실의 특징은 교과서가 주요한 배움의 텍스트로 기능한다는 점이다. 그러나 교과서는 교육과정을 실행하는 데 필요한 한 가지 도구일 뿐이다. 교육과정을 한 가지로 정의할 수 없음에도 교과서 중심의 수업에서 교육과정은 반드시 지켜야 할 규범으로 여겨진다. 교육과정이란 학생이 구성해가는 경험의 총체라는 관점에서 보면 이는 학생의 삶과 일치해야 한다. 삶과 분리된 교육과정, 교과서 위주의 설명식 수업에서는 질문이 생성되지 않는다. 설령 교육과정을 재구성한다고 해도 또다시 평가 과정과 분리되는 탓에 교육과정, 수업, 평가가 원활하게 연계되지 못한다.

이 문제를 개선하기 위해서 교사의 시각을 바로잡는 것도 중요하지만 무엇보다 국가교육과정을 대강화하고, 시도에서는 지역의 정체성과 특색을 담아 교육과정, 수업, 평가 기준을 제시하며, 학교에서는 '만들어가는 교육과정' 문화를 구축해야 한다. 더 나아가 평가방식을 과감히 혁신하여 교육과정과 수업 및 평가의 연계성을 대폭 강화해야 한다. 이때 경계해야 할 것은 수업을 활동 중심으로 이끌어야 한다는 강박 때문에 그동안의 암기 중심 수업을 반드시 개선해야 할 대상으로 인식하는 것이다.

학습 주제에 따라서 개념 익히기와 반복 암기를 동시에 해야 하는 것도 있고, 어떤 경우에는 먼저 암기한 뒤 나중에 이해하는 것이 개념을 익히는 데 더 유용할 때도 있다. 모든 교사와 학습자에게 똑같이 들어맞는 수업방법이란 있을 수 없다. 학습자의 조건, 학습 주제에 따라서 적절한 수업방법을 동원하는 것이 교사의 역할이다.

제안 10 토론과 합의를 거쳐 민주적 수업규율 정하기

앞서 언급했듯이 교사와 학생 간의 교실 내 권력 나눔이 수평적이지 않다면 질문이 있는 교실의 취지를 살리기 어렵다. 바람직한 민주적 교실 생태계를 구축하기 위해서는 규범과 문화, 2가지 조건이 모두 충족되어야 한다.

여기서 규범은 교사와 학생, 학생과 학생 간의 민주적 수업 규칙을 확립하는 것이다. 그런데 우리는 제도와 절차를 확립하는 것만으로는 민주성을 담보할 수 없다는 것을 이미 경험을 통해 알고 있다. 단지 욕구가 충돌하는 것을 조절하기 위해 제도와 절차를 만든다면 기계적 조정력밖에는 발휘하지 못한다. 문화적 측면에서는 교사와 학생이 충분한 민주적 소양을 갖는 것이 중요하다. 평화, 정의, 비차별, 문화 다양성 등 기본적인 시민성이 전제될 때 진정한 의미에서 '질문이 있는 교실'이 앞당겨진다.

교실수업 전략을 수립하는 데에서 생기는 교사의 오랜 딜레마 가운데 하나는 '자유로운 의사소통'을 택할지 '규율이 작동하는 교실'을 택할지다. 그런데 이것은 선택의 문제가 아니다. 민주적 수업문화는 학생들이 가진 학습권, 교사의 수업권을 동시에 존중하면서도 교육활동이 원만하게 이루어지도록 돕는다. 교사가 일방적으로 부과하는 규칙이 아닌 교실 공동체가 토론과 합의를 거쳐 정한 민주적 수업규율은 민주적 수업문화를 이루는 데 필요한 최소한의 요건이다.

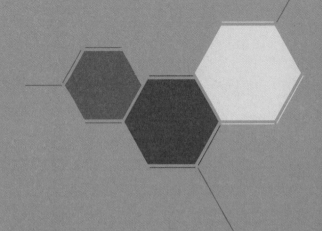

기초학력 재개념화와
정책 전환 탐색

세 학부모의 대화

　세 학부모가 동네 카페에 모여 대화하고 있다. 두 사람은 초등학생 자녀를 두었고, 나머지 한 사람은 초등학교와 중학교에 다니는 두 자녀가 있다. 이들은 모두 같은 지역 아파트에 사는데, 학군이 좋다 보니 주거비가 다른 지역에 비해 높은 편이다. 아파트 단지 안에 초등학교, 중학교, 고등학교가 몇 개씩 있고 건물마다 학원이 빼곡하다. 건물 전체가 학원인 곳도 있다. 창문마다 성적 향상을 내걸고 잘 가르치겠다는 문구를 붙여놓았다. 어느 학원에선 '성적이 오르지 않으면 학원비를 돌려드립니다'라는 현수막을 내걸기도 했다.

동네 카페에 자주 모여 다양한 화제로 대화를 나누는데, 어떤 주제로 시작하더라도 이야기는 늘 아이들 교육 문제로 흘러간다. 어떻게 하면 최신 교육정보를 손에 넣어 아이의 성적을 올릴 수 있을지가 주요 관심사다. 교육정책이 발표될 때마다 해당 정책을 놓고 전문가 이상으로 열띤 토론을 벌인다. 이들은 모두 한마음으로 자녀의 성공을 바라지만 그 방법에서는 미묘한 차이가 있었다. 어떨 땐 무엇이 더 효과적인 방법인지를 두고 몇 시간 동안 토론한 적도 있었다. 며칠 전 교육부에서 '기초학력 보장 종합계획'을 발표했다. 세 학부모는 언론 보도를 보고 이야기를 시작했다.

●●●

학부모 A＿＿＿아니, 근데 요즘 애들은 글쓰기를 안 해서 그런지 문자 보내는 걸 보면 맞춤법이 하나도 맞지 않아요. 며칠 전에도 핸드폰을 바꿔달라고 하길래 "사흘만 기다려라."라고 했더니 "4일씩이나 어떻게 기다려요! 지금 바꿔줘요!" 이러지 않겠어요?

학부모 B＿＿＿아휴, 말해 뭐해요. 중학생이 됐어도 여전해요. 도무지 문장 하나를 제대로 쓰지 못해요. 제 동생하고 얘기하는 걸 들어보면 도통 알아들을 수 없는 외계어 같은 말뿐이고. 도대체 학교에서 뭘 가르치는지….

학부모 C_____그게요. 학원샘이 그러는데 요즘 학교에선 뭘 가르치는 수업은 엄청 소홀히 한대요. 그런 건 애들이 스스로 찾아서 익히라 하고, 활동이나 토론을 많이 시킨대요. 그래서 그런지 우리 애는 3학년에 올라가니까 수학이 어렵다네요. 수업시간에 문제를 많이 풀고 반복해서 연습시켜야 하는데, 그렇게 안 하고 바로 다음으로 넘어가니까 애가 힘들어해요. 그나마 학원에서 문제풀이 연습을 많이 해서 겨우 따라가긴 하지만요.

학부모 B_____우리 큰애는 수학 때문에 너무 힘들어해요. 걔가 초등 때 직장에 다니느라 공부를 못 봐줘서 그런가 싶어 작은애는 지금부터 신경 쓰고 있어요. 수학은 초등 때 기초를 확실하게 잡아놓지 않으면 정말 힘들대요. 이때를 놓치면 좋은 대학은 꿈도 꾸지 말아야 한대요.

학부모 A_____핸드폰이 진짜 문제예요. 한번은 그걸로 게임만 하길래 "저녁때까지 엄마가 보관한다."라고 했더니 이놈이 눈을 부라리면서 "엄마가 뭔데 개인 사생활에 간섭하는 거예요?" 하면서 대들지 않겠어요? 이제 6학년짜리가 무슨 사생활이에요? 웃기지도 않아요, 정말. 이놈 말이 학교에선 수업시간에도 태블릿을 나눠주고, 그걸로 계산도 하고, 검색도 하고, 글도 쓴다네요. 그 얘길 듣는데 왜 우리나라 기초학력이 내려간다고 하는지 알겠더라고요. 계산기로 문제를 푸는데, 실력이 늘 리가 있나요. 선생님이 학생 옆에 꼭 붙어서 반복적으로 연습시켜야 하는데 그러질 않으니….

학부모 B＿＿＿우리 아이도 수학샘이 복잡한 건 계산기를 써도 된다고 했대요. 곱하기 나누기 이런 거 다 휴대폰에 있는 계산기로 하더라고요. 근데 ○○가 사춘기인가 봐요? 6학년이면 사춘기 맞겠네요. ○○ 엄마가 고생하겠네. 우리 애는 일주일 동안 말 한마디 안 할 때도 있었어요.

학부모 C＿＿＿우리 앤 아직 초등 3학년이라 사춘기도 아닌데, 애 하는 거 보면 지금도 이해가 안 될 때가 많아요. 나중엔 훨씬 더 하겠죠? 벌써부터 걱정이다. 근데 중학교에 올라가도 애가 반에서 몇 등 하는지 안 알려주죠?

학부모 B＿＿＿성적표를 가져오긴 하는데 과목별로 지필, 수행 점수가 합쳐 나와요. 그리고 ABC에다 수강자 수, 원점수랑 과목평균이 있는데… 우리 애 성적이 평균보다 높은지 낮은지 알 수 있어요. 이걸 과목별로 적어놨는데, 그걸 봐도 반 등수는 몰라요. 옛날에는 과목별로 전체 석차를 적어줬다는데 요즘엔 그런 것도 없고. 저도 답답해서 슬쩍 담임샘께 "등수를 알 수 있을까요?" 하고 물었더니, 담임샘이 "그걸 알아서 뭐 하시게요? ○○가 반에서 몇 등 하는지 하고 진짜 실력하고는 아무런 상관이 없어요. 그리고 성적 가지고 줄 세우기 안 하는 거 오래됐습니다." 이러지 않겠어요? 어찌나 민망하던지. 우리 애가 같이 공부하는 애들 중에서 어느 정도인지는 알아야 공부를 더 시키든지 아니면 조금 풀어주든지 할 게 아니에요?

학부모 C＿＿맞아요. 학원에선 등수를 알면 좋다고 하고 정작 학교에선 알려주지 않고. 정말 답답해요.

학부모 A＿＿근데 그 '기초학력보장법'이라는 게 뭔가요? 우리 애를 보면 기초가 부족한 게 맞는 것 같은데, 담임샘은 친절하게 설명도 안 해주고 큰 문제는 없다고만 하니…. 학교에서 아이들 기초학력을 어느 수준까지 못 올려주면 학교가 책임을 지는, 뭐 그런 건가요?

기초학력 보장 종합계획

교육부는 2022년 10월 '기초학력 보장 종합계획'을 발표했다. 이 계획은 2022년 3월 25일부터 실행되고 있는 '기초학력보장법'을 실현하기 위한 방안이다.[63] 기초학력보장법은 배움의 과정에서 소외되는 학생이 없도록 기초학력 보장에 대한 국가의 책무성을 강화하고, 기초학력 진단 결과를 토대로 학습지원 대상 학생을 체계적으로 지원할 수 있는 법률이다.

이 법은 기초학력 지원을 위해 교육부 장관이 관계 중앙행정기관의 장 및 교육감과 협의하고 기초학력 보장위원회 심의를 거쳐 5년마다 기초학력 보장 종합계획을 수립하도록 하고 있다. 법에 따르면 학교의 장은 학습지원 대상 학생의 조기 발견 및 지원을 위한 기초학력 진단검사를 할 수 있고, 그 결과를 학생의 보호자에게 통지할 수 있다. 학습지원 대상자는 기초학력 진단검사 결과와 더불어 학급 담임교사 및 해당 교과교사의 추천, 학부모 등 보호자와 상담한 결과를 종합적으로 고려하여 선정하도록 했다. 또 학교의 장은 효율적인 학습지원 교육을 위해 담당 교원을 지정하고, 보조 인력을 배치할 수도 있다.

교육부 장관 및 교육감은 기초학력 지원센터를 지정·운영하여 모든 학생의 기초학력을 보장하고, 능력에 따라 교육을 받을 수 있는 기반 조성을 지원할 예정이다. 이를 간략하게 표로 제시하면 다음과 같다.

기초학력보장법의 주요 내용

추진 배경	[목적] 학생들의 기초학력 보장 [정의] 기초학력은 대통령령이 정하는 바에 따라 학교 교육과정을 통해 갖춰야 하는 최소한의 성취기준을 충족하는 학력
주요 내용	• 기초학력 보장에 관한 사항을 심의하기 위해 교육부 장관 소속 기초학력 보장위원회를 둠 • 교육부 장관은 5년마다 기초학력 보장 종합계획을, 교육감은 매년 시도 기초학력 시행 계획을 수립·시행해야 함 • 학교의 장은 학습지원 대상 학생의 조기 발견 및 지원을 위한 기초학력 진단검사를 할 수 있고, 그 결과를 학생의 보호자에게 통지할 수 있음 • 교육부 장관 및 교육감은 기초학력 지원센터를 지정·운영할 수 있음
시행일	2022년 3월 25일

2021년 기초학력보장법이 국회 본회의에서 통과된 후 교원단체 좋은교사운동은 7개 항으로 정리한 입장문을 발표했다. 주요 내용은 학습지원에 비중을 둘 것, 학생에게 집중할 수 있는 업무 환경을 마련할 것, 전문성이 있는 교사를 확보할 것, 지속적이며 중층적인 학습지원팀을 구성할 것, 학습지원 전문교원을 배치할 것, 기초학력 지원센터에 특수교사를 포함한 현장 교사를 배치할 것 등이다. 이에 덧붙여 우리나라 국가 단위의 기초학력 정책은 '성취도 평가-예산 지원-보조교사-문제풀이식 보정 프로그램' 같은 방식을 오랫

동안 고수해왔고, 그 결과는 그리 성공적이지 못했다고 지적했다. 같은 방식을 되풀이하면서 다른 결과를 기대하는 것은 어리석은 일이라는 것이다. 이와 같은 문제의식에서 학습지원을 새로운 관점으로 접근할 수 있는 전문가들이 국가교육위원회에 들어가서 기초학력 정책을 연구하고 개선할 것을 제안했다.[64]

교육부의 '기초학력 보장 종합계획'을 살펴보자. 이 종합계획은 2023년부터 2027년까지 5년 동안 적용받는다. 이 보장 계획의 발표에 앞서 이미 일부 시도 교육감은 전수조사 방식의 학업성취도 평가를 추진하고 있었다. 특히 발표 하루 전에 대통령은 이 계획을 보고받던 자리에서 "지난 정부에서 폐지한 학업성취도 전수평가를 원하는 모든 학교가 받을 수 있도록 하겠다."고 말했다. 이에 따라 교육부 계획에 '전수평가'가 포함할지가 관심의 대상이었지만 교육부는 애초에 수립한 계획대로 발표했다. 사실 대통령의 발언 중 '전수평가'와 '희망하는 학교 참여'는 서로 맞지 않는 말이다. 일명 일제고사라고 불린 학업성취도 전수평가는 희망 여부와 상관없이 모든 학교의 대상 학년 전원이 참여하는 방식이기 때문이다.

여전히 일부에서는 전수평가 방식의 학업성취도 평가가

필요하다고 주장한다. 이러한 주장은 집단 내에서 학생이 성취한 학력의 상대적 도달 정도를 학교 간, 지역 간의 비교가 용이하다는 점을 근거로 든다. 그래야 어떤 학생, 어떤 학교, 어떤 지역에 처방적 조치를 취할지 알 수 있다는 것이다.

종합계획에서는 기초학력과 관련하여 읽기·쓰기·셈하기 및 이와 관련한 교과를 중심으로 최소한의 성취기준을 제공하기로 했다. 이는 기초학력보장법 및 시행령을 구체화한 것이라 볼 수 있다. 초기에는 기초학력 진단과 지원 대상 학생 선정 도구를 고도화하기 위해 기초학력 진단-보정 시스템과 기초학력 향상 지원 사이트를 활용하도록 했다. 통합 진단 단계에서는 맞춤형 학업성취도 자율평가를 컴퓨터 적응형 평가 Computerized Adaptive Test, CAT [65]로 전환하고 디지털 교수학습 통합플랫폼 등과 연계하여 인공지능 기반 학습 진단·지원 체계를 구축한다.

이외에도 학습지원을 체계화하기 위해 1수업 2교사제, 두드림학교, 교육지원청 단위의 학습종합클리닉센터 운영, 담당 교원 연수, 학습지원 담당 교원 지원, 예비교사 역량 강화 및 참여율 제고 등을 유도하는 내용을 포함하고 있다. 사실상 인공지능 기반 학습 진단·지원 체계를 구축한다는 내용만 빼면 기존 계획을 다시 정리한 것이라 할 수 있다.

교육부는 정밀한 진단과 체계적 선정, 다중 안전망 구축, 기초학력 보장 추진 체계 확립 등을 골자로 종합계획을 발표하면서 전수평가 논란을 피해 가고자 했다. 이와는 별도로 기존의 국가수준 학업성취도 평가는 그대로 시행한다. 이 같은 상황에서 기초학력을 바라보는 관점의 상이함, 기초학력 신장을 둘러싼 방법을 놓고 여전히 논쟁의 불씨는 남아 있다.

기초학력을 다르게 말하는 방식들

전수평가는 기초학력 진단 방식과 관련하여 지속적인 논쟁의 대상이었다. 전수평가 방식이 무용하다는 여론에 따라 현재는 중3과 고2 전체 학생의 3퍼센트를 각각 표집하여 지정일에 국가수준 학업성취도 평가를 실시하고 있다. 이는 표집 방식의 학업성취도 평가와 맞춤형 학업성취도 자율평가를 병행하는 방식이다. 지금까지 표집 방식의 학업성취도 진단 결과가 발표될 때마다 교육적 해석보다는 정치적 공방의 소재로 쓰이곤 했다. 수치상 나타난 기초학력 미도달률만 가지고 정말 우려할 만큼 기초학력이 하락한 것인지, 나아가 그런 방식으로 구한 데이터가 현실을 설득력 있게 드러내고 있는지 지금으로서는 모호하다. 이제라도 기초학력, 학력, 역량을 바라보는 각자 다른 접근 방식에 대해 충분히 논의할 필요가 있다.

미래역량 논의가 한창일 때 '학력이냐, 역량이냐'와 같은 논쟁이 있었는데, 사실 이 같은 논쟁은 무익하다. 역량 또는 학력이라는 2가지 개념 중 꼭 하나만 선택해야 하는 것은 아니기 때문이다. 일부 학자들이 미래역량을 기존의 지식교육과는 확연히 다른 것으로 확대하여 해석하면서 두 개념 사이의 틈이 벌어지기 시작했다. 여기에 지식교육을 중시하는 사람들은 이른바 역량을 강조하는 사람들이 기본 학습은 소홀히 하면서 그저 아이들의 흥미에 기대 안이한 교육을 하고 있다고 비판하면서 '학력 대 역량'이라는 왜곡된 구조가 만들어졌다.

역량을 논의할 때는 지식, 기술, 가치 및 태도 등으로 범주를 나눠 구분한다. 흔히 지식은 인지역량으로, 기술은 절차와 방법을 수행하는 능력으로, 가치 및 태도는 사회·정서역량과 행동역량으로 해석한다. OECD의 핵심역량을 비롯하여 국가교육과정의 핵심역량, 시도교육청의 역량 관련 논의 등 지금까지 상당히 많은 역량 담론을 경험하였다. 한편 기존의 역량competencies 담론의 대안으로 또 다른 역량capabilities 담론도 등장하고 있다.[66]

어떤 접근 방식이든 각 역량 담론이 첫 번째 범주로 중시하는 것은 바로 인지역량이다. 혁신교육이 학력 신장을 소홀히 하고 아이들의 흥미에만 집중한다는 것은 학력 신장을 강조하는 입장에서 바라본 이견일 뿐이다. 혁신교육 역시 미래역량의 가장 중요한 범주로 인지역량을 지향한다.

역량을 강조하는 사람이 갖는 오해 중 하나는 지식교육을 단순 암기교육과 똑같은 것으로 보는 것이다. 또 다른 오해는 학습자 중심 교육은 반드시 학생의 활동을 기반으로 이루어져야 하며 암기를 통한 지식교육은 쓸모가 없다는 것이다. 이는 전통적 지식교육론자들을 자극하여 지식교육과 역량교육 사이의 간극을 더 벌어지게 만들었다. 지식의 구조에 대한 오해에서 비롯한 이런 양극화는 학습자의 역량 함양과 관련해서 아무런 도움이 되지 않는다.

지식교육을 통해 얻어지는 인지역량은 사실적 지식의 습득을 비롯하여 텍스트를 읽고 해석하는 능력, 지식을 이해하고 분석·종합하는 능력, 비판적 사고 능력을 포함한다. 즉, '문해력 literacy'이 인지역량의 핵심 요소이다.

지금 세간에 회자되는 기초학력이라는 것은 외부에서 기준을 정하고 그에 도달하지 못하는 경우 주어져야 할 최소 학력을 말한다. 기초학력보장법에 따라 정의하자면 기초학력은 '학생이 대통령령으로 정하는 바에 따라 학교 교육과정을 통해 갖춰야 하는 읽기, 쓰기, 셈하기 등을 포함한 최소한의 성취수준을 충족하는 능력'이다. 정해진 기준에 따라 문항을 개발하고 평가 결과에 따라 어떤 기준에 이르지 못한 학생의 비율을 따진다는 것은 한 학생each one의 능력 개선과 관련해보면 시사하는 바가 거의 없다. 토드 로즈Todd Rose 2015는 교육정책이 평균과 데이터에 함몰되어 아무도 만족하는 못하는 정책을 내놓는다고 질타한다.[67]

지식과 역량, 학력과 기초학력을 분리하여 사고하면 결국 이들 각각의 능력을 신장하기 위한 절차와 프로그램을 고민하는 것으로 귀결된다. 우리가 기초학력이라 부르는 것, 즉 사물에 대한 이해 능력과 기본 교양 등은 어떤 기준을 정해 놓고 거기에 도달했는지 여부를 따지는 것이 아니라, 기본적인 능력과 교양을 갖추고 더 깊은 지식을 탐구하거나 공감하고 실천하는 능력을 포괄적으로 이르는 말이다. 기초학력은 독립적으로 성립하지 않는다. 한 아이의 능력을 키우는 데에는 여러 가정적·사회적 변인이 복합적으로 작용한다. 다양한 학습복지 전략과 연계하여 사고해야 하는 이유가 여기 있다.

교육부에서 매년 발표하고 있는 통계 데이터에 따라 기초학력 자체에만 집중할 것이 아니라 학력 격차가 생기게 된 사회문화적 요인을 함께 살펴봐야 한다. 문제가 단순하지 않기 때문에 해결책도 복합적이며 입체적인 성격을 지닐 수밖에 없다. 문제해결을 위해서는 논의의 반경을 넓혀 한 학생을 둘러싼 제 요인들을 동시에 고려해야 한다. 물론 교육부 역시 경계선 지능이나 난독 등과 같은 특수 요인에 기인하는 기초학력 부족 문제를 해소해나가겠다는 계획을 밝히고 있으며, 위 Wee센터나 지역 다문화교육센터와 연계하여 통합적으로 지원하는 모델을 만들어 전국으로 확대한다는 방안을 종합계획에 넣고 있다. 심리·정서, 사회성 함양을 위한 단위학교 자율 프로그램 운영 역시 기초학력 문제에 접근하는 것이 단순하지 않다는 것을 보여준다.

교육부가 이렇게 계획을 밝히고 있음에도 기초학력을 증진하기 위해 학업성취도 평가를 전수조사 방식으로 바꿔야 한다는 목소리가 끊이질 않고 있다. 무엇이 아이들의 성취를 계량화하고 집단 내에서 특정 학생의 위치를 궁금하게 만드는 것일까?

지금까지 수많은 미래교육 담론이 있었다. 우리가 기초학력이라는 기준 중심 학력관을 다시 꺼내 들면 미래지향적 노력을 스스로 부정하는 것이나 다름없다. 따라서 그것을 단순히 학력으로, 기초학력으로 명명하는 것이 합당한지를 놓고 토론하는 것이 먼저다. 앞서 말했듯이 지식은 역량 가운데 가장 중요한 범주인 인지역량이고, 이제 이 역량을 단순히 지식을 습득하고 기억하는 것을 넘어 기존 지식과 연결하고 창조적으로 변용하며, 창의적 생성까지를 아우르는 포괄적 역량으로 재정의해야 한다. 이러한 논의가 나올 때마다 정치 논리에 휘둘리지 않으려면 기준과 수치를 뛰어넘는 학력관에 대한 미래지향적 프레임 설정이 필요하다.

데이터 접근법과 평균이라는 유령

30여 년 전 초임교사 때를 돌아보면 국어, 수학, 영어 등 이른바 주요 과목은 월례고사란 이름으로 한 달에 한 번 시험을 치렀다. 그리고 학기에 한 번씩 중간고사와 기말고사를 보았으니 1년이면 총 8번의 시험이 있었다. 그리고 서울의 경우 고등학교에 진학하기 위해서는 연합고사를 봐야 했으므로 이를 대비하기 위한 모의고사를 수시로 치렀다. 1년이면 대략 8~12회의 시험을 봐야 했다. '출제-시험-채점'의 사이클이 1년 내내 계속됐던 시절이었다.

어느 날 교장의 부름에 무슨 일로 불렀을까 궁금해하며 교장실로 들어섰다. 교장이 앉으라는 말을 하지 않으니 그냥 서 있을 수밖에 없었는데, 그 꼴이 마치 벌 받는 학생 같았다. 교장은 개인 수첩을 꺼내 뭔가를 보더니 갑자기 언성을 높였다.

"아니, 함 선생은 아무리 초임이라도 아이들을 어떻게 가르쳤길래 담임 반 성적이 꼴찌란 말이요? 본인이 수학과 아닙니까? 근데 어떻게 그 반 수학 성적이 꼴찌예요? 귀에 딱지가 앉도록 반복적으로 설명해주고, 손가락에 물집이 잡히도록 문제를 풀게 해봐요. 금방 성적이 올라가지. 아무튼, 다음 달에는 중간 이상으로 올려봐요."

교장이 내린 처방은 이랬다. 하나는 '귀에 딱지가 앉도록 반복 설명하기', 다른 하나는 '손가락에 물집이 잡히도록 문제를 많이 풀게 하기'였다. 교장실을 나와 교실로 올라가는 내내 마음이 영 편치 않았다. 이제 막 발령을 받은 초임교사 입장에서는 억울한 게 많았다.

그해 맡은 학급은 학교의 명랑 쾌활한 아이들은 다 모아놓은 듯했다. 수업에 집중하지 않는 것은 물론이고, 반 분위기를 이끌어줄 상위 그룹의 학생도 없었다. 기초가 부족한 아이도 유독 많았다. 옆 반과 수업 분위기가 딴판이라 다른 반을 맡은 선생님이 부럽기도 했다.

1980년대 중반 교장의 권력은 지금보다 훨씬 절대적이었다. 가끔 마주칠 때마다 교장은 "열심히 가르치고 있죠?"라며 수시로 묻곤 했다. 그 말을 들은 날은 가슴에 돌덩이를 얹은 것처럼 하루가 힘들었다. 그 학교는 신설 학교였고, 첫해에 나와 또 1명의 신임교사, 이듬해에 신임교사 둘이 와서 2년 차까지는 신임교사 4명이 수학을 가르쳤다. 수업방법과 관련해 물어볼 만한 경력교사가 아예 없었던 셈이다.

시도 때도 없이 교장이 괴롭히니 현재 상황을 분석해봐야겠다는 생각이 들었다. 수업에 들어가는 다섯 학급의 특성, 아이들 분위기, 각 학급 담임의 학급운영 방식을 살폈고, 다른 수학교사들과 협의하여 서로의 수업을 참관했다. 분석 결과 교사가 가르치는 지식과 기술, 교사의 열정에는 큰 차이가 없었다. 차이가 있다면 우리 반에 기초 실력이 많이 부족한 아이들이 있고, 최상위권 학생은 많지 않다는 것이었다. 그리고 유달리 학생들이 명랑한 것 정도였다.

그때부터 동료교사와 협력하여 배움이 더딘 학생들이 희망하면 한 반에 70명씩 배치해 일주일에 2번 보충학습을 했다. 성적이 저조한 이유 중 교사 변인이라 할 만한 것을 최소화하기 위해서였다. 하지만 큰 변화는 없었다. 그사이에도 아이들의 전입과 전출이 있었는데 신기하게도 우리 반에서는 상위권 학생이 전학을 가고, 하위권 학생이 전학을 왔다. 결과적으로 학급 성적이 저조한 가장 큰 요인은 '학급 구성원'이었던 셈이다. 담임들이 이 문제로 예민해지니 반을 편성할 때 전교 석차를 지그재그로 배치하여 성적을 최대한 골고루 분포하는 방법을 썼다.

교장에게 실력 없는 교사로 질타를 받은 것은 우리 반의 수학 성적, 즉 개별 학생의 성적을 모두 더하여 학생 수로 나눈 평균이 낮았기 때문이다. 그런데 공부를 잘하는 아이들이 성적을 올려서 평균이 조금 올라가더라도 배움이 더딘 아이의 성적이 그대로라면 이 평균이라는 것은 아무런 의미가 없다. 게다가 학급별로 석차를 매겨 석차가 낮은 학급 담임을 야단쳐서 평균을 올린들 하위권 아이들의 학력 문제가 해결되는 것도 아니다.

과거에는 학교에서 시험을 보면 1등부터 꼴등까지 석차를 매겨 각 가정에 통보했다. 그리고 학급별로도 평균 성적을 비교하여 최상위 반부터 최하위 반까지 줄을 세웠다. 이렇게 석차를 내고 성적을 비교하는 방법이 상대평가, 석차 없이 자신이 도달한 점수만을 기록하면 절대평가다.[68]

상대평가는 집단 내에서 누가 우수한지 판별하거나 소수의 인원을 선발할 때 쓴다. 그래서 상대평가를 지향하는 관점을 '선발적 교육관'이라고도 한다. 이 방식의 평가는 피평가자 간에 경쟁을 조장한다. 한마디로 상대평가는 교육목표에 도달하는 것보다 집단 내 학생들의 성취를 비교하는 것에 관심을 둔다. 이와 달리 절대평가는 성적은 산출하지만 다른 학생과 비교하지 않는다. 개인의 학습목표 도달 정도를 측정하기 때문에 우수 학생이 많이 나올 수도 있고, 그 반대일 수도 있다.

등급으로 표기하는 상대평가는(현재의 수능과 고등학교 내신 등급이 대표적) 얻은 점수를 줄 세워 일정 수를 끊고는 특정 등급을 부여한다. 이를 이른바 '등급컷'이라 부르는데 시험의 난이도에 따라 각 등급에 속하는 원점수가 달라진다. 학습목표를 달성했다 해도 나보다 잘한 사람이 있으면 최상위 등급은 받을 수 없는 것이다.

줄 세우기를 하지 않는 절대평가는 설계만 잘하면 다양한 평가 방식을 적용할 수 있기 때문에 평가혁신의 시작점으로 보기도 한다. 학생들의 성장을 기록하며 그 결과를 비교하지 않는, 이 관점은 '발달적 교육관'에 기초한다. 하지만 설계를 잘못하면 점수 부풀리기 등 평가의 본질을 훼손할 우려가 있다.

앞서 교장이 가졌던 관점은 선발적 교육관으로 일단 시험을 봤으면 집단 내에서 상위권을 차지해야 한다는 논리다. 이 관점은 반드시 1등과 꼴등을 가르기 때문에 누군가는 반드시 교장실로 불려 들어가 똑같은 질책을 들었을 것이다. 과거의 예비고사, 학력고사, 현재의 수능 모두 선발적 교육관을 기반으로 한다. 대학에 들어가고자 하는 사람은 많은데 정원은 한정되어 있으므로 선발과 탈락을 가르는 정교한 방법이 요구된다. 선발에는 선발의 이유가, 탈락에는 탈락의 이유가 설명되어야 한다. 그 이유가 이해되지 않으면 공정하지 않다는 시비가 일어난다.

'학종 대 정시' 논쟁도 여기에서 비롯한다. 정시는 계량화한 성적과 등급을 보여주니 승복할 수밖에 없는데, 학생부종합전형(이하 학종)은 그 방식을 잘 모르니 탈락 이유를 시원하게 설명할 수 없다는 것이다. 학종은 고등학교에선 '기록'하는 것이지만 대학입학 사정관은 '줄 세우기' 자료로 활용한다. 학습자의 전인적 발달 과정을 기록한다는 측면은 평가가 지향해야 할 바[69]이나 그것이 선발의 방법으로 쓰이니 학부모는 공정성에 시비를 건다. 바로 이것이 대학입시 방법을 둘러싼 논쟁의 핵심이다.

지금은 중학교까지 전과목 성취평가제(절대평가)를 적용한다. 그런데 예외가 있다. 특성화고 전형을 위해 중학교 3학년 말에 모든 학생을 줄 세워 백분율을 산출하는 것이 그것이다. 졸업을 앞두고 성취평가제가 무색해지는 대목이다. 진정한 성취평가제를 완성하기 위해서라도 특성화고등학교는 본래의 설립 취지에 맞게 새로운 전형 방식을 개발할 필요가 있다.

간혹 학부모가 자녀의 등수를 물을 때가 있다. 자기 자녀가 전체에서 어느 위치에 있는지 알고 싶어서다. 그런데 공식적으로는 석차를 매기지 않으니, 어떤 교사는 엑셀과 같은 스프레드시트 프로그램에 아이들 전체 성적을 넣어 석차를 매겨 알려주기도 한다. 교사 자신도 석차가 없으니 답답하다고 말하는데 이는 평가의 본질을 이해하지 못하는, 선발적 교육관에 기대는 태도다. 학교에서 학급과 학년 석차를 산출하지 않는 것은 그것이 무익하기 때문이다. 선발적 교육관을 주장하는 쪽은 학생 개개인의 성취보다는 교사와 학생을 관리·통제하는 것에 관심이 많다.

절대평가를 하더라도 대개는 학급의 평균 성적이 너무 높거나 반대로 너무 낮은 상황을 피하려고 한다. 그러다 보니 학급 성적이 학년 평균에 근접해야 한다는 해괴한 논리가 나온다. 과거에는 학급 석차가 낮으면 질책을 받았는데 지금은 평균에서 멀리 떨어져 있으면 지적을 받는다. 그런데 이 가상의 수치인 학급 평균이라는 것은 학습자 개인의 학습 개선과는 큰 상관이 없다. 집단의 평균이 올라간다고 해서 모든 학생이 같은 폭으로 학습 능력이 상승하는 것은 아니기 때문이다.

요즘 논쟁거리인 기초학력 미도달률은 어떻게 산출하는 것일까? 서울 학생들의 수학교과 기초학력 미도달률이 10퍼센트라고 가정해보자. 이 숫자는 한 지역에서 평가에 참여한 학생들 중 사전에 정한 성취기준에 도달하지 못한 학생들을 모두 더하여 나온 수치를 전체 학생 수에 대한 비율로 표기한 것이다. 그런데 이 숫자는 학습자 개개인의 성취와는 큰 관련이 없다.

우리 학교의 성적은 낮아져도 그 지역에 특별히 성적이 오른 학교가 있다면 해당 지역의 기초학력 미도달률은 개선된다. 왜냐하면 특정 지역 안에서도 격차가 극심하기 때문이다. 예를 들어 서울의 경우 전체 25개 구 중에서 20개 구의 기초학력 미도달률이 증가해도 나머지 5개 구에서 획기적으로 감소했다면 학업성취가 개선됐다고 나올 가능성이 있다. 이것이 바로 성취를 계량화했을 때 생기는 난점이다. 이러한 접근은 학력을 근거로 한 정치적 공세를 펼치기에 좋다. 석차나 평균 등 계량화한 성취수준을 가지고 외적으로는 학생들의 학습을 개선을 한다고 하면서 실제로는 교사나 학교를 통제하는 도구로 사용하는 것이다. 학력을 평가하는 방식은 국가를 막론하고 정치적 공세의 수단으로 쓰인다. 이 공세의 핵심은 '전집 표준화 검사'를 하자는 것이다. 그러나 실제 학생들의 학력 신장을 알아보는 것은 전집 또는 표집 같은 평가 방식과 거의 관련이 없다.

상위 몇 퍼센트, 하위 몇 퍼센트로 구분하는 교사들의 근무성적평정에도 상대평가적 요소가 있다. 그냥 열심히 근무해서 될 일은 아니고 상위 30퍼센트 안에 들어야 '수'를 받는다. 차등 성과급 역시 누군가는 S 등급을, 누군가는 B 등급을 받는다. 그런데 교사의 성취라는 것을 질적으로 측정할 수 없으니 그저 연구수업을 몇 번 했는지, 수업은 일주일에 몇 시간을 하는지, 연수는 몇 시간을 들었는지와 같이 업무를 기능화하고 계량화한다. 이런 방식으로 업무를 계량화하면 교사의 삶은 필연적으로 파편화할 수밖에 없다. 차등

성과급 도입 이후 학교 현장이 황폐해지고 있다는 말은 빈 말이 아니다.

계량화한 성취수준의 함정은 국가 경제지표에서도 찾을 수 있다. 현대국가의 모든 정책은 지표 설정과 결과 확인을 전형적 절차로 여긴다. 수출 몇 억 달러 달성, 국가경쟁력 순위, 국민총생산 순위, 개인별 소득수준 순위 등 계량화한 모든 수치를 합하고 평균을 낸다. 예를 들어 10명의 시민들 중에 9명은 소득이 없고, 나머지 1명은 1년에 1억을 번다고 하자. 그럼 이 집단의 개인소득 평균은 1인당 1천만 원이다.

실제로 소득 양극화가 심한 나라에선 이런 현상이 빈번하다. 그리고 이들 국가는 무기력한 9명에게 신경을 쓰기보다 1명이 더 잘 벌 수 있도록 지원하는 정책을 펼친다. 이른바 규제 완화의 논리다. 기업의 자산가치가 늘어나고 고용이 늘어나니 결과적으로 소득이 위에서 아래로 흘러간다는 것이다.[70] 실제로는 모든 시민의 삶을 개선하지 못했음에도 국가 개인소득 평균은 올라간다.

한 가지 예를 더 들어보자. 한 학교는 학급당 학생 수가 30명이다. 다른 학교는 소규모 학교라 학급당 5명이다. 정책은 이를 더하여 둘로 나눈다. 다른 건 다 사라지고, 결국 학급당 학생 수 17.5명만 남는다. 17.5명에 맞게 정책이 세워지는 것이다. 결과적으로 30명의 학교도, 5명의 학교도 만족하지 못하는 정책이 나온다. 이 역시 평균의 함정이다.

평균은 아주 쉽게 집단문화를 만들어낸다. 평균을 중시하는 곳에선 평균을 깎아먹는 구성원은 질타를 받을 것이다. 심한 경우 집단 밖으로 쫓겨나기도 한다. 미국에선 학업성취도 평가에서 학교의 평균 점수를 올리기 위해 부정행위를 하다가 적발된 사례도 있다. 문제는 학교의 평균과 학생 개개인의 삶은 아무런 관련이 없다는 사실이다. 평균 점수가 올라갔다고 해서 슬럼가에 사는 유색인종의 삶이 질적으로 개선되는 것은 아니지 않은가. 인간의 개별성과 고유성에 집중하지 않고 평균이라는 함정에 빠져 있으면 이런 상황은 계속될 수밖에 없다.

아마티아 센Amartya Sen 1999은 이 점을 잘 간파했다. 나라마다 국내총생산Gross Domestic Product, 이하 GDP 상승에 열을 올리지만 이런 경제 정책이 빈민을 효과적으로 구제하는 것은 아니다.[71] 로즈2015 역시 평균에 기초한 교육정책을 비판한다.[72] 이미 오래전 찰스 디킨스는《어려운 시절》에서 한 교실 사례를 들어 나라가 부자인 것과 학생 개인의 삶은 아무런 연관이 없다고 말했다.[73] GDP 관점은 국민을 '동원'한다. 우리는 산업화 시기에 이를 경험한 바 있다. 하지만 세대가 바뀌면서 계몽과 동원으로는 미래사회의 다양한 변화에 대처할 수 없게 됐다. 이젠 새로운 미래를 말하기에 앞서 이런 전근대적 관점들을 먼저 청산할 때다.

미국의 아동낙오방지법 No Child Left Behind, NCLB [74]에 의한 학업성취도 평가를 비롯하여 세계 각국에서 시도했던 전집 표준화 검사는 소기의 목적을 달성했을까? 우리는 이미 일제고사라고 불린 전국적 학업성취도 평가 때 이 검사의 무용함을 경험하였다.

그렇다면 교육평가는 왜 하는 것일까? 교육목적을 위해 학습자의 상태 점검(진단평가), 학습과정의 개선 사항 추출(형성평가), 일정 시기 학습 후 목표 도달도 측정(총괄평가), 직접 관찰에 의한 학생의 수행을 평가(수행평가) 등 다양한 평가가 학교 현장에서 이루어진다. 문제는 이 모든 평가의 목적이 학습자 상태를 진단하거나 교육목표 달성도를 점검하고 교수학습 개선 지표를 추출하는 것보다는 오로지 학생의 '상대적' 성취 정도에 과잉 경도되어 있다는 것이다. 왜냐하면 초·중·고등학교에서 실시하는 모든 평가는 대학입시를 위한 일종의 '준비평가'의 성격을 갖고 있기 때문이다. 이처럼 현실에서 평가의 성격은 본질에서 한참 벗어나 있다.

그래서 학생들은 내신에 반영하는 시험인지, 아닌지에 따라 시험을 대하는 태도가 다르다. 그런데 전집 표준화 평가는 내신 성적에 반영되지 않는다. 사정이 이렇다 보니 시험지를 받자마자 엎드려 자는 학생, OMR 카드에 한 번호만 쭉 표기하는 학생, 지그재그로 표기하는 학생이 속출했다. 내신 성적에 반영되지 않는 평가에 학생들은 에너지를 쏟고 싶지 않았던 것이다. 그 결과 교사가 답안지를 이송하기 전에 먼저 OMR 카드를 확인해서 아무것도 표기하지 않았거나 한 번호로만 마킹한 것을 골라내는 웃지 못할 풍경이 벌어졌다. 한마디로 평가를 희화화하는 나쁜 평가였던 셈이다.

'시험에서 피평가자가 최선을 다하지 않는다는 것'은 시험 결과 역시 신뢰하기 힘들다는 것을 암시한다. 이 사실을 통해 우리가 알 수 있는 것은 그동안 본질과 동떨어진 평가를 강요해 왔으며, 학생들은 이미 왜곡된 평가 개념을 내면화하고 있다는 것이다. 평가는 오로지 선발만을 위한 것이라는 생각이 머릿속에 박힌 아이들에게 "이 평가는 전국적인 진단을 통해 교육을 개선하고자 하는 것이니 내신에 반영되지 않아도 최선을 다해 시험에 임하세요."라는 말은 얼마나 공허한가.

한편 평가 왜곡에는 또 다른 모습도 존재한다. 진단평가를 앞두고 시도별 비교에 민감한 곳에선 아이들에게 시험 준비를 시키는 학교도 있다. 진단 활동에 대비하는 시험 준비가 왜 평가를 왜곡하는 걸까? 이 평가의 속성 자체가 지금 그대로의 상태를 가감 없이 진단하는 것이기에 그렇다.

미국의 경우긴 하나 문제 유출이나 공모 등 부정행위가 일어나기도 한다. 진단평가에 부정행위까지 발생하는 것은 이 결과를 토대로 교육 당국이 학교를 관리·통제하려 들기 때문이다. 극단적으로 관리·통제에 들어갈 때 평가를 통해 학교를 폐교하고 교사들을 해고하는 일도 벌어진다.[75]

기초학력 지원을 위한 전제

기초학력에 대한 지원을 말하기 전에 기초학력을 바라보는 여러 관점을 확인할 필요가 있다. 어떤 기준에 도달한 능력을 기초학력으로 부르는 것이 타당한지부터 지금 문제가 되는 기초학력 미도달 학생들에게 지원해야 할 것이 정확히 무엇인지, 왜 그렇게 됐는지 그 원인도 짚어보자는 것이다. 우선 전집이든 표집이든 이런 방식의 표준화된 진단평가는 효과가 없다. 시험이 시험으로서 권위를 잃고 한껏 희화화

되어 있는 상태에서 얻은 데이터로 처방을 모색하는 일은 과녁을 잘못 보는 것과 같기 때문이다.

그러면 학생의 상태를 진단하는 것은 필요 없는 일일까? 진단이 필요 없다고 말하는 교사는 아무도 없다. 같은 문항으로, 같은 시간에, 모든 아이를 대상으로 하는 진단평가는 학생 간, 학교 간 비교에 관심이 있다. 학생들의 기초학력 미도달률을 줄이자는, 언뜻 보면 선의에 기초한 듯한 정책도 방법이 잘못됐을 때는 교육적 결과를 얻을 수 없다.

특정 기준을 세우고 거기에 도달하지 못하는 경우를 가려 내는 진단은 엄밀한 의미에서 진정한 진단이 아니다. 그때 나올 처방이란 보충학습을 부과하여 기준점까지 성적을 끌어올리는 것뿐이다. 진단에 따르는 교육적 후속 작업이 설계되지 않는 진단은 결국 '기준 도달 여부'를 확인하는 이상을 벗어나지 못한다. 따라서 우리가 쉽게 기초학력이라 부르는 것의 정확한 실체는 무엇이고, 미래지향적 관점에서 어떻게 이를 개념화할지 고민해볼 필요가 있다.

간단히 말해 공부의 목적은 진리 탐구와 인격 함양 그리고 삶의 방편을 마련하기 위한 것이다. 보통 전자를 내재적 목표, 후자를 외재적 목표라고 부른다. 이를 조화롭게 통합하는 것이 교육의 목적이다. 공부는 그 자체가 목표가 아닌 전인적 발달을 위한 수단이자 과정이기 때문이다.

전인적 발달을 위한 요소에는 학력과 역량이 있다. 앞서 언급한 역량의 세 요소 가운데 인지역량에서 지식 획득을 주요하게 다룬다. 이때 지식은 그 자체로 사실적 습득을 위한 것과 깊은 지식을 탐구하기 위한 기본 인지역량으로 나뉜다. 여기서 기본 인지역량은 텍스트를 읽고 이해하며 다른 지식과 연결하고 상황에 적용하는 능력, 즉 '문해력'을 말한다. 이는 학생에게 기본적으로 필요한 능력으로, 기초학력의 대안적 개념이자 정책 전환을 주장하는 근거이기도 하다.

현재의 기초학력 담론은 기준을 정하고 도달률을 점검하는 평가를 통해서 학력을 신장할 수 있다는 논리로 흐른다. 그래서 진단평가 결과가 기준에 미달하면 학생에게 '학습이 부족하다'고 진단한다. 해결책은 학습 시간을 늘리는 것이다. 학생 스스로 학습 시간을 늘리는 것이 어려우므로 교사와 부모의 관찰·감독이 요구된다. 물론 학습 시간이 늘어난다 해서 이것이 바로 성취로 연결되는 것은 아니다.

학생의 성취를 결정하는 요인에는 학습 시간 말고도 많은 요인들이 있다. 그중 하나가 '문화적 재생산'[76], 즉 가정환경 요인이다. 가정에서 시작하는 이 격차는 아이가 초등학교에 입학했을 때 교사의 수업을 어렵게 만든다. 그러므로 이 격차를 해소하려는 노력을 병행하지 않는다면 그 어떤 기초학력 신장 담론도 무용하다. 앞에서 말한 2가지 요소, 즉 문해력으로서 기본 인지역량과 가정에서 시작하는 격차를 해소하려는 접근법이 기초학력을 재개념화하는 방식이자 기초학력 저하 문제를 해결할 방안이다.

기초학력보장법과 2022년 10월 교육부에서 발표한 기초학력 보장 종합계획은 데이터 접근법이나 전수평가를 전제하고 있지 않다는 점에서 긍정적으로 평가할 만하다. 현장 교사 입장에서는 언제든 쉽게 조합하여 쓸 수 있는 기초학력 문항들이 주어지고, 이를 통해 빠른 시간에 진단 활동을 할 수 있다는 점에서 컴퓨터 기반 맞춤형 평가를 선호할 것이다. 또한 컴퓨터 기반 맞춤형 자율평가는 학교 또는 학급마다 진단 시기를 달리할 수 있으므로 일제고사와는 다르다. 또 진단 결과를 학부모, 학생과 공유하면서 후속 학습을 안내할 수도 있어서 이를 활용하려는 학급이나 교사도 많을 것이다.

물론 교사 개인이 개발한 방식으로도 진단 활동을 할 수 있고, 어쩌면 그 방식이 더 효과적일 수도 있다. 따라서 교사가 선택한 방식대로 진단 활동을 할 수 있도록 돕고, 그 결과에 따라 다중지원팀 등 지원 시스템을 활용할 수 있게 해야 한다. 희망하는 학교나 학급이 참여할 수 있는 교육부의 종합계획은 시도나 학교, 교사의 진단 활동과 같이 쓰일 때 훌륭한 보완책이 될 것이다.

다만 현장 교사들은 이 종합계획에 뭔가 찜찜한 느낌이 있다. 그 이유는 종합계획에도 나와 있듯이 '점차 확대해가다가 25년에는 전 학년이 참여할 수 있도록 한다'라는 방침이 혹여라도 의무적으로 참여하는 전수평가가 되지 않을까 하는 우려 때문이다. 여기에 학업성취도 평가, 전수평가, 기초학력 진단평가와 같은 용어가 개념의 구분 없이 쓰이는 것도 혼란을 가중시킨다. 현재 시행하고 있는 3퍼센트 표집 방식의 국가수준 학업성취도 평가, 컴퓨터 기반 맞춤형 자율평가와 병행하여 학교 또는 교사별로 실시하는 진단 활동은 서로 배타적인 것이 아니다. 문제는 학생 한 명 한 명에게 실질적이고 구체적인 지원책이 될 수 있도록 실사구시적 방법으로 접근해야 한다는 것이다.

설계할 때 현장 교사의 의견을 반영한 것으로 알려진 컴퓨터 적응형 평가는 교사의 맞춤형 진단 활동을 돕는 시스템이다. 잘만 사용하면 교사와 학생 사이에 놓인 가르침과 배움이라는 교육적 관계를 훼손할 일도 없다. 그러나 교사들이 우려하고 있는 '인공지능 기반 학습 진단·지원 체계'는 잘돼도 잘못돼도 적지 않은 문제가 발생할 위험이 높다.

한 아이와 교육적 관계를 맺고 가르침을 행하는 것은 오롯이 교사의 몫이다. 학생이 교사를 전적으로 신뢰하고 따를 때 교육적 효과가 나타난다. 따라서 기초학력 진단과 지원에 인공지능을 도입하는 문제는 신중해야 하며, 도입했을 때 그로 인해 생길 수 있는 부작용을 사전에 충분히 검증해야 한다.

현재 기초학력을 실제로 규정하고 있는 것은 지난 3월부터 시행 중인 기초학력보장법, 특정 학년의 3퍼센트를 표집하는 국가수준 학업성취도 평가, 그리고 교육부가 2022년 10월에 발표한 컴퓨터 기반 맞춤형 학업성취도 자율평가다. 여기에다 한쪽에서 주장하고 있는 전집 표준화 평가가 있고, 현장에서 학급 단위로 실시하는 자율적 진단 활동이 있다.

이 모든 것을 관통하는 내용은 학생이 학습의 결과로 텍스트를 읽고 뜻을 알 수 있어야 하며, 일상에서 수리 계산을 할 수 있어야 하고, 정보를 탐색하고 생성하는 디지털 소양을 함양해야 한다는 것이다. 그렇다고 문해력과 수리력, 디지털 소양을 함양하는 데에서 전수평가가 꼭 필요하다거나 성취 결과를 반드시 비교해야 하는 것은 아니다.

전집 표준화 평가의 유혹을 떨치고, 교사의 학급 단위 진단 활동을 활성하기 위한 도구로서 컴퓨터 기반 맞춤형 학업성취도 자율평가를 정착시켜야 한다. 이때 학생 간 비교보다는 학생의 성장에 초점을 맞추는 정책으로의 전환이 필요하다. 여기에 한 학생의 성장을 집중 지원하는 교육과 복지를 통합한 형태의 격차 해소 방안을 밀접하게 접합하는 것이 중요하다.

기본 인지역량 함양을 위한
10가지 제안

제안 1 기초학력을 기본 인지역량으로 재개념화하기

앞서 기초학력을 '문해력으로서 기본 인지역량'으로 재정의할 것을 제안한 바 있다. 그리고 이것을 규정하는 요인이 단순히 공부 부족이 아니라 아이가 태어날 때부터 생기는 '격차'에 있다고 말했다.

몇 해 전 서울시교육청에서 검토했던 '3품 교육공동체'라는 용어가 있다. 여기서 3품은 가족품, 학교품, 마을품을 말한다. 이 개념은 학습이 복지와 분리된다면 개선하고자 하는 노력이 헛될 수 있다는 생각에서 나왔다. 이미 출발점에서부터 회복 불가능한 격차가 있는 학생에게 "지금부터 네가 노력하면 따라잡을 수 있어."라고 말하는 것은 전혀 도움이 안 된다. 이런 생각은 오히려 학습격차 문제의 근원적 해결점이 어디에 있고, 어떤 접근이 필요한지 진지하게 고민하는 것을 막는다.

유아기에 선행학습을 시키는 부모들이 있다. 초등학교에 입학했을 때 다른 아이들보다 많이 뒤처질까 봐 불안하기 때문이다. 2022 개정교육과정은 이를 방지하기 위해 초등학교 입학 시기의 한글 해득 활동을 강화했고 국어과목의 수업 시수도 늘렸다. 초등학교 입학 시기에 가장 중요한 것은 최대한 학습 출발선을 동일하게 맞추는 것이다. 이를 위해서 초등학교 입학 이전에는 지식 학습보다 놀이 중심으로 교육과정을 구성할 필요가 있다. 이는 초등학교 입학 이후 학생이 노력해서 얻는 성취까지도 무시하자는 이야기가 아니다. 노력 때문에 생기는 차이는 어디에나 있을 수 있고, 그에 따른 맞춤형 지도 역시 당연하다.

문제는 초등학교 입학 당시의 격차가 심해져 교수학습에서의 어려움이 계속 쌓이고 쌓여 결국은 배움이 더딘 학생은 기본역량을 확보할 기회 자체를 빼앗기게 된다는 것이다. 이렇게 누적된 격차는 학년이 올라갈수록 해소하기 더 어려워진다.

제안 2　한 명 한 명에게 집중하는 정책 펼치기

정책은 한 아이의 성장에 집중해야 한다. 전체의 평균적 상태를 보고 지원 방안을 모색하는 일은 기껏해야 평균 수치를 얼마간 올리는 것에 불과할 뿐 한 아이가 갖는 격차를 실질적으로 해소할 순 없다. 그런 의미에서 15년 전부터 이어온 교육복지의 패러다임을 바꿀 때가 왔다.

먼저 학생 개개인의 상황에 집중하기 위해 정책을 어떻게 협업하고 통합할 것인지를 모색해야 한다. 현재는 한 학생의 성장에 집중한다는 개념이 서 있지 않은 상태에서 관련 부처가 제각각 지원하는 수준이다. 교육부, 보건복지부, 여성가족부, 행정안전부 등 각 부처가 협업하지 않고, 정보 공유도 부족한 상태에서 저마다 정책을 쏟아내는 식이다.

이러한 문제를 인식하고, 지금 학교에서 적용하고 있는 '다중지원팀'은 북유럽 모델을 일부 적용한 아이디어다. 한 학생을 지원할 때 학습결손 측면으로만 접근하지 말고 아이의 정서와 심리 상태를 비롯해 여러 부분을 함께 통합·지원하자는 취지다. 따라서 이 정책을 실질화하고 여기에다 예산을 집중할 필요가 있다.

다중지원팀의 둘레에는 가족, 학교, 마을이 있다. 문제를 해결하기 위해선 '한 아이의 성장을 위한 통합적 지원체계를 마련하는 것'이 기본이다. 또한 이른 학령기에 교사와 학부모가 이 문제를 놓고 대화하는 시간을 자주 가져야 한다.

제안 3 통합적이고 다층적으로 접근하기

통합적이고 다층적인 접근은 정책 면에서 보자면 한 학생에게 지원을 집중하기 위한 노력 가운데 하나다. 앞에서 여러 번 말했듯이 기초학력 미도달률 수치를 낮춘다고 해서 한 학생의 실제 상황이 나아지진 않는다. 배움이 더딘 학생의 경우 단순하게 공부하기 싫어서라기보다는 이미 가정에서부터 대물림된 격차가 원인으로 작용하기 때문이다.

이때 정책의 한 축은 명확하게 가족 지원의 형태여야 한다. 이 문제는 복지의 영역이자 교육의 영역이므로 두 영역 간의 협업적 운영 방식이 필수적이다. 이에 발맞춰 교육부에서도 '학생성장 통합지원 방안'을 고민하고 있다. 교육과 복지는 정책 층위에서만 분리되고 그 대상인 학생에게는 통합하여 나타나야 한다. 따라서 정책 층위의 통합 운영으로 정보를 일원화하여 학생을 지원할 방법을 모색해야 한다.

제안 4   적정 난이도로 학습 동기 부여하기

또 하나의 중요한 문제는 교육과정이 학생들에게 요구하는 성취기준이다. 초등학교 때에는 성취기준마다 최소학력 기준을 구체적으로 명시할 필요가 있다. 이때의 기준은 최소한의 생활을 유지할 수 있는 역량을 비롯하여 다른 교과의 내용을 읽고 최소한으로 이해할 수 있는 능력, 기초적 수 계산 능력, 그리고 디지털 기기를 통해 최소한의 정보를 검색하고 문서를 작성할 수 있는 능력을 포함해야 한다.

2022 개정교육과정에서 제시하고 있는 문해력, 수리력, 디지털 소양은 학생의 기초소양을 다지는 데 중요한 영역이다. 교육과정은 성취기준에 도달하지 못하는 학생을 양산하는 지표가 아니다. 오히려 학생 모두에게 최소한의 기초소양을 제공하는 데 요구되는 기준이어야 한다. 아이들이 수학 공부를 못해서가 아니라 수학 과목의 난도가 특별히 높은 탓에 미도달자가 양산된다. 애초에 오르지 못하는 나무를 놓고 "나무에 오르지 못한 것은 네 탓이야."라고 말하는 것과 다름없다.

교육과정의 난이도를 조절하는 것 못지않게 교수학습 장면에서도 적절한 배움을 제공하는 것이 필요하다. 교사가 한 교실에서 여러 학생을 가르칠 때 의식적이든 무의식적이든 배움이 빠른 아이와 더딘 아이가 동시에 눈에 들어온다. 이때 교사는 배움이 더딘 아이를 더 귀하게 여기며 '최소한의 기본역량'을 달성하도록 조력해야 한다. 이를테면 조금만 생각해도 쉽게 답할 수 있는 질문을 많이 준비하는 식이다. 또한 배움이 더딘 아이가 부끄러움 없이 동료 학생이나 교사에게 질문을 할 수 있도록 자유로운 교실 분위기를 만드는 것도 중요하다.

제안 5 표준화와 계량화의 유혹 떨쳐버리기

'평가하되 비교하지 않는다'는 것을 교육평가 기본 원칙으로 삼아야 한다. 선발적 교육관은 소수 학생이 명문학교에 들어갈 합법적 근거를 만들어줄지는 몰라도 대다수 평범한 학생의 교육적 발달과는 거리가 멀다. 앞서 말했듯이 현재 교사들이 교육부의 기초학력 보장 종합계획을 흔쾌히 받아들이지 못하는 이유 가운데 하나는 '언젠가는 전수평가로 확대되어 학생 간, 학교 간 비교를 할 것'이라는 의구심 때문이다.

학생 간, 학교 간의 비교를 위해서는 같은 문항으로 일시에 평가해야 하는데, 이것은 일제고사라 부르는 전집 표준화 평가가 되살아나는 것이다. 따라서 교육부는 희망 학교,

희망 학급이 참여하는 자율평가라는 점을 명확히 하여 현장 교사들의 의구심을 해소하고, 기초학력 보장 종합계획의 실행 동력을 확보해야 한다. 이 정책은 정책 수립과 정책 수행 간의 굳건한 신뢰가 있을 때만 성공적으로 실행될 수 있다.

학부모 역시 마찬가지다. 아이에게 진정으로 행복한 삶이 무엇인지 깊게 생각해볼 필요가 있다. 사회적으로 성공한 삶이 행복을 보장해주는 것은 아니다. 세상 사람들이 부러워해도 개인적으로 불행하다면 그 성공은 가짜 성공이다. OECD 학습 나침반의 최종 목표가 학생의 '사회적·개인적 웰빙'인 것도 이와 같은 맥락이다.

제안 6 컴퓨터 기반 맞춤형 학업성취도 자율평가에서 고려해야 할 점 확인하기

학교에서 우려하고 있는 사항 중에는 컴퓨터 기반 평가도 있다. 이 평가의 특성상 단말기 상태, 네트워크 오류를 방지할 수 있는 장치를 마련하지 않는다면 큰 혼선이 빚어질 수 있기 때문이다. 효과를 입증하여 희망하는 학교와 학급이 늘어날 경우, 이에 대비하여 서버 용량과 네트워크 증설 계획을 수립해야 한다.

컴퓨터 기반 평가는 학생별로 동일한 유형의 검사지가 아닌 서로 다른 유형의 검사지를 배정하는 방식으로 실시한다. 검사지는 유형별로 모든 학생에게 동일한 공통 문항군과 학생마다 다른 비공통 문항군으로 구성한다. 이는 평가하되 비교하지 않는다는 원칙을 견지하기 위해 확보한 방식이다. 그런데 이런 의도와 달리 네트워크 기반으로 평가하면 그 결과가 데이터로 쌓인다. 그러면 정책을 세운 쪽에서는 모인 데이터를 가지고 비교하려는 욕구가 생긴다. 더구나 인공지능을 통한 지원까지 생각하고 있어서 이 욕구는 필연적일 수밖에 없다. 쌓인 데이터가 많을수록 인공지능 지원도 정교해질 가능성이 높아지기 때문이다. 그러므로 서열화를 허용하지 않는다는 선언에서 더 나아가 교사와 학생의 교육적 관계를 해칠 수도 있는 사항들은 사전에 충분히 점검하고 차단해야 한다.

제안 7 충분한 지도교사 확보하기

예전 학창 생활을 회상할 때면 흔히 등장하는 말이 있다. "나 때는 한 반에 70명이 앉아 공부했어. 그래도 지금처럼 학생이 교사를 무시하거나 그러지 않았지. 그땐 교실에 질서가 있었어."와 같은 말이다. 이 말은 마치 한 가정에 자녀가 6~7명이었을 때와 1명에도 미치지 못하는 현재 상황을 기계적으로 비교하는 것처럼 들린다. 출생률이 1명 이하로 내려간 것이 벌써 몇 년 전이다. 그렇다고 아이를 양육하는 부담도 과거에 비해 6분의 1, 7분의 1 수준으로 줄었냐면, 그건 아니다. 같은 맥락에서 한 반에 20명밖에 안 되는 학생들을 가르치면서, 왜 교실 질서도 잡지 못하고 교권 침해를 당하고 있느냐며 교사를 비난하는 것은 타당하지 않다.

교사의 부담을 덜기 위해서는 초등 저학년에서 이미 실험한 바 있는 '1수업 2교사제' 같은 정책을 확대하고 내실화할 필요가 있다. '2명의 교사가 한 교실에서 있으면 갈등이 생긴다'라는 지적도 있긴 하지만, 시행 전에 충분한 교육과 대화를 통해 각자의 역할을 명확히 하고 최대의 효과가 나올 수 있도록 노력한다면 혼선을 최소화할 수 있을 것이다. 이때 투입하는 교사는 정규교사여야 한다.

정규교사를 확보하는 것이 어렵다면 최소한 임용고사를 치른 후 발령받지 못한 교사를 활용하는 정책이 필요하다. 이는 적체 완화와 기본역량 지원이라는 두 마리 토끼를 잡을 수 있는 기회기도 하다. 학령인구가 줄었으니 교사 수도 줄여야 한다는 논리보다 이른 학령기 학생에게 기본역량을 제공하는 배움을 강화하자는 말이 훨씬 설득력이 높다.

'기초학력 전담교사제'는 검토해볼 만하지만, 현재로서는 제한적으로 시행하는 것이 좋겠다. 가르치는 일의 본질에는 지식 전수와 인격 함양이 있으며, 이는 교육과정 안에 '핵심 역량'으로 담겨 있다. 따라서 전담교사를 포함해 교사라면 누구나 기초학력을 신장하는 것에 관심을 갖고, 이를 지원할 구체적인 역량을 갖추어야 한다. 그래야 일의 중심을 잡고 심리·상담·복지 분야의 전문가와 팀을 이루어 문제를 분석하고 이를 토대로 학생을 지원할 수 있다.

그리고 중심을 잡고 학부모와 연결하면서 지원하는 일에는 학생과 가장 밀접한 관계에 있는 담임교사(중등의 경우 해당 과목 교사 포함)가 자기 역할을 다해야 한다. 나아가 책임을 담보하고 지속가능성을 유지하기 위해 학급 담임은 정규교사로 배치할 것을 제안한다. 이를 위해 교사양성 과정에서부터 학습자를 대상으로 '삶의 기본역량'을 어떻게 함양할 것인지 교육하는 부분을 더 강화해야 한다.

제안 8　국가수준 학업성취도 평가에 대한 판단

기초학력 보장 종합계획에 따라 2022년부터 컴퓨터 기반 맞춤형 학업성취도 자율평가를 전면 도입하되, 희망하는 모든 학교(초6, 중3, 고2)가 평가에 참여할 수 있도록 지원한다는 것이 교육부 발표의 골자다. 더 나아가 평가 대상을 연차

적으로 확대하여 2024년부터는 초3에서 고2까지 모든 학년
이 평가에 참여할 수 있도록 지원할 예정이라고 밝혔다.

이 계획은 인지 영역의 평가도구뿐 아니라 자신감·가치·
흥미·학습의욕과 같은 정의적 특성, 공동체 의식·협업·갈등
해결 등과 같은 사회적 역량, 그리고 스트레스 대처와 회복
탄력성 등의 정서적 역량을 조사함으로써 국제적 추세에도
부합하도록 했다. 특히 평가 결과에서 제공되는 정밀한 학
업성취 정보를 '교사가 교수학습에만 활용하도록' 그 취지
를 명확히 안내함으로써, 서열화 등의 부작용을 철저히 차
단한다는 것이 교육부의 방침이다.

다만 맞춤형 자율평가와는 별도로 기존 중3, 고2 전체 학
생의 3퍼센트를 표집하여 지정일에 실시하는 기존의 국가
수준 학업성취도 평가는 그대로 시행한다. 기초학력 보장
종합계획에서 말하는 맞춤형 학업성취도 자율평가와 표집
하여 시행하는 국가수준 학업성취도 평가는 별도로 진행하
지만, 두 평가 방식은 늘 혼재된 채 논의되고 있는 실정이다.

맞춤형 학업성취도 자율평가는 그 본질과 취지에 맞게 진
행하는 것이 좋다. 그렇게 현장에 자리잡은 뒤 충분히 효과
적이라는 판단이 선다면, 3퍼센트를 표집하여 동시에 같은
문항으로 진행하는 국가수준 학업성취도 평가는 자연스럽

게 소멸할 것이다. 단, 교육부가 밝힌 대로 맞춤형 학업성취도 자율평가를 희망하는 학교와 학급만 참여하게 해야 한다. 아울러 서열화 등의 부작용을 철저하게 막는 조치도 병행해야 한다. 그 효과만 확실하다면 의무적으로 실시하지 않아도 참여하는 학교와 학급이 늘어날 것이다.

제안 9 사교육 영향 최소화하기

온라인 포털 검색창에 '기초학력 진단평가'를 입력하면 뜨는 내용이 거의 모두 사교육 광고다. 기초학력 신장을 내걸고 시험에 완벽하게 대비해주겠다는 학원도 많고, 관련 참고서도 판매되고 있다. 이런 현상은 학부모와 학생에게 과도한 불안과 긴장을 불어넣는다.

어디까지나 진단평가는 현재 상황을 있는 그대로 진단하는 것을 목적으로 하기 때문에 원래의 취지가 왜곡되지 않는 것이 중요하다. 그래야 맞춤형 지원의 근거를 확보할 수 있다. 진단평가를 대비한 사교육이 확대된다면 이는 기초학력보장법이나 교육부의 기초학력 보장 종합계획을 시행하는 데 걸림돌로 작용할 것이다. 따라서 학습자의 현재 상태를 객관적으로 알아보고, 이에 따른 맞춤형 지원을 할 수 있도록 사교육의 영향을 최소화하려는 노력이 필요하다.

제안 10 실천적 지원 방안 안착시키기

초등학교에 입학할 때부터 학생들의 출발점이 비슷한 가운데 담임교사의 진단 활동으로 필요한 지원의 근거를 확보해야 교육적 효과가 높다. 그러나 모든 교사가 여기에 동참하기를 기대할 수는 없고, 또 수준별로 잘 정돈된 컴퓨터 기반 평가 문항을 사용하는 것이 꼭 나쁜 것도 아니다. 따라서 전수평가인지 아닌지를 두고 무익한 논쟁을 벌이는 것보다 실행 가능한 방안을 현장에 적용하면서 중장기적 안착을 기하는 것이 현재 시점에서 생각할 수 있는 최선이다.

지금까지의 제안을 종합하면 기본 인지역량으로 기초학력을 재개념화하는 것에서 출발하여 가정과 학교, 마을이 한 아이의 성장에 집중하는 통합적 지원체계를 수립해야 한다는 것이다. 더 나아가 격차 해소를 학습복지의 관점에서 접근하되 가정을 문제해결의 출발점으로 삼는 것이 무엇보다 중요하다. 학교 차원에서 다중지원팀을 실질적으로 운영하기 위한 충분한 예산 확보와 구성원의 전문성 신장 등을 위한 지원도 절실하다. 이런 근원적 접근을 도외시하고 기초학력 미도달률을 개선하려는 것은 철학 부재의 소산일 뿐 아니라 실익도 없다.

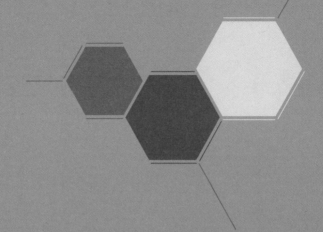

미래교육 미래학교 상상

─── 미래교육 정책 담당자들의 말 ───

송 장학사는 규모가 큰 교육청의 미래교육과에 근무하고 있다. 과장과 팀장 셋을 포함해 총 25명이 이 부서에서 근무한다. 미래교육기획팀, 디지털·정보교육팀은 장학관이 팀장을 맡고 있고, 미래교육공간팀은 사무관이 팀장이다. 올해 신설한 미래교육과는 여기저기 산재해 있던 미래교육 관련 업무 중 일부를 통합하여 구성했다.

미래교육기획팀에서는 주로 교육청의 미래교육 추진 전략을 기획한다. 전임 교육감이 추진하던 '학교혁신 업무'는 규모를 축소하여 이 팀에 배치했다. 디지털·정보교육팀은 초·중등 정보교과 및 인공지능, 디지털 소양 교육과 정보윤리 교육까지 많은 업무를 담당하고 있다. 미래교육공간팀은 원래 학교시설과에 있었던 것을 그린스마트스쿨 교육과정과 연계하여 추진하자는 교육감의 의견에 따라 이번에 팀을 옮겨 재구성했다.

송 장학사는 재작년에 교감 자격연수를 받았는데, 어느새 미래교육과에서 가장 경력이 많은 수석 장학사가 되었다. 송 장학사는 이 과에서 본인이 가장 힘든 역할을 맡고 있다고 생각한다. 과장과 팀장은 성실한 사람이지만 새로운 아이디어를 내는 일은 거의 없다. 주로 교육감의 지시를 전달하거나 송 장학사가 작성한 자료를 검토한 뒤 교육감에게 보고하는 일을 한다.

송 장학사에게 특히 힘든 일은 전임 교육감의 혁신교육 업무와 현임 교육감의 미래교육 업무를 조화롭게 푸는 것이다. 두 업무가 공통되는 지점이 있어 지금은 미래교육을 중심으로 추진하면서 혁신교육 업무를 고려하는 방향으로 일하고 있다. 미래교육과가 생기기 전 혁신교육 업무를 맡았던 송 장학사로서는 두 업무를 조화롭게 잘 추진하고 싶은 바람이 있다.

그런데 미래교육 분야는 이야기하는 사람마다 개념이 제각각이고, 교육청 안에서도 그 이미지를 정확히 그리고 있는 사람이 드물다. 어떤 이는 인공지능, 반도체 및 코딩 교육을 중심으로 한 기술공학적 미래교육을 상상하고, 어떤 이는 기후위기나 감염병 유행 등과 같은 불확실성에 대처하는 역량을 기르는 것이 가장 중요한 미래교육이라고 주장한다. 송 장학사가 속한 미래교육기획팀의 거의 모든 업무는 타 부서와 협업하지 않으면 추진하기 힘들다. 매일 각 부서의 담당자들과 미래학교, 교육과정, 수업혁신, 디지털 소양에 관한 이야기를 하고 있지만, 담당자마다 미래교육을 사고하는 방식이 다르니 공통점을 찾아 교육청이 기본계획을 세우기가 어렵다.

바깥의 전문가 그룹도 크게 다르지 않았다. 정보교과 시수 확대를 중심으로 접근하는 사람, 인공지능 교육을 시급하게 도입해야 한다는 사람, 반도체 인력 양성을 위해 초등학교 때부터 준비교육을 시켜야 한다는 사람, 디지털 소양 교육과 정보윤리 교육이 가장 중요하다는 사람 등등. 모두가 서로 자기 의견이 옳다고 말하니 혼란스럽기만 하다.

사실 송 장학사는 미래교육을 말하기 전 현재 교육을 개선하지 않으면, 미래교육은 뜬구름 잡기에 불과하다고 생각한다. 그러나 교육청 내부에선 그렇게 말하기 힘든 분위기다. 송 장학사는 전문가와 현장 교원으로 이루어진 태스크

포스팀을 구성하고 분야별 과제를 제시하여 미래교육 종합
방안을 수립할 계획이다. 지금 송 장학사는 무언가 그럴듯
한 미래교육 종합방안을 세워야 한다는 압박감에 시달리고
있다.

●●●

지방의 도교육청에 근무하는 전 서기관은 최근 그린스마
트스쿨 추진단장을 맡았다. 지금까지는 학교 시설과장을 맡
아 학교 신축 및 증개축, 학교 리모델링, 환경개선 및 유지보
수 업무를 담당하고 있었다.

그린스마트스쿨 업무를 별도의 추진단에서 하다 보니 시
설과와 겹치는 부분이 많았다. 더구나 그린스마트스쿨은 학
교생태, 학교정보화, 미래학교를 동시에 추진하고 있어서
업무 조정을 해야 할 일이 한두 가지가 아니다. 여기에다 그
린스마트스쿨을 교육과정과 결합하여 추진하자는 것이 큰
방향이다 보니 잘 알지 못하는 학교 교육과정까지 공부해야
할 판이다. 공간혁신과 교육과정 운영을 동시에 고민할 장
학사가 추진단에 있긴 한데, 각 학교가 이 사업을 교육과정
과 어떻게 결합하여 운영할지 장학사 혼자 고민하기엔 아무
래도 역부족인 것 같다.

전 서기관은 교육감에게서 지침을 받아 전문가와 민간위

원으로 학교공간혁신추진위원회를 구성했다. 학교시설과는 학교 신축과 환경개선을 추진하고, 학교지원과는 학교 설립 업무와 이전적지 활용방안을 놓고 고민 중이며, 그린스마트 스쿨추진단은 학교생태와 학교정보화, 그리고 교육과정과 결합한 공간혁신을 맡다 보니 여러 곳에서 업무가 겹치며 다른 과로 일을 떠넘기려는 현상이 일어났다.

사업을 효과적으로 추진하기 위해 만든 위원회에서는 잡음이 끊이지 않아 오히려 업무를 추진하는 데 혼선이 빚어졌다. 게다가 학교시설 업무는 대부분 해를 넘겨 추진하는 경우가 많아 늘 불용不用 예산이 생겼다. 도의회는 교육청이 학교시설 관련 예산을 습관적으로 불용시킨다고 강하게 시정을 요구했다. 거기다 애초에 계획에도 없었던 지역의 학교 환경개선을 위한 예산 배정까지 요구했다. 도의원들이 선거 때 약속한 학교 환경개선 사업 때문이었다.

설상가상으로 상급자인 행정국장은 민원 발생 최소화, 도의회와의 관계 개선, 여러 부서와 조화로운 협업을 지시했다. 하나하나가 큰 노력과 많은 시간이 필요한 사항이다. 전 서기관은 격무와 스트레스로 인해 전에 없던 위장병을 얻었다. 정년까지 아직 5년 이상 남았지만, 최근 그는 명예퇴직을 고민하고 있다.

●●●

　광역시교육청에 근무하는 홍 장학관은 중학교에서 교감으로 근무하다가 지난 9월 인사 때 교육청의 교육과정 담당 장학관으로 전직했다. 홍 장학관에게는 첫 교육청 근무였다. 교육청에 근무하는 장학관들 대부분이 장학사 경험이 있다. 중등의 경우에는 대략 6~7년 정도 장학사로 근무한 뒤 교감으로 발령받았다. 중등 장학관은 2년 이상 학교에서 근무한 교감 중에서 희망을 받아 선발했다.

　홍 장학관은 장학사 경력은 없었지만 교사 시절부터 동료들과 함께 교육과정을 주제로 하는 학습모임을 꾸려 열심히 활동해왔다. 교감이 되기 전에는 인근 학교의 교사 여럿과 교과연구회를 조직하여 활동했고, 교수학습자료 개발 공모전에 출품하여 상도 받았다. 전문가로 인정받아 교육연수원에 여러 차례 출강하기도 했다.

　그가 교육과정 담당 장학관으로 발탁이 되자, 인사를 둘러싸고 뒷말이 나왔다. 교육과정 담당 장학관은 이때까지 교육과정과에 근무했던 장학사 출신이 맡아왔다는 것이다. 규정상 아무런 문제가 없음에도 홍 장학관은 업무능력을 의심받았다. 행정 경험은 부족해도 학교 현장의 의견을 정책에 반영하는 데 적임자라는 평을 들었던 홍 장학관은 내심 자부심을 느꼈다.

홍 장학관에게 미래교육은 그 자체로 교육과정이었다. 홍 장학관은 미래사회가 요구하는 인간상과 핵심역량을 잘 이해하고 있었으며, 이를 위해서는 교사의 역량도 함께 강화해야 한다고 생각했다. 그리고 교육과정은 문서로 고시하는 지침임과 동시에 교실에서 교사와 학생이 쌓아가는 경험의 총체라 여겼다. 따라서 교육청의 정책은 교사들이 현장에서 교육과정을 잘 운영할 수 있도록 지원하는 것이어야 했다. 홍 장학관은 국가교육과정의 대강화 방향에 공감했고, 학교 차원에서 교육과정을 의미 있게 구현할 수 있도록 교사의 자율성을 더 확대해야 한다는 게 평소 지론이었다.

교육청에서의 일처리 방식은 학교와는 사뭇 달랐다. 장학사들은 성실하게 자신의 업무를 수행했다. 특히 교육과정 측면에서 미래교육을 사고하자는 홍 장학관의 생각을 잘 이해하는 듯했다. 과제가 부여되면 신속하게 처리했고, 말이 떨어지기 무섭게 결과물을 산출해냈다.

장학사 1명당 6~7건 정도 되는 고유 업무가 있었다. 주무관 둘은 예산, 법안, 시의회, 서무 등 업무를 지원하는 역할을 맡았다. 도합 8명의 직원이 하루에도 몇 번씩 보고를 하러 왔다. 처음 얼마간은 검토보다는 업무를 익히기 위해 보고를 받았다. 직원들은 정확하게 검토해달라고 요청했고, 검토 의견을 내면 즉시 반영해 다시 가져왔다. 만약 검토가 허술하면 과장이 꼭 그 부분을 지적했다. 과장이 좀 소홀히 검토하여 넘어간 사항에 대해서는 국장 선에서, 때로는 부교육감이나 교육감의 검토 의견이 내려왔다. 그러니 작은 부분까지도 꼼꼼하게 검토하지 않을 수 없었다.

어느 날 홍 장학관은 중등 교육과정 운영 방안 기본계획을 검토하다 문득 이런 생각이 들었다. '교육청에서 이렇게 많은 인원이 교육과정, 수업, 평가를 개선하기 위해 노력하는데 왜 현장에선 체감하지 못할까? 심지어 현장 교사들은 교육과정 문서는 들여다보지도 않고 교과서만으로 수업하는 데도 아무런 문제가 없지 않은가.' 처음에는 홍 장학관도 복잡한 업무 프로세스를 익히느라 교육청의 정책을 현장에서 체감하지 못하는 것에 신경 쓰지 못했다. 그런데 업무에 조금 익숙해지고 나니 바람직한 미래교육은 교육과정을 잘 지원하는 것이라 믿는 홍 장학관에게 이것은 그냥 넘길 수 있는 문제가 아니었다.

교육청의 구성원은 누구보다 열심히 업무에 임했지만, 그 일의 대부분은 문서 생산과 공문 시행일 경우가 많았다. 홍 장학관이 보기에도 현장에서 신망이 두터운 교사들은 교육청의 정책을 잘 이해하는 교사들이 아닌 듯했다. 그보다는 학교와 교실의 상황을 잘 이해하고 교사들의 조건에 맞춘 실천을 공유하는 교사들이었다. 홍 장학관은 이들을 초청하여 몇 차례 회의를 하면서 관내 모든 학교 교사들이 참여하는 '교육과정 토론회'를 개최하기로 하고, 과장에게 이런 계획을 보고했다. 과장은 의미 있는 계획이지만 큰 기대는 하지 말라고 했다. 모여서 이야기한다고 정책이 잘되고 현장이 움직이는 건 아니라는 것이다. 과장이 회의적인 태도를 보였지만, 그래도 홍 장학사는 생생한 현장의 이야기를 한번 들어보리라 마음먹었다.

미래를 말하는 방식

2016년 3월 인공지능 프로그램인 알파고와 인간의 바둑 대결이 있었다. 바둑은 가로, 세로로 각각 19줄이 있고 줄이 교차하는 지점에 놓인 361개의 착점으로 이루어져 있는 바둑판에서 두 사람은 번갈아 돌을 놓으면서 승부를 가리는 게임이다. 두 사람이 번갈아 돌을 놓고, 놓았던 자리에 또 놓을 수 있다는 점, 패와 사석 등을 모두 고려하면 나올 수 있는 경우의 수는 사실상 무한대라고 보는 것이 맞다. 이 세기의 경기 결과 당대 최고의 프로기사를 인공지능 프로그램이 이겼고, 세계는 충격에 빠졌다. '알파고 충격 AlphaGo shock'이란 말이 탄생한 배경이다. 그런데 알파고 충격 앞에서 학자들은 묘한 기시감을 느꼈다.

이 기시감의 실체는 1957년 10월 구소련이 인류 역사상 최초의 인공위성 스푸트니크를 지구 공전 궤도에 쏘아 올린 일에서 기인한다. 당시 미국을 비롯한 서방 국가들은 이 사건을 '스푸트니크 충격 Sputnik Shock'이라 불렀다. 스푸트니크 충격은 당시 미국의 과학기술 분야, 교육 분야에 엄청난 압박을 가했고, 그 결과 1958년에 미항공우주국 NASA를 발족하기에 이른다. 같은 해에 미국은 직업군인의 교육을 위한 '국방교육법 National Defense Education Act'을 제정했다. 소련과의 우주 경쟁에서 이기기 위해서는 과학기술에 더 많은 투자를 해야 한다는 분위기가 형성됐다. 교육 분야도 예외가 아니었다. 교육이란 모름지기 '과학기술 인재'를 길러내는 산실이어야 한다는 주장은 일단의 학자들을 우즈홀 Woods Hole로 모이게 했다.[77] 이 결과 교육과정은 급격히 학문 중심으로 선회했다.

기시감은 우연이 아니라 역사가 반복되면서 느껴지는 필

연적 감정일지도 모른다. 스푸트니크 충격과 알파고 충격의 시작과 진행, 이후 담론의 변화 과정까지 매우 흡사한 것을 보면 말이다. 이런 알파고의 출현은 제4차 산업혁명의 서막을 알리는 전조였을까?

기술 진화를 바탕에 둔 제4차 산업혁명 이야기는 2015년 1월 스위스 다보스 포럼에서 발표된 보고서에 의해 촉발되었다 Klaus Schwab 2016.[78] 세계경제포럼보고서 2015는 미래의 초연결사회를 구축하는 21가지 티핑포인트 tipping point를 제시했다.[79] 티핑포인트는 특정 현상이 어느 순간 균형을 깨고 극적으로 변화하는 전환점을 말한다. 여기서 제시한 티핑포인트는 불과 10년도 남지 않은 2025년에 일어날 주요한 변화를 다루었다. 예를 들어 최초의 로봇 약사가 등장한다든지, 3D 프린터로 제작한 최초의 자동차가 생산된다든지, 인체 삽입형 모바일 단말기가 상업화된다든지 하는 티핑포인트의 주요 사항들은 오늘을 사는 우리에게 설렘과 불안감을 동시에 안겼다.

최근에 선보인 '챗GPT'는 우리에게 다시 한번 큰 충격을 주었다. 문장 기반의 인공지능 자연어 처리 프로그램인 챗GPT는 인간이 문장으로 질문하면 문장으로 답하는 방식으로 작동하는데, 질문이 정교할수록 양질의 결과물을 얻을 수 있다. 몇 개의 키워드와 목차를 넣어 에세이를 작성하라고 요청하면 새로운 에세이 한 편을 몇 초 만에 써준다. 챗GPT로 작성한 것인지 사람이 쓴 것인지를 확인하기 위해 별도의 인공지능 프로그램이 필요할 정도다. 이렇게 인공지능이 지금보다 훨씬 더 진화한다는 것은 무엇을 의미할까? 이는 인간의 능력을 말할 때 무엇을 얼마나 많이 알고 있느냐보다 얼마나 더 정교한 질문을 설계할 수 있느냐가 기준이 된다는 뜻이다.

최근 '미래사회의 변화와 교육의 과제'를 말하는 전문가들이 말하는 방식은 일정한 통념에 기초하고 있다. 그 통념의 전개 방식은 다음과 같다. 1) 미래사회의 변화는 기술 진화를 그 동력으로 한다는 것, 2) 그 변화의 폭과 깊이, 속도는 가늠하기 힘들다는 것, 3) 교육은 이러한 미래사회 변화에 적응할 인재를 키워 공급하는 과정이어야 한다는 것, 4) 앞의 항들을 기초로 미래역량을 설정해야 한다는 것이다. 오랫동안 우리 사회를 지배해왔던 '교육은 사회에서 필요로 하는 인력을 키워 공급해야 한다'는 일종의 통념이 전적으로 틀린 말은 아니지만, 이런 사고는 교육의 역할과 위치를 수동적으로 제한한다.

한편 미래사회에 대응하는 방법으로 다른 이야기를 하는

사람들도 있다. 기후위기 또는 기후변화는 지구의 평균 기온이 점진적으로 상승하면서 전 지구적 기후 형태가 급격하게 변화하는 것을 말한다. 그동안 인류가 이룬 과학기술의 발전과 산업화로 인간은 풍요로워졌지만 이 과정에서 배출되는 탄소는 지구를 위험에 빠뜨리고 있다. 이에 따라 생태환경을 강조하는 사람들은 과학기술이 발전하는 것에 못지않게 지구를 구하기 위한 실천적 행동을 강화해야 한다고 말한다. 이러한 문제의식은 '생태전환교육'을 더 강화해야 한다는 주장으로 이어졌다.

생태전환교육은 기후변화와 환경재난 등에 대응하고 환경과 인간의 공존을 추구하며, 지속가능한 삶을 위한 모든 분야와 수준에서 생태적 전환을 이루기 위한 교육을 말한다. 2022 개정교육과정은 기후·환경 변화 등에 대응하는 생태전환교육을 초·중·고등학교 교육목표와 전 교과의 내용 요소에 반영하고 있다. '지속가능한 발전,' '기후위기 대응', '생태전환' 등에 포함된 생명존중, 지속가능, 생태환경 감수성 등의 가치를 교육목표에 담았다. 최근 생태환경 관련 단체는 교육과정 고시를 앞두고 교육당국이 생태전환교육의 중요성을 외면하고 있다고 지적하며, 2021년 11월 교육과정 총론 주요 사항 발표 때의 수준으로 교육과정에 생태전환교육을 명시해야 한다고 주장하고 있다.

2019년부터 지금까지 인류는 전혀 경험해보지 못한 방식으로 감염병 대유행을 겪고 있다. 코로나19 감염병은 오늘을 사는 사람들의 일상을 완전히 바꿔놓았다. 마스크는 필수품이 된 지 오래이며 거리두기, 백신접종, 원격수업, 재택근무, 격리생활 등 새로운 경험 앞에서 인류는 3년을 넘게 견디고 있다.

자신이 언제 확진될지 대유행이 언제 종식될지 아무도 예측할 수 없는 불확실성의 시대가 도래했고, 세계인은 '비극의 중계'를 통해 감염 상황을 바로 확인할 수 있었다. 최근 실시간으로 세계 통계를 제공하는 월드오미터 worldometer[80]의 정보 가운데 가장 관심을 끄는 것은 국가별 코로나19 바이러스 감염 현황이다. 이 데이터는 국가별로 전체 확진자, 새로운 확진자, 총 사망자, 새로운 사망자, 회복자, 현재 환자, 위중증 환자, 인구 100만 명당 확진자와 사망자를 실시간으로 보여준다. 이처럼 수치화한 정보는 우리의 위치를 객관화한다는 장점이 있지만, 그 사이에 숨어 있는 여러 사연과 맥락을 없애버려 인간의 감각을 마비시킨다.

인간은 자극에 더 민감해질 필요가 있다. 비극에 대한 민감성이 결국 이것에 대응할 힘을 길러줄 것이기 때문이다.

불확실성에 대응하는 민감성은 최근 여러 분야에서 주장하고 있는 교육의 한 영역이다. 불확실한 상황에 탄력적이고 유연하게 대응하는 변혁적 역량이 주목받고 있는 이유이기도 하다.

한편 UNESCO는 2021년 〈함께 그려보는 우리의 미래-교육을 위한 새로운 사회계약〉이라는 제목의 보고서를 발표했다. 이 보고서는 교육의 성격과 목적을 공동재common goods 개념으로 다시 세우자고 제안하면서 교육주체들의 '실천적 행동'을 강조했다.[81] 또한 기본적으로 OECD에서 제안하는 미래 학습자의 능력으로서 변혁적 역량에 비중을 두면서도 한 걸음 더 나아가 인류가 지속가능한 미래를 건설하기 위해서는 좀 더 근본적인 '변혁transfor mation'이 불가피하다고 말한다.[82]

이렇듯 미래를 전망하고 대응하는 방식에 따라 미래교육을 사고하는 법도 결을 달리한다. 기술 진화를 최우선에 두고 인공지능 시대를 이끌 인재를 육성하는 것에 비중을 둘지, 기후위기나 감염병 유행과 같은 인류를 위협하는 사태를 극복하고 지속가능성을 확보할 것인지가 그것이다. 이른바 정보공학적 접근과 사회문화적 접근의 오랜 대립은 이런 배경 위에서 평행선을 달리고 있다.

두 과제들은 서로 별개의 것일까 아니면 통합 가능한 것일까? 세계는 이 문제를 두고 고민을 거듭해왔다. 이런 고민의 결과로 UN 산하의 지속가능발전위원회는 17개 항의 지속가능발전목표 Sustainable Development Goals, SDGs를 제시했다.[83]

1) 모든 형태의 빈곤 종결, 2) 기아 해소, 식량안보와 지속가능한 농업 발전, 3) 건강 보장과 모든 연령대 인구의 복지증진, 4) 양질의 포괄적인 교육 제공과 평생학습 기회 제공, 5) 성평등 달성과 모든 여성과 여아의 역량 강화, 6) 물과 위생의 보장 및 지속가능한 관리, 7) 적정가격의 지속가능한 에너지 제공, 8) 지속가능한 경제성장 및 양질의 일자리와 고용보장, 9) 사회기반시설 구축, 지속가능한 산업화 증진, 10) 국가 내, 국가 간의 불평등 해소, 11) 안전하고 복원력 있는 지속가능한 도시와 인간거주, 12) 지속가능한 소비와 생산 패턴 보장, 13) 기후변화에 따른 영향 방지와 긴급조치, 14) 해양, 바다, 해양자원의 지속가능한 보존 노력, 15) 육지 생태계 보존과 삼림보존, 사막화 방지, 생물다양성 유지, 16) 평화적·포괄적 사회증진, 모두가 접근 가능한 사법제도와 포괄적 행정제도 확립, 17) 이 목표들의 이행 수단 강화와 기업 및 의회, 국가 간의 글로벌 파트너십 활성화 등이 그것이다.

지속가능발전목표는 진영논리를 뛰어넘어 공동의 해결책을 모색할 수 있는 실천적 합의다. 아울러 국가 간 차이를 인정하면서도 상호의존적 연계성을 바탕으로 책무성을 나눌 수 있다는 점에서 지속가능한 미래사회를 위한 최소한의 지침이다.[84]

미래사회와 교육

인간이 바람직하게 성장하기 위해서는 일반적으로 인지, 사회·정서, 행동 이 3가지 범주화된 영역이 잘 갖춰져야 한다. 좋은 성장은 이 범주에 따른 지식, 기능, 가치 및 태도를 바탕으로 연속적으로 삶의 경험을 쌓고 재구성하는 과정이라 할 수 있다. 이는 단순히 개별적 경험 사태를 누적해가는 과정이 아니라 교육이 거듭될수록 경험이 심화되고 확장되는 것을 뜻한다. 이러한 좋은 성장의 결과로 인간은 지성, 감성, 인성을 기반으로 한 통찰력과 안목으로 사회에서 요구하는 제반 과제에 능동적으로 참여할 수 있다. 성장의 과정과 방식은 행복과 불행, 건강과 허약, 미래지향과 과거지향,

혁신과 퇴행을 가른다.

그러므로 미래사회의 변화와 교육의 과제를 말할 때는 '미래사회에 적응하는 인간능력의 개발'이라는 측면과 '인간 그 자신이 전인적으로 성장해나가기 위한 역량의 개발'을 함께 다뤄야 한다. 그래야 미래사회라는 외부 요인을 맞아 급변하는 사회에서 도태하지 않을 인간능력 개발에서 더 나아가 인간 그 자신이 바람직하게 성장하여 삶의 주인이 되고 타자와 더불어 행복을 추구하는 길로 나아갈 수 있다.

미래교육을 전망해보는 것 역시 마찬가지다. 미래교육은 기술 진화의 종속변수가 아니다. 앞서 언급했듯이 알파고 충격 이후 벌어지고 있는 미래교육 담론에서 1950년대 후반 미국 사회가 보여준 국가적 교육개혁 분위기를 읽을 수 있다. 그 당시 미국 정부와 학계는 스푸트니크 충격이라는 외부 요인을 계기로 '교육의 임무는 국가 발전에 복무하는 인재를 양성하는 것'이라는 이데올로기를 강화했다. 그 결과 미국의 교육과정은 수학과 과학 중심의 학문중심 교육과정으로 선회했다. 학문중심 교육과정이 나쁘다는 말이 아니다. 문제는 국가가 주도하고 개입하는 교육방식은 필연적으로 '동원'을 부른다는 것이다. 현대 시민사회에서 정책의 성공은 각 구성원의 자발적 참여를 전제로 할 때 가능하다.

미래사회의 변화와 그에 적응하는 교육적 과제는 지금까지 많은 전문가들이 강조해왔고, 현재 논의되는 미래교육 담론도 대체로 긍정적 효과를 배경으로 하고 있다. 중요한 것은 이 과정에서 발생할 수 있는 부정적 측면을 외면하지 않는 것이다. 클라우스 슈밥 2016 역시 티핑포인트와 관련한 제4차 산업혁명에서의 23가지 방법론을 제시하면서 각각의 방법론이 가져올 긍정적·부정적 효과, 예측 불가능한 영역, 현재 동향 등을 정리했다.

슈밥이 말하는 부정적 측면을 자세히 살펴보면 거의 모든 영역에 걸쳐 공통적으로 등장하는 것이 있다. 예를 들어 응답자의 82퍼센트가 2025년까지 실현될 것으로 본 '체내 삽입형 기기'의 경우 사생활 침해와 감시, 데이터 보안성 문제, 현실도피와 중독, 주의력결핍장애ADHD 발생 등이 부정적 효과로 언급되었다. 2025년까지 89퍼센트의 응답자가 실현 가능할 것이라고 본 '사물인터넷IoT'의 경우 사생활 침해, 비숙련 일자리의 감소, 해킹 및 보안 위협, 통제력 상실 등이 부정적 효과로 거론되고 있다. 스마트 교실의 외적 환경이 될 스마트 도시(64퍼센트가 실현 가능으로 응답)에서는 사생활 침해와 감시, 시스템 오류에 따른 전체 도시 붕괴, 사이버 공격에 대한 취약성 증가 등이 주요한 부정적 효과로 꼽혔다.[85]

모든 방법론에서 빈도수가 높은 부정적 효과는 사생활 침해와 감시, 정보격차, 불평등 심화, 현실도피, 데이터 보안 등이었다. 이런 점에서 인공지능 시대의 무한한 가능성에만 주목하여 미래교육을 장밋빛으로 그리거나, 미래사회에 필요한 인재를 공급하는 창구로만 교육을 생각하는 것은 바람직한 미래교육 담론이 아니다. 그리고 이것이 무비판적으로 기술 진화를 예찬하는 것을 넘어 적정기술appropriate technology[86]의 사용과 생태 감수성 고양, 격차 및 불평등 해소에 대한 민주주의적 접근, 사생활 침해와 감시, 사이버 공격 등에 주도적으로 대응할 윤리적 책임감을 바탕으로 한 행동능력이 필요한 이유다.

이와 같은 문제의식에도 불구하고 슈밥은 '실용주의적 낙관론'으로 일관한다. 하지만 미래사회가 변화하면서 나타날 부정적 효과를 외면하는 방식으로는 지속가능한 모두의 미래를 상상할 수 없다. 미래교육이 민주주의를 확장할지, 평등을 앞당길지, 소수의 정보 독점을 해소하여 자원 공유로 나아가 궁극적으로 행복을 추구하는 인간의 바람에 부응할지는 미래역량을 말할 때 함께 고민해야 할 중요한 논점들이다. 지속가능발전목표는 바로 이러한 점들에 주목하여 미래사회를 살아가는 방식에 대한 다양한 담론을 현시점에서 통합한 것이다.

인류가 수렵·채집 생활에서 농경생활로 이행한, 문명사에서 최초의 사회·경제적 변화인 농업혁명은 인류의 삶을 완전히 바꾸어놓았다. 그 후 18세기 증기기관의 발명으로 가속화된 제1차 산업혁명, 19세기 말~20세기 초 전기와 일관작업열 assembly line이 가져온 제2차 산업혁명, 1960년대에 시작하여 반도체와 컴퓨터 및 인터넷의 확장으로 특징되는 제3차 산업혁명이 있다. 제3차 혁명은 컴퓨터 혁명, 인터넷 혁명이라고도 부른다. 미래학자들은 유비쿼터스와 모바일 인터넷, 인공지능과 기계학습 등을 특징으로 하는 제4차 산업혁명이 시작됐다고 말한다.

제4차 산업혁명의 도래를 이야기하는 사람들의 주장은, 새로운 시대를 주도적으로 열고 이끌어갈 '교육의 변화'가 절실하다는 것이다. 기술진화론자들이 주장하는 '이번은 다르다'라는 말의 배경에는 그동안 강조했던 '사회의 변화-교육의 변화'와 같은 패턴이 생각만큼 혁명적으로 이루어지지 않았다는 인식이 깔려 있다. 교육 분야에서는 외부 작용에 대한 반작용으로 '교육 본위적 속성'을 늘 강조했기 때문이다. 그리고 이러한 교육 논리는 정치·사회적인 외부의 입김으로부터 교육을 지켜오는 기제로 작용한 것도 사실이다.

'제4차 산업혁명이 이미 시작되었는가, 아니면 제3차 산업혁명의 연장과 심화인가?'라는 문제제기는 그 시기를 기계적으로 구분해보자는 의도에서 나온 것이 아니다. 변화를 두려워하지 않고 도전적으로 인식하는 사람 중에도 제4차 산업혁명은 이전의 산업혁명처럼 생산력과 생산관계를 근본적으로 전환할 정도의 변화는 일어나지 않을 것이므로 제3차 산업혁명의 특징적 요소들(컴퓨터, 인터넷 등)의 유지 내지는 심화를 가정한다. 이러한 인식은 말하자면 제4차 산업혁명을 질적인 전환으로 봐야 할지, 산업적 언술로 봐야 할지를 가름하는 잣대로 쓰일 수 있다.

알파고와 이세돌의 충격적이고 상징적인 시합 후 미래사회와 미래교육을 장밋빛으로 그리는 담론이 봇물 터지듯 나왔다. 이러한 상황에서 지금의 사회적 변화가 인간의 삶과, 삶에서의 사회관계를 근본적으로 변화시킬 수 있는지, 또 그 관계라고 하는 것이 일부 계층에만 국한될지, 이 변화의 과정에서 인간소외가 더 심화될지를 판단하는 것은 혁명을 말하는 그들의 몫이 아니라 교육을 말하는 우리의 몫이 아닐까 싶다.

제4차 산업혁명이 이미 시작되었는지, 제3차 산업혁명의 연장·심화인지를 판단하려면 그 근거와 배경에 대한 깊은 논의가 필요하다. 초연결, 초지능 등 제4차 산업혁명에서 말하는 획기적 변화의 지점들을 강조하는 사람이 있고, 그보다는 근본적인 인간의 생산양식과 그것을 둘러싼 관계가 지속되거나 더욱 심화될 것이라 말하는 사람이 있다. 후자의 입장에서는 이러한 논의 자체를 산업적 언술로 보는 경향이 있다.

그러나 어느 쪽이든 간에 사회의 변화가 과연 인간의 보편적 행복을 보장하는가 하는 문제로 논의의 초점을 옮겨보면 시기를 구분하는 담론을 넘어서는 새로운 과제를 추출할 수 있다. 기술 진화로 누리는 모두가 만족하는 삶을 더 기대하는지, 아니면 더욱 심화되는 정보의 독점, 인간소외, 사생활 침해, 디지털 중독 등의 부작용과 해결책을 함께 고민하는 적정 변화를 인간의 편에서 주도할지는 인류가 함께 고민해야 할 문제다.

거듭 강조하지만 지속가능발전목표에서 제시하는 17개의 공동 목표는 이런 관점의 차이를 넘어 각 분야의 고유성을 인정하면서도 공동의 목표를 통합적으로 사고하고 실천하는 미래지향적 의제이다.

미래역량 이야기

슈밥은 제4차 산업혁명이 파괴적 혁신을 이끌겠지만 그
에 따라 발생하는 문제들은 오롯이 우리가 자초한 일이라고
말한다. 우리의 정신과 마음, 영혼을 함께 모아 지혜를 발휘
해야만 우리에게 닥칠 문제들을 의미 있게 다룰 수 있다고
도 말한다. 이를 위해 슈밥은 4가지 지능, 즉 상황맥락 지능,
정서 지능, 영감 지능, 신체 지능을 제안한다.

슈밥이 정의한 상황맥락 지능은 칸막이식 관점을 극복하
여 새로운 동향을 예측하고, 단편적 사실에서 결과를 도출
할 수 있는 능력과 자발성이다. 정서 지능은 두뇌와 마음이
만나는 교차지점으로, 정서 지능이 뛰어난 리더가 이끄는
조직은 더욱 창의적 성향으로 민첩함과 빠른 회복력을 가진
다고 보았다. 영감 지능은 의미와 목적에 대해 끊임없이 탐
구하는 능력이며, 신체 지능은 변화에 필요한 에너지를 얻
기 위해 강한 몸을 유지하는 능력이다. 리더가 동시다발적
으로 발생하는 수많은 복잡한 문제에 효과적으로 대응하려
면 '강한 신체'와 이를 바탕으로 하는 '강한 배짱'이 필요하
다는 것이다.

제4차 산업혁명을 성공적으로 맞이하기 위해 슈밥이 제안한 4가지 지능을 어떻게 받아들여야 할까? 슈밥의 주장은 교육을 말하는 사람의 입장에서 어떤 시사점을 주는지, 또 전환적 관점은 필요하지 않은지 등 많은 고민을 요구한다.

교육계 안에 있는 사람들은 외부의 논리가 '교육적이지 않다'고 비판한다. 한편 교육계 바깥에 있는 사람들은 '교육계가 너무 편협하고 자기 논리에 빠져 있다'며 비판한다. 이러한 현상이 나타나는 것은 교육을 바라보는 관점이 서로 다르기 때문이다.

미래사회를 이끌어갈 인재를 양성하는 것을 교육이라고 정의하고 그 외에 것들을 모두 부차적인 것으로 생각하면, 교육은 사회가 요구하는 다양한 능력과 역량을 키우는 것으로 충분하다. 그러나 교육을 더 잘 살기 위해 자신을 가꾸고 타인과 상호작용하는 성장의 과정으로 정의하면, 그 과정을 잘 이행한 사람이 사회에 긍정적으로 기여할 수 있다는 논리 역시 가능하다. 이러한 관점에서 보면 미래담론과 교육적 과제의 결합은 마치 '바른 인성을 갖춘 창의융합적 인재'라는 슬로건만큼이나 부자연스럽다.

교육하는 사람의 입장에서 슈밥의 4가지 지능을 함축하면 '강한 몸과 강한 배짱으로 두뇌와 마음이 만나는 가운데 끊임없이 탐구하며 단편적 사실에서 결과를 도출할 수 있는 인간'을 제안한 것으로 볼 수 있다. 모리스 메를로-퐁티 Maurice Merleau-Ponty도 말했듯이 우리가 몸의 작용에 주목하지 않았던 것은 강한 몸에 대한 희구가 없어서가 아니다. 그것은 인간의 몸이 작용하고, 표현하며, 욕구를 드러내는 좀 더 인간적인 형태의 몸 담론이다.[87]

슈밥이 말하는 미래사회 경쟁에서 살아남을 수 있는 창의적 인간상이 설득력을 지니려면 그 과정에서 필연적으로 닥칠 인간소외와 불평등, 정보의 독점과 사생활 감시, 인권 등에 대한 풍부한 담론과 이를 적정 성장으로 연결시킬 수 있는 성숙한 역량이 필요하다.

한국 사람들이 선망하는 핀란드 교육도 2016년에 이르러 10년 만에 국가교육과정을 개편했다.[88] 핀란드 국가교육과정의 핵심가치는 '학습의 기쁨과 학생의 능동적 역할'이다. 이는 우리가 말하는 권력관계를 바탕으로 한 학습자 중심 사고와는 다르다. 핀란드 교육과정에서는 포괄적 역량으로 1) 사고와 학습, 2) 문화역량, 상호작용과 표현, 3) 자기 돌보기, 일상 꾸리기, 안전, 4)다언어, 5) 정보통신기술 역량, 6) 직업생활과 창업을 위한 필수역량, 7) 참여, 권한과 책임 등을 제시한다. 이 7가지 포괄적 역량은 실용적이면서도 학생의 능동적 역할을 강조하고 있다. 이들 역량 대부분이 외부에서 키워주는 것이 아닌 교육과정을 실행할 때 능동적으로 체화하는 것들이다.

핀란드의 교육과정은 역량을 추출하고 제시하는 것이 전부가 아니라 그것을 교육과정 안에서 어떤 방식으로 구현할지를 말하고 있다는 점에서 우리에게 시사하는 바가 크다. 학습의 기쁨 그리고 능동적 역할을 기대한다는 것은 단지 학교가 외부에서 필요로 하는 인재를 키워 공급하는 기능 그 이상을 실행한다는 것이다. 다시 말해 역량은 그것을 적용하고 발휘하는 방식에 따라 구성해야 한다. 예를 들어 스마트교육을 하는 데서는 스마트 기기를 활용한 수업방법보다 교육을 향한 '스마트한 접근 방식'이 필요하고, 코딩교육에서는 프로그래밍 능력에 앞서 '알고리즘적 사고'가 필요하다. 이런 까닭에 유발 하라리 2018는 학교는 기술적 기량의 교육 비중을 낮춰야 한다고 말하며 종합적인 목적의 삶의 기술을 강조한다.[89]

슈밥의 관점에서 보면 더욱 긴장감이 떨어지는 역량담론이 있다. 누스바움이 《역량의 창조》에서 제시한 10대 핵심 역량이 바로 그것이다. 이를 열거해보면 1) 생명, 2) 신체건강, 3) 신체보전, 4) 감각, 상상, 사고, 5) 감정, 6) 실천이성,

7) 관계, 8) 인간 이외의 종種, 9) 놀이, 10) 환경 통제 등이다. 왜 누스바움이 제시한 내용은 긴장감이 떨어질까? 그것은 누스바움이 역량을 설정할 때 '사람을 목적으로 대우하라'는 원칙을 최우선으로 고려하며 옹호했기 때문이다.[90]

알파고 충격 이전에도 '협력'은 인간의 삶은 물론 수업에서도 강조해온 가치였고, 협력적 인성과 같은 말은 미래교육에만 어울리는 말이 아니다. 정작 우리가 반성해야 할 것은 미래사회에 경쟁이 심해질 것을 예상하면서도 인간관계 능력을 향상해야 하고, 사람들끼리 서로 협력해야 한다는 뻔한 말을 관성적으로 내뱉는 태도다. 그보다는 우리가 그토록 강조해왔던 협력이라는 당위가 왜 수업사태 속에서는 '기계적 분업'으로 전락하여 학습의 질을 담보하는 데 한계가 있었는지를 밝히고 그것을 본래의 필요와 이해에 일치시켜가는 일이 더 중요하다.

다가올 무한경쟁의 시대에 어떤 직업이 유망하고, 그 직업을 위해 필요한 역량을 키우는 데 집중하라는 기능적 사고는 너무 일차원적인 접근이다. 지금 우리에게는 학습의 기쁨과 인간으로 잘 살기 위한 제반 요소에 주체적으로 개입하고, 그것들을 조절하는 능력이 필요하다.

우리 삶을 관통해왔던 산업화 시대에서 얻은 것과 잃은

것은 무엇인가. GDP와 같은 계량화한 국가경쟁력 담론에 따라 압축적 고도성장을 하는 동안 우리는 인권문제, 불평등, 인간소외, 계층 간 불평등의 심화 같은 대가를 너무 많이 지불했고 앞으로도 그럴 가능성이 크다. 그래서 미래교육 담론이 우리에게 말하는 것을 담대하게 직시하고, 성장을 말하기 이전에 성장의 그늘에 가려져왔던 고통을 어떻게 해소할 것인지 함께 논의해야 한다. 슈밥이 말했던 티핑포인트가 다가왔을 때 소수는 첨단 기술과 고급 정보를 향유하며 디지털 빅데이터 세상의 지배자가 되고, 다수는 소외된 가운데 생존만 이어가는 디스토피아를 맞을지도 모를 일이다. UN에서 제시하는 지속가능발전목표와 OECD 학습 나침반 2030, 그리고 2022 개정교육과정의 인간상과 핵심역량은 미래사회의 불확실성 속에서 어떻게 하면 인간의 고유성을 버리지 않고 행복한 삶을 추구할지 말하고 있다.

인간은 타자와 더불어 자기 앞에 놓인 과제를 해결해가는 사회적 존재다. 세계가 점점 더 상호의존적 관계를 맺고 있는 지금, 인간을 인재 양성의 도구로만 사고하는 경향은 인간의 존재양식과는 완전히 동떨어진 것이다. 교육은 위기에 처한 인간의 고유성을 회복하기 위해, 인류의 지속가능한 발전을 위해 어떻게 공헌할지 고민해야 한다.

미래지향적 교육체제

교육체제는 교육을 지원하는 인적·물적 구조를 말한다. 여기에는 물리적 공간이자 소小사회 공동체인 학교, 그리고 학교를 지원하는 체제인 교육청과 교육부를 포괄한다. 2020년 초부터 2년간 학교 현장은 '실시간 쌍방향 수업' 등의 원격수업을 수행했다. 이를 지원하는 과정에서 'e학습터'나 '온라인 클래스' 등의 원격학습 지원 플랫폼이 선을 보였다.

감염병의 유행으로 원격수업을 시작하면서 그동안 감춰져있던 교육지원 시스템의 전근대성이 수면 위로 드러났다. 교사들은 원격수업 지원체제가 자신들의 생각보다 훨씬 더 개방적이지도 유연하지도 않다는 사실을 알았고, 원격수업이 전면적으로 실시되면서 지원체제의 낙후성을 생생하게 느꼈다. 교사들은 미래의 교육체제를 요구하는 차원에서 개방성과 유연성을 주문하는 것이 아니라, 원래 지원체제가 마땅히 가지고 있어야 하는데 그러지 못한 점을 지적하며 개선을 바랐다.

비상식을 상식으로 복원하는 것과 비상식 상태를 그대로 두고 미래교육 담론을 덧씌우는 것은 전혀 다른 일이다. 원격수업을 하면서 현장 교사들이 지원체제의 작동방식에 큰 불만을 가진 이유는 그 방식이 미래지향적이지 못해서가 아니라 상식적이지 못해서였다. 이 점을 제대로 파악하지 못한다면 여전히 본질적인 문제는 도외시한 채 첨단 인프라 구축에만 신경을 쓸 가능성이 커진다. 또한 산적한 교육 난제는 그대로 둔 상태에서 한쪽에서는 여전히 대학입시 중심의 교육을 하고, 다른 한쪽에서는 실시간 쌍방향 수업으로 출석을 점검하는 후진성을 극복하지 못할 것이다.

지금 당장 현장을 제대로 지원하기 위해서는 상식적이며 정상적으로 작동하는 교육체제를 구상해야 한다. 현장 교사가 체감할 정도로 구체적인 자율성을 부여하는 것, 유연하고도 탄력적인 지원체제를 가동하는 것이 필요하다. 학교가 자율성을 바탕으로 작동하는 것은 자유의지를 가진 미래 인간의 모습을 키워가는 것과도 관련이 있기 때문이다. 교육체제는 역량을 구성하고 발현하는 환경과 관련한 일종의 시스템이다. 이 체제를 '플랫폼'으로 정의한다면, 역량이란 플랫폼 기반 위에서 구성·적용·발현하는 것이다.

미래지향적 교육플랫폼이란 어떤 체제를 의미하는 것일까? 현재 학교-교육청-교육부-국가와 같은 위계적·중층적 교육구조는 미래역량을 구현하기에 적합한 체제일까? 이러한 질문에 지금 당장 답을 구할 수는 없다. 그렇지만 우리는 알고 있다. 미래사회에서는 교육자원을 공유하고 서로 협력하며 윤리적 책임감을 바탕으로 한 미래지향적 교육체제가 꼭 필요하다는 것을 말이다.

지금과 같은 정태적·관료적 체제에서는 미래역량을 구현할 수 없다. 더구나 인공지능과 빅데이터를 바탕으로 초연결을 지향하는 미래사회에서는 더 개방적이며 유연한 플랫폼이 필요하다. 그런 의미에서 '미래지향적 교육플랫폼'은 우리가 구성하는 역량을 잘 구현할 수 있는 조건을 마련해주는 소프트웨어적·물적·인적 토대라 할 수 있다. 이 플랫폼은 학습자에게 '학습의 기쁨과 능동적 참여'를 느끼게 해주는 기반이다. 미래지향적 교육플랫폼이 갖춰야 할 요건은 다음과 같다.

- 미래지향적 교육플랫폼은
  - 개방적이며 유연한 교육자원의 공유 지점이다.
  - 타자와의 연결을 통해 경험을 확대하는 곳이다.
  - 참여와 자치의 민주적 교육생태계다.
  - 자율적 미래역량 구현의 필수 조건이다.

미래지향적 교육플랫폼은 그 자체로 복잡계의 속성이 있다. 복잡계는 인위적 구성물이 아니다. 자신과 타자, 개인과 개인, 개인과 집단, 집단과 집단 사이에 비선형적 접속과 분기를 거듭해가며 상호 감응하고 새로운 질의 지식, 가치, 태도를 창조적으로 발현하는 '계'다. 여기서 구성물들의 역할은 플랫폼의 복잡성을 이해하고 유연함과 개방성을 더하면서 교류의 기회를 확장하는 것이다. 또한 이 플랫폼은 생명체가 상호작용하고 서로 감응하는 생태계다. 생명의 질서에 대한 이해, 생명존중 등 생태 감수성은 이 계를 유지하는 필수 요소다.

개방적이며 유연한 체제인 미래지향적 교육플랫폼을 유지·성장시키는 조건과 방식이 바로 민주주의다. 세계시민까지 아우르는 이질적 타자와 협업하고 갈등을 관리하며, 때로 정해진 절차에 따라 의사를 결정하고, 모든 구성원이 민주적 소양을 갖는 것은 이 생태계를 건강하게 유지하며 지속가능성을 갖게 해주는 매우 중요한 요소다. 이처럼 미래역량은 민주적 교육생태계를 기반으로 하는 교육플랫폼을 중요한 전제 조건으로 한다.

미래학교 상상

만약 학교가 없었다면, 우리는 그것을 발명해야만 했을 것이다. 학교는 교육생태계의 핵심 구성 요소다. 활기찬 학교는 그 사회가 공동재로서의 교육에 책임을 다하고 있음을 보여준다. 학교는 아동과 청소년이 공유지식에 참여하는 독특한 환경을 제공한다. 학교는 위험을 감수하고 도전에 맞서며 가능성을 실험하는 장소다. 학교는 우리가 공유하는 미래를 지속할 수 있게 모든 사람이 자신의 경험, 능력, 지식, 윤리 및 가치를 활용하도록 보장한다. 2050년을 바라보며 학교는 세대 간의, 상호문화적인, 그리고 복수언어적 만남을 통해 연대와 호혜성의 윤리를 길러줘야 한다.[91]

UNESCO 국제미래교육위원회 보고서 2021에 따르면 학교는 우리가 개인적으로나 집단적으로 미처 몰랐던 가능성을 실현하도록 도와야 한다. 전 세계에서 높아진 학교교육 접근성으로 개인과 지역사회 전체에 변혁적 기회가 제공되었다. 이로써 의식 수준이 높아지면서 새로운 기술과 이해가 발전하였고 학습과 개발의 새로운 흐름을 구상할 수 있었다. 하지만 오늘날의 학교는 종종 탈학습되고, 수정해야 할 격차를 확대하며 불평등을 공고히 하기도 한다.

미래학교는 교육이 가진 제 모순을 해소할 수 있을까? 만약 미래학교가 교육 불평등이나 학습격차, 소외, 소모적 경쟁 등 이런 문제점을 그대로 안고 간다면 교육모순은 더 심화될 가능성이 있다.

진 애니언Jean Anyon 1981은 사회적으로 구성된 지식과 관련한 연구에서 학생들에게 '지식이란 무엇인가'를 주제로 질문을 던졌을 때 노동계급·중간계급 학생과 상류층 학생에게서 나온 답변을 통해 학교교육이 어떻게 격차와 불평등을 내면화하고 있는지 밝혔다. 애니언의 연구는 학생들의 사회적 위치와 이들이 접근할 수 있는 자원에 따라 매우 다른 교육이 시행된다는 것을 말해준다. 이러한 사실은 차이를 전제로 교육을 받은 아이들이 미래에 어떤 위치에 있을지 구체적인 영향을 미친다는 이유로 의미가 있다.[92]

기술 진화는 인간 생활에 혁명적 변화를 선사하겠지만 이와 비슷한 비중으로 정보 격차와 불평등을 초래할 가능성이 크다. 교육은 미래사회에 적응할 인간을 키우는 과정이자 시대를 막론하고 바람직한 성장을 촉진하는 과정이다. 교육에서 발생하는 격차와 불평등을 해소하는 것은 기술 진화를 극복하거나 저항하는 것을 넘어 인간의 고유성과 존엄성을 바탕으로 전인적 성장을 돕는 과정으로 이어져야 한다.

교육적 난제인 불평등 문제를 다룰 때는 미래사회 변화와 기술 진화의 시각에서 벗어나 교육자원의 독점과 배분을 둘러싼 경합 문제를 외면하지 말아야 한다. 인공지능 시대의 기술 진화가 사회에 점하는 비중으로 인해 극복 방안 역시 기술에 교육을 적용하거나 거꾸로 교육에 기술을 잘 활용하는 정도에 그칠 가능성이 크다. 이런 이유로 교육 불평등 해소는 인간을 중심으로 한 기술 진화의 관점에서 이루어져야 한다.[93] 한마디로 좋은 미래교육은 모든 아이를 향하는 것이어야 한다. 한 아이도 소외됨 없이 질 높은 교육의 혜택을 받아 주체적인 시민으로 성장하도록 조력하는 것 말고 더 좋은 미래교육이 있을까.

학교는 통념상 국가교육과정과 교육청의 지침에 따라 아이들을 체계적으로 교육하는 곳으로, 교육목표를 이루기 위해서 잘 짜인 절차에 따라 여러 사업과 활동을 연, 월, 주일 단위로 촘촘하게 배치한다. 학교교육은 자유로운 상상력에 기초하기보다 안전하게 검증된 연간계획과 엄격한 교육과정으로 이루어진다. 근대적 학교가 들어선 이후 지금까지 작동하는 이런 규칙은 학교의 안정성을 도모하고 앞날을 예측하게 해주는 순기능이 있다. 그러나 이러한 통념이 앞으로도 유효할 것인지는 한번 따져봐야 한다.

학교는 기본적으로 다양한 구성 요소가 서로 얽혀 상호작용하는 생태계로, 학교에서 일어나는 일을 보면 앞뒤 순서가 모호하거나 명확하지 않을 때도 많다. 때때로 학교는 무질서한 듯 보이지만 그 구성원들은 다양한 방법으로 학교조직의 여러 곳에 속해 활동하고 나름의 질서와 문화를 형성해간다. 그들은 서로 감응하며 지식과 경험을 주고받는 가운데 새로움을 만들어나간다.

외부인이 보기에 학교는 뭔가 베일에 싸여 변화에 둔감하며 문화 정체 현상을 보이는 곳 같다. 하지만 학교는 기본적으로 '잠재력을 가진 생태계'다. 학교가 가진 무한한 가능성에 주목하면서 미래학교를 상상하는 것은 학교 구성원을 변화의 대상이 아닌 주체로 보는 시선이다.

이러한 문제 인식에서 미래지향적 학교를 상상하는 것은 외부의 전문가가 아니라, 학교문화 형성의 주체인 학생과 교사 그리고 학부모와 지역 시민이 해야 할 일이다. 학교를 미래지향적으로 사고한다는 것은 기술 진화가 가져올 미래 사회의 변화에 적응하도록 학생들을 가르치는 것에서 더 나아가 그들이 상상하는 미래학교를 그들의 언어로 말하게 하는 것이다. 이 과정에서 미래지향적 학교 상상을 가로막는 장애들이 드러날 것이다. 이 장애 요소를 극복하지 못한 상태에서는 미래교육 자원을 제공한다고 해도 학교의 좋은 변화를 기대하기 어렵다.

미래학교는 '상상 플랫폼'으로 작동해야 하며, 아이들의 생각과 몸 표현 욕구를 발현하면서 무언가를 만들고 생성하는 곳maker space, studio이어야 한다. 서울시교육청에서 실시한 '미래교육 상상톡'은 이런 전제 위에서 운영한 프로그램이다. 정책화를 위해 아이디어를 모으는 것뿐 아니라 미래학교, 미래교실을 상상하고 토론하는 과정 자체가 학교를 활성화하고 문화를 형성하는 동력이 되게 하는 것, 이것이 상상톡의 목표다.

교사는 교육과정과 수업 그리고 평가에서 지금보다 훨씬 확대된 자율성을 가져야 한다. 미래사회는 구성원의 자치와 분권, 자율을 전제 조건으로 한다. 종종 미래교육을 말하면서 관료적 사고방식이나 경직된 일처리 방식을 그대로 답습하는 경우가 있다. 그러나 학교와 사회가 관계하는 방식은 더 개방적이고 더 유연해져야 한다. 이를 보장하기 위해 미래지향적 학교 공간을 구성하고 업무 방식을 혁신하는 일이 무엇보다 시급하다.

근대교육을 상징하는 사각형 교실과 일자형의 긴 복도 공간에서 아이들은 상상력을 자유롭게 펼치기 힘들다. 학교는 공부와 일, 놀이와 쉼이 함께하는 생태공간이어야 한다. 미래교육은 아이들이 좀 더 편안하고 안전한 환경에서 자유로운 상상력을 발휘하는 가운데 이루어진다. 현재 시도교육청은 각종 공간 관련 위원회를 만들고, 미래지향적 학교 공간 설계와 운영에 힘쓰고 있다. 몇 해 전 서울미래교육 정책화 방안을 기획하면서 미래학교의 모습을 다음과 같이 제안한 바 있다.[94]

- 미래학교는,
  - 온·오프라인 교육자원을 공유하고 생산하는 거점
  - 타인과 함께 교육 경험을 확대하고 재구성하는 곳
  - 학생이 민주주의를 학습하는 참여와 자치의 공간
  - 생명체가 상호작용하며 성장하는 생태전환의 공간
  - 학생을 수공노작과 미디어 생산의 주체로 만드는 공간
  - 학습과 일, 쉼, 놀이가 있는 개방적 공유 공간

지금도 학교에서는 디지털 학습자원을 생산하고 유통한다. 앞으로 코딩수업, 인공지능이나 3D 프린터, 로봇 제작과 활용 등 디지털 자원을 활용한 교육활동이 점점 늘어날 것

이다. 그러나 그렇다고 해서 학교를 단지 기술 경연의 장으로 만들어선 안 된다. 학교는 과학기술 인재만을 키워 사회에 공급하는 창구가 아니다. 미래사회가 다가올수록 학교는 고유한 목적을 구현하기 위한 교육활동을 비중 있게 다루어야 한다.

학교는 학생의 사회화가 이루어지는 '소사회'이자 삶과 학습을 연계하는 '생태공간'이다. 또 학교는 학습자의 지적 능력, 사회·정서역량 및 참여·자치역량을 함양하여 전인적 발달과 시민성을 갖춘 시민으로 성장하도록 돕는 공간이다. 마찬가지로 학급 역시 형식적 관리 단위에서 '학습자 공동체'로 진화해야 한다. 이 과정에서 디지털 자원을 포함한 다양한 기술 요소를 하나의 수단으로 결합할 수 있다.

오랜 기간 유지해온 학교의 고유한 목적을 산업인력 양성으로 제한할 이유가 전혀 없다. OECD 2018나 UNESCO 2021에서 말하는 변혁적 역량을 함양할 시공간적 조건을 마련하고, 이를 통해 미래 시민의 개인적·사회적 행복을 추구하기 위해서는 미래지향적 교육지원 체제가 필요하다.

미래교육에 대한 10가지 질문과 답변

질문 1 인류 문명을 발전시켜온 것은 과학기술이었다. 교육도 과학기술 인재 양성에 집중해야 하지 않는가?

과학기술이 인류 문명 발전에 공헌한 것은 사실이다. 증기기관, 대량생산 기계, 전기전자 기술, 반도체, 교통수단, 우주탐사 기술, 감염병에 맞선 백신 개발, 탄소 저감 기술, 바이오 기술, 인터넷과 스마트 단말기, 인공지능과 사물인터넷 등 디지털 기술의 진화는 인간이 더욱 편리한 생활을 하는 데 기여해왔다. 이를 근거로 기술진화론자들은 앞으로 닥칠 지구의 위기 역시 과학기술의 힘으로 극복할 수 있으리라 생각한다. 또한 교육은 과학기술 인재를 길러 산업현장에 공급해야 할 의무가 있다는 논리는 언뜻 보면 설득력이 있는 듯하다.

그러나 철학과 사색이 없는 기술 진화는 그 자체로 한계를 갖는다. 예를 들어 핵은 산업발전의 원동력이 되기도 하지만 쓰임에 따라 인류 종말을 고할 수 있는 시한폭탄이 되기도 한다. 인간은 산업화 과정에서 물질적 풍요를 누렸지만, 이로 인해 지구 온난화와 기후위기라는 부작용을 초래하였다. 기술 진화는 모든 인류에게 공정한 기회를 부여하지 않는다. 선진국이 산업화로 얻는 혜택을 누리는 동안 여전히 기아와 난민으로 고통받는 저개발국이 상존한다. 이럴 때 교육이 과학기술 인재를 공급하는 창구로만 기능하면 '모두를 위한 교육 Education for All'[95]이라는 보편적 가치를 실현하기 힘들다. 교육은 모든 인간의 바람직한 성장과 행복한 삶을 목표로 한다. 그러므로 학교는 지성과 인성, 감성을 고루 키우는 전인적 발달의 장소가 되어야 한다. 기술 진화를 외면해서도 안 되지만 교육을 기술 진화에만 가둘 이유도 없다.

질문2 어떤 사람은 현재 상태를 개선하는 게 좋은 미래를 약속한다고 말한다. 그러나 과거나 현재의 삶에 집착하는 것은 바람직한 미래를 앞당기는 데 장애가 되는 것은 아닌가?

현재의 형편이 어렵고 고통스러운 사람에게는 기술진화론자가 말하는 장밋빛 미래는 그림의 떡일 뿐이다. 따라서 미래사회의 청사진을 제시함과 동시에 현재 존재하는 여러 사회 모순을 해소하기 위한 노력을 병행해야 한다. 양극화와 불평등은 시대를 떠나 꼭 극복해야 할 기술 진화의 이면이다. 학교에 적용하는 미래교육도 마찬가지다. 턱없이 부족한 학교 건축 비용을 그대로 두고 미래학교, 미래교실을 말하는 것은 적절하지 않다. 아직도 과대학교, 과밀학급에서 공부하는 많은 학생이 있다. 바람직한 미래 설계는 현존하는 여러 문제를 극복하는 것에서 출발해야 한다.

질문 3 학생들이 갖추어야 할 기본역량은 문해력과 수리력으로 충분하지 않은가? 디지털 소양을 기본역량에 포함해야 할 이유는 무엇인가?

이미 학생들은 디지털 기기를 필수품처럼 사용하고 있다. 그들은 디지털 기기로 전화나 문자를 하는 것은 기본이고, 정보검색과 생성, 게임과 타인과의 교류 등 그들의 생활을 디지털 세상에서 이어간다. 성인 역시 단순한 의사소통 외에 뉴스 검색, 은행 업무, 교통수단과 숙소 예약, 교육 프로그램 참여 등 일상을 풍요롭게 하는 도구로 디지털 기기를 활용하고 있다.

영상과 이미지가 포함된 텍스트를 읽고 해석하며 활용하는 능력인 문해력과 최소한의 계산 능력을 넘어 디지털 기기를 익히고 삶에 적용하는 것은 이제 선택이 아닌 필수적 생존전략이다. 그뿐만 아니라 모든 교과에서 디지털 기기를 활용하여 학습자원을 검색하고 생성하며 타인과 공유하는 것은 이미 일상적 수업 형태로 자리잡고 있다.

따라서 여기서 말하는 디지털 소양은 디지털 기기와 네트워크를 사용해야 하는 학생들이 최소한의 활용법을 익히는 것이며, 시민으로서 가져야 할 디지털 리터러시 literacy와 정보 윤리를 포함하는 개념이다.

질문 4 │ 각 교육청에서 혁신교육을 담당했던 부서가 미래 교육 담당 부서로 바뀌고 있다. 혁신교육과 미래교육은 어떤 점이 같고 다른가? 혁신교육을 평가하거나 검증하지 않고 미래교육을 강조하는 흐름은 과연 바람직한가?

혁신교육은 구습과 낡은 관행에서 벗어나 새로움을 추구한다. 미래교육 역시 새로운 창을 통해 교육을 조망한다. 과거의 낡은 관행을 극복하고자 한다는 측면에서 혁신교육과 미래교육은 그 핵심가치를 공유한다. 미래지향적 사고가 결여된 혁신교육은 기존 질서를 답습할 가능성이 크고, 과거에서 교훈을 얻지 못하는 미래교육 역시 공허한 외침에 그칠 가능성이 있다.[96]

혁신교육의 주요 이행 방법으로는 혁신학교, 학생자치,

수업혁신, 민주적 학교공동체 구축 등이 있다. 미래교육은 시도마다 조금씩 차이가 있지만 디지털 및 인공지능에 기반한 수업과 평가, IB와 같은 새로운 교육과정을 학교교육에 접목하고자 한다. 혁신교육과 미래교육은 강조하는 부분이 다를 뿐 어느 하나를 선택해야 하는 개념이 아니다. 또한 혁신교육은 진보의 전유물이요, 미래교육은 보수의 전유물도 아니다. 정책 부서의 명칭을 어떻게 쓰더라도 양쪽의 순기능적 가치를 모두 반영할 수밖에 없는 구조다.

다만 부서를 설치하고 정책을 시행할 때 경계할 것이 있다. 예를 들어 혁신교육과로 부서 이름을 정했다고 하자. 교육청은 정책을 수립할 때 종종 우를 범하는데, 그것은 가치와 실천을 혼동하여 혁신적 가치를 무리하게 사업화하려는 경향이다. 이로 인해 교육청의 전 부서는 물론 모든 학교에서 혁신의 기풍이 넘쳐야 하는데도 혁신교육을 혁신학교나 혁신교육과에서 집행하는 개별 프로그램 정도로 사고하는 경향이 있다.

사실 혁신이나 미래지향적 가치는 특정 사업을 통해 이행된다기보다는 모든 정책을 시행할 때, 각 단위 조직을 운영할 때 구성원의 의사소통 과정에서 과거의 관행을 극복하고 혁신적이면서도 미래지향적인 사고를 가져야 한다는 주문이라 할 수 있다. 혁신과 미래는 동전의 양면 같아서 양자가 정책을 통해 긍정적으로 결합했을 때 상호보완을 기할 수 있고 시너지 효과를 얻을 수 있다.

질문 5 일반자치와 교육자치를 통합하려는 움직임이 있다. 이는 미래교육을 위해 바람직한가, 아니면 교육자치 성과에 역행하는 것인가?

일반자치와 교육자치는 국가에 따라 통합하여 운영하기도 하고 분리하여 운영하기도 한다. 오랜 민주주의 역사를 가진 국가들은 무리 없이 통합하여 운영하고 있다.

한국의 교육자치 제도는 1949년에 제정된 교육법에 근거하여 1952년부터 시행되다가 1961년 군사정권에 의해 중단되었다. 이후 30년간은 교육자치의 암흑기였다고 말할 수 있다. 그러다가 1991년 '지방교육자치에 관한 법률' 제정을 계기로 부활하여 지금까지 여러 변화를 겪어왔다.

2006년 국회에서 '지방교육자치법'을 개정하여 시도 교육감을 선출할 때 직접·보통·평등·비밀 선거 방식의 주민직선제를 도입했다. 2007년 1월 1일 이후 실시되었던 교육감 선거는 모두 직선제로 치러졌고, 첫 전국 동시 직선은 2010년 6월 제5회 전국동시지방선거와 함께 치러졌다. 그간 몇 번의 교육감 직선제를 겪으면서 깜깜이 선거, 인지도 선거라는 말을 듣기도 했다.

헌법 제31조 4항은 '교육의 자주성·전문성·정치적 중립성 및 대학의 자율성은 법률이 정하는 바에 의하여 보장된다'라고 함으로써 교육자치의 근거를 명시하고 있다. 이에 따라 그동안 자치와 분권의 정신에 따라 교육부가 관장했던 초·중등 사무의 교육청 이관을 꾸준히 진행해왔다.

지방자치와 교육자치는 서로 협력함으로써 공동의 목표와 각 영역의 고유한 목표를 달성한다. 이를 통합하여 운영한다는 것은 민주주의의 역사가 짧은 한국 상황에서는 과거로의 퇴행을 의미한다. 그동안 교육자치에서 드러난 일부 문제점을 보완하면서 더욱 성숙한 민주주의를 지향하는 것이 바람직한 미래교육의 방향이다.

질문 6 그린스마트스쿨 등 교육공간을 미래지향적으로 혁신하려는 정책이 있다. 일부 공간혁신 사례는 감탄을 자아내기도 한다. 그런데 아직도 40년 이상 된 노후 학교가 있는가 하면 석면 제거가 되지 않은 학교, 내진 보강이 되지 않은 학교도 있다. 이런 상황에서 교육공간을 미래지향적으로 바꾼다는 말이 공허하지 않은가?

바람직한 미래교육은 현재의 문제점을 개선하는 것에서 출발하는 것이다. 물론 생태전환의 개념을 더한 학교 공간, 언제 어디서든 교육자원을 공유하고 생성하는 공간으로 미래지향적 학교를 건축하는 것은 우리가 견지할 원칙이다. 따라서 공간혁신 정책은 노후 학교를 먼저 개축하는 것부터 시작해야 하고, 기존 학교 역시 노후 시설을 우선 개선해야 한다.

지금 학교를 새롭게 건축할 경우 앞으로 50년 이상을 사용한다는 점을 감안하여 학습과 일, 놀이와 쉼이 어우러지는 생태공간으로 설계해야 한다. 바람직한 미래교육은 기술 진화와 기후위기 등 불확실한 미래에 대응하는 것뿐 아니라 현재 교육에 부족한 요소를 보완하는 것을 포함한다.

질문 7 학교를 미래지향적으로 혁신해야 한다는 말에 동의한다. 그렇다면 이를 지원하는 교육지원청, 교육청, 교육부 등 교육체제는 어떻게 변화해야 하는가?

자치와 분권의 요체는 지원하되 간섭하지 않는 것이다. 그리고 학교혁신의 주체는 학교 구성원이어야 한다. 지금은 과거처럼 일방적 지침이나 상명하달 방식으로는 정책 운영의 동력을 확보하기 어렵다. 물론 과거와 비교해보면 지침이 권고로 바뀌었고 정책을 시행하기 전 의견수렴의 과정을 확대하긴 했다. 그러나 아직도 관료주의 또는 행정 편의주의, 탁상공론이라는 말이 나오고 있다는 것도 사실이다. 오랜 관료주의는 위험 요소를 방지하기 위해 법과 규정에 따라 신중하게 정책을 집행한다. 행정 행위는 사소한 것 하나까지도 규정에 따라야 하며 그러지 못할 경우 관계자들의 책임을 묻는다.

앞서 지원체제는 미래지향적 교육플랫폼으로 작동해야 한다고 말한 바 있다. 플랫폼은 그 자체로 무엇을 생산하여 제공하기보다 현재 진행 상황을 파악하고 공유하는 방식으로 작동한다. 다시 말해 끊임없는 정책 생산과 점검으로 현장에 부담을 주는 것보다는 각 교육청과 학교의 상황을 잘 파악하고 필요한 성과나 사례를 적시에 전파하는 것에 중점을 둔다. 그러기 위해선 정책 수립의 내용과 방식, 조직 운영 및 의사소통의 방식이 바뀌어야 한다.

체제 전환을 모색하는 것은 언제 시작해도 늦은 과제다. 새로운 콘텐츠에는 새로운 유통 방식이 필요하다. 미래교육을 큰 방향으로 삼았으면 정책의 생산과 전파, 조직의 구조, 일하는 방식, 의사소통의 방식 역시 미래지향적으로 전환해야 한다. 교육부와 교육청은 교육플랫폼으로 작동해야 하고, 교육지원청은 학교통합지원센터의 역할로 현장에 더욱 밀착해 들어가야 한다.

질문 8 미래지향적 교육과정, 수업 및 평가가 필요하다 면서 일부 교육청에서 미래교육 실천 방안의 하나로 IB 프로그램을 추진하고 있다. IB는 한국의 평가체제를 획기 적으로 개선할 수 있는 대안인가?

IB는 스위스 제네바에 본부를 두고 있는 국제교육재 단International Baccalaureate Organization, 이하 IBO에서 만 3세부터 만 19세 까지의 학생들을 대상으로 운영하는 교육 프로그램이다. 만 3세부터 만 12세까지의 학생들을 위한 6년제의 IB PYPPrimary Years Programme, 만 11세부터 만 16세까지의 학생들을 위한 5년 제의 IB MYPMiddle Years Programme, 만 16세부터 만 19세까지의 학생들을 위한 2년제의 IB DPDiploma Programme, DP를 수강하지 않는 학생들을 위한 IB CPCareer-related Programme로 나뉜다. 교과 영역에는 언어, 제2외국어, 사회, 과학, 수학, 예술 등이 있 고, 정해진 절차와 준비를 거쳐 IBO로부터 인증을 받으면 IB 월드스쿨을 운영할 수 있다. 현재 제주, 대구 등 일부 교 육청에서 한국어를 적용한 IB 프로그램을 운영하고 있다.

2022년에 국내 IB 운영학교 몇 곳을 견학한 적이 있다. 교육청의 전체적인 설명을 듣고 각 학교에서 운영에 관한 안내를 받은 다음 수업을 참관했다. 초·중·고등학교 수업을 모두 참관한 뒤 질의응답을 통해 IB 월드스쿨 운영을 이해하는 과정이 있었다. 성급히 판단할 일은 아니지만 학교공동체의 준비 정도에 따라 그 효과가 달라 보였다. 학생의 학습 동기 여부, 교사의 열정, 학부모의 관심 등도 이 교육 프로그램 효과에 영향을 미치고 있는 듯했다. 충분히 동기화된 학생, 잘 준비된 교사, 학부모의 관심 등을 전제로 한다면 '한국화한 IB 프로그램'은 적용해볼 만하다.

그러나 현재 우리의 학교 사정이 만만치 않아 모든 학교에 일률적으로 적용하는 것은 큰 위험을 감수해야 하는 일이다. 특히 5년마다 학교를 옮기는 교사들, 성적과 등수에 신경을 쓰는 학생과 학부모, 학업에서 끊임없이 빠져나가려 하는 학생 등과 같은 교육 조건을 고려했을 때 대단위 차원에서 IB 프로그램을 도입하는 것은 신중해야 한다. IB 프로그램은 학생의 성적을 획기적으로 올려주는 마법의 도구가 아니다. 새로운 교육 프로그램을 학교에 도입하는 것보다는 그동안 진행해온 수업 및 평가혁신을 강화하고 검증하는 일이 우선이다.

질문 9 미래교육을 준비한다면서 학생들에게 스마트 기기를 나눠주는 교육청이 늘고 있다. 단말기를 배부하는 것만으로 교실을 미래지향적으로 바꿀 수 있는가?

한국의 초등학교와 중학교는 의무교육 체제를 채택하고 있고, 의무교육을 무상으로 제공하는 것은 헌법이 정하고 있는 국가의 책무이기도 하다. 현재 등록금, 수업료, 급식비 및 교과용 도서를 무상으로 제공하고 있는데 이 혜택을 더욱 확대해야 한다. 무상급식 논의를 처음 시작할 때도 반대 의견이 있었지만, 지금은 전국의 모든 학교에 잘 정착되어 있는 상태다. 이와 같은 맥락에서 현재 학부모가 부담하는 공교육비인 체험학습비, 방과후수업비 역시 의무교육의 취지에 따라 국가가 부담해야 한다. 효과적인 학습을 위한 도구와 자료 관련 비용 역시 국가가 부담해야 할 공교육비의 일부다.

최근 스마트 기기를 나눠주는 과정에서 관리가 부실하여 학습효과를 떨어뜨리는 상황도 일부 확인되고 있다. 첨단 기기를 사용해 학습자원을 탐색·생성하는 것은 미래교육으로 가는 길에서 피할 수 없는 일이다. 이 과정에서 예상되는 부작용을 면밀히 살펴 올바른 디지털 기기 활용법을 가르치고, 디지털 리터러시와 정보윤리 교육을 결합해야 한다.

질문 10 지속가능발전목표는 미래교육과 어떤 관련을 맺고 있는가? 17개 목표가 모두 중요하고 시급한데, 왜 미래교육을 주장하는 사람들은 이 점을 강조하지 않는가?

과거와 현재 그리고 미래는 동떨어진 것이 아니기에 바람직한 미래교육은 과거와 현재에 산재한 여러 문제점을 개선하는 것에서 출발한다. 17개의 지속가능발전목표는 그동안 인류가 산업화 과정에서 누적해왔던 여러 문제를 직시하고 이를 해결할 방법을 모색하는 것이야말로 지속가능한 미래를 맞이하는 방법이라 말하고 있다.

인류의 보편적 문제, 지구 환경 문제, 경제·사회 문제를 포괄하는 지속가능발전목표는 매우 광범위한 개념으로 국가와 진영의 이해를 반영하지 않는다. 국가주의를 넘어 지구촌의 상호의존적 성격을 반영하면서 인류 모두가 세계시민이 되기를 촉구하고 있다. 이 목표에 스며 있는 보편성과 연결성 그리고 미래지향적 성격은 세계시민에게 양질의 교육 기회가 필요함을 역설한다.

한마디로 지속가능발전목표는 기후위기, 감염병, 전쟁과 기아 등 점점 증가하는 불확실성 앞에서 어떻게 인류가 그 고유성을 잃지 않고 더불어 살아갈지 고민한 결과로 나온 공동의 합의라고 할 수 있다.

미래교육을 과학기술 인재 양성의 수단으로 좁게 가둘 필요가 없다. 과거와 현재의 개선되지 않는 문제점 위에 덧씌우는 미래교육은 필연적으로 정보기술에 의존하는, 지극히 협소한 패러다임일 수밖에 없다. 과학기술과 인문사회 영역의 균형적 발전은 지적 교양을 갖춘 세계시민의 전제 조건이다. 따라서 바람직한 미래교육은 지속가능발전목표와 함께 수행될 때만 가치를 지닐 수 있을 것이다.

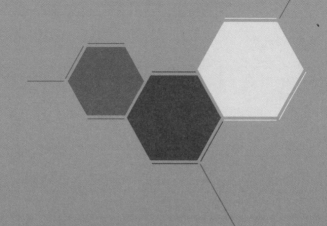

2022 개정교육과정의
의미와 과제

토론하는 교사들

　서울의 한 고등학교에서 새학기를 준비하기 위한 교직원
연수를 진행하고 있다. 서울시교육청은 겨울방학 중에 열리
는 교직원연수에 참여하면 이를 학습공동체 활동으로 인정
하여 연수 이수 시간을 부여한다. 그래서 그런지 거의 모든
교사가 참석하였다. 이번 방학 중 교직원연수는 새학기 학
사일정, 교육과정 구성, 전문가 특강, 분임토의와 발표, 전체
토론의 일정으로 진행됐다. 분임토의의 주제 중 하나는 교
육과정 개념 잡기와 새학기 교육과정 짜기였다. 그중 4명의
교사가 모인 한 분임에서 열띤 토론이 펼쳐졌다.

●●●

A 교사____먼저 교육과정 개념에 대해 얘기해볼까요? 선생님들께서 생각하시는 교육과정이란 무엇인지 각자 말씀해주시면 좋을 것 같군요.

B 교사____간단히 말해서 교육과정은 가르칠 내용을 정하는 거죠. 이걸 국가 차원에서 문서로 정해 전국의 모든 교사가 같은 내용을 가르치도록 하는 게 목적이고요.

C 교사____궁금한 게 있어요. 왜 전국의 모든 교사는 같은 내용을 가르쳐야 하죠? 국가는 학년별로 꼭 가르쳐야 할 내용을 최소한으로 정해주고, 그 기준에 따라 교사가 자유롭게 가르치면 안 되는 건가요? 교사와 학생의 교육적 만남 속에서 형성되는 경험의 총체가 교육과정이잖아요.

D 교사____제 생각엔 B 선생님과 C 선생님이 전혀 다른 이야기를 하는 것 같진 않아요. 국가교육과정 체제를 유지하면서 이번 2022 개정교육과정에서는 지역교육과정과 학교교육과정의 근거도 새로 만들었으니까요. 그렇긴 해도 같은 학년, 같은 교과라면 대부분의 학습 내용은 공통적일 것 같네요. 하지만 교사마다 수업방식은 제각각 다르니까 교육과정에 따라 비슷한 내용을 가르쳐도 수업은 교실마다 다르게 이루어진다고 생각합니다.

A 교사＿＿＿와, 세 분 선생님께서는 교육과정에 대한 관점이 뚜렷하시네요. 교부무장을 맡고 있는 제가 부끄러워집니다. 전 사실 깊은 생각 없이 새 교육과정이 내려오면 시수 편제표부터 봅니다. 공통과목, 선택과목을 구분해서 어떤 과목을 우리 학교에서 필수로 할지, 또 시수 배정은 어떻게 할지가 가장 큰 고민이라서요. 작년에도 어느 과목에서 과원이 나와야 하는 문제로 교과 간 갈등이 엄청났지요. 결국 투표까지 갔잖아요?

B 교사＿＿＿제 말이요. 저는 교무부장 선생님의 말씀이 우리 교육 현실을 정확하게 반영하고 있다고 생각합니다. 특히 대학입시 경쟁이 치열하고, 공정성을 중요하게 생각하는 우리 사회 풍토에선 교육과정 개념을 모호하게 생각하면 안 될 것 같아요. 국가가 학교에서 가르칠 지식을 과목별로 딱 정하고, 학교는 이를 충실하게 가르쳐야 아이들도 시험을 볼 때 헷갈리지 않을 것 같아요. 그래서 저는 교육과정의 대강화나 교육과정 재구성 같은 논의가 좀 위험하다고 보는 입장입니다.

C 교사＿＿＿두 분 선생님께서 왜 그렇게 생각하시는지 잘 알겠습니다. 교육과정은 당연히 가르쳐야 할 지식을 선정해야 하죠. 근데 이걸 국가가 할 수도 있고, 학교가 할 수도 있

다고 봐요. 그리고 어느 쪽이든 결국 교사는 교과서에 의존할 수밖에 없고요. 교육과정이든, 교과서든 전문가란 분들이 내용을 선정하잖아요? 다들 교과교육이니 교과내용학을 공부하신 분들이기 때문에 가능하면 자기 전공 영역의 지식이 더 많이 들어가도록 노력할 것이고, 그러다 보면 학생들이 배워야 할 내용이 너무 많아지지요. 그럼 교사는 많은 학습 내용을 효율적으로 전달하는 방식으로 가르치고, 학생들은 잘 기억하는 방식으로 공부하지 않겠어요? 또 우리 사회여러 영역에서 저마다 자기 분야의 내용이 중요하니 교육과정이나 교과서에 꼭 들어가야 한다고 주장하는 이런 악순환이 반복되는 거 같아요.

  B 교사＿＿＿선생님의 생각도 이해합니다. 바로 그런 점 때문에 국가가 권위를 가지고 가르칠 것과 가르쳐서는 안 되는 내용을 정해야 한다는 거죠.

  D 교사＿＿＿전 사실 선생님이 말씀하신 교육과정을 정하는 국가의 역할이 무엇인지 궁금할 때가 있어요. 학생들이 공부해야 할 내용을 국가가 정한다, 이게 맞는 걸까요?

  B 교사＿＿＿제 말씀은 규정과 절차가 중요하다는 뜻입니다. 그걸 명확히 해야 학교에서 시비 없이 가르칠 수 있어요. 그런 점에서 국가교육과정이 필요한 거고요.

C 교사____선생님 관점에서는 교육과정의 대강화나 재구성은 꿈도 꾸지 못하겠네요. 제가 듣기로 초등학교와 중학교에서는 주제통합수업도 하고, 교과서에 없는 내용도 가르친다고 하던데요.

B 교사____그게 위험하다는 겁니다. 가르치는 내용에 일관성이 없거나 교과서를 벗어나면 학부모들이 가만히 있겠어요? 학생이나 학부모들의 불만을 사지 않으려면 교과서대로 진도에 맞게 가르치는 게 제일 좋은 방법입니다. 전 처음부터 대강화라는 말이 불편했어요. 물론 선생님 말씀대로 가르칠 내용이 무한히 늘어날 가능성이 있으니 어디서부터 어디까지 가르칠 것이냐 하는 문제는 사회적 합의를 이루는 게 좋다고 생각해요.

C 교사____교육과정 안에는 국가와 사회가 요구하는 내용도 있고, 각 분야에서 요구하는 내용도 있기 때문에 규칙이 필요합니다. 그리고 저 역시 이 과정에서 사회적 합의를 이루기 위해 노력해야 한다고 생각해요. 하지만 그것을 국가교육과정 안에 담을 때 최소화하여 담아야 교사에게도 교육과정을 재구성할 여력이 생긴다고 봐요. 하나를 배우더라도 깊이 있는 지식을 공부할 수 있구요. 그래야 학생들도 단순 암기에서 벗어나 탐구학습을 할 수 있지 않을까요?

A 교사____선생님의 말씀도 일리가 있네요. 그런데 교육과정은 현실에서 구현되는 거니까 실제 수업과 동떨어지면 안 된다고 생각합니다. 아무리 좋은 이론도 실천과 닿아 있어야지 힘을 발휘할 수 있지요. 학생들의 관심사는 대학 진학인데 현실적으로 이것을 외면하고 가르치기란 힘들죠. 그리고 학교에서 교육과정을 어떻게 설계하느냐에 따라 본인이 원치 않는데도 과원교사가 되어 다른 학교에 가야하는 문제도 생기고요. 과목별로 시수 배정을 할 때도 과학적인 근거를 데이터로 제시해야 불만이 없습니다. 이게 현실이고, 팩트지요.

D 교사____교무부장 선생님의 고충은 잘 알겠는데요. 그렇다고 해서 교육과정에서 학교의 시수 편제만을 고민하는 것은 문제가 있는 것 같습니다. 학교에서 과목별로 시수를 배정하는 것은 교육과정 운영의 한 부분이라고 생각해요. 사실 무엇을, 어떻게 가르치고 배울 것이냐 하는 문제는 단순하지 않지요. 그래서 교육과정을 개정할 때마다 논란이 있는 거고요. 그러니까 교육과정의 개념이 먼저 머리에 들어와야 그것을 바탕으로 실천을 고민할 수 있지 않을까요?

B 교사____오늘 토론하다 보니 그동안 제가 생각해왔던 교육과정이 다는 아닌 것 같네요. 가르칠 내용 하나하나를

국가가 정하는 건 여전히 중요하다고 생각하지만, 여기서 생기는 이해의 충돌은 분명히 존재하고, 이 모든 걸 국가가 조정하기엔 역부족일 것 같습니다. 각 영역에서 양보를 안 하면 학습량이 많아질 수밖에 없는 것도 맞고요. 그러나 저는 여전히 교육과정에서 가장 중요한 목표는 지식을 잘 전달하는 것이라 봅니다. 그리고 어떤 지식을 가르칠 것인가를 교사가 고민하기엔 쉽지 않은 문제라고 봐요. 앞으로는 국가교육위원회가 교육과정을 개발할 테니 거기서 결정하면 될 것 같아요. 국가의 공적 기구이니까 거기서 결정하는 것이 사회적 합의에 가깝지 않을까요?

C 교사＿＿＿저도 국가교육과정을 정하는 절차를 명확히 하는 것이 중요하다고 생각해요. 제가 또 교육과정을 학생들이 쌓아가는 경험의 총체라고 했는데, 오로지 그것만을 강조하는 건 아니고요. 다만 교육과정이 학생들의 삶과 너무 떨어져 있으니까 그 간격을 메울 수 있도록 실제적 지식으로 구성해야 한다고 생각해요. 그리고 단순히 내용을 전달하는 방식으로 가르치면 학생들도 흥미가 떨어지니 학생들이 적극적으로 참여하는 수업방법을 고민해야 할 것 같아요. 그런 의미에서 사회적 합의를 통해 가르쳐야 할 내용을 최소한으로 정하고, 나머지는 교사와 학생의 여백으로 놔두

면 좋겠어요. 가끔 교사 역할에 회의가 들 때가 있는데, 탐구수업을 할 때보다 그냥 문제풀이를 하고 인강을 틀어줄 때 아이들이 더 집중하는 모습을 보일 때에요. 그럴 땐 정말 '내가 지금 뭐 하고 있지' 하는 생각이 들어요.

A 교사＿＿그렇긴 하죠. 어쨌든 아이들은 대학에 들어가야 하니까 그건 어쩔 수 없는 것 같아요. 우리나라 대입제도가 먼저 바뀌어야 선생님께서 말씀하시는 교육과정의 대강화와 재구성도 의미가 있지 않을까요? 예전에 대학원에 다닐 때도 교육과정은 한 가지로 정의되지 않는다고 배웠어요. 학생들을 가르칠 목적으로 사전에 의도한 교육내용이라든지, 인류의 문화유산을 잘 정리하여 후대에 전수하는 것이라든지, 학습자의 삶과 경험을 구성해가는 과정이라든지…. 학자마다 정의하는 게 다 다르더라고요. 아, 교육과정은 문화적·경제적 재생산 과정이라는 말도 기억나네요. 왜 요즘 금수저 흙수저 얘기 많이 하잖아요. 우리 학교 애들만 봐도 가정환경에 따라 학업성취도 결정되는 것 같고요.

D 교사＿＿어쩌면 교육과정의 개념은 우리 각자의 마음속에 있는 것이 아닐까요? 물론 우리가 생각하는 최소한의 공통사항은 존재하겠지만요. 나머지 개념까지 억지로 합의할 것이 아니라 그냥 본인의 관점에서 해석하는 것이 좋겠

어요. 그래도 오늘 말씀을 들어보니 접근 방식이 다르긴 해도 몇 가지는 공통점이 있다고 봐요. 가르칠 내용을 공적으로 정하는 과정은 중요하다는 것, 그러나 그 내용이 너무 많다는 것, 교육과정은 대학입시와 무관할 수 없으니 먼저 대입제도가 개선되면 좋겠다는 것, 학생이 깊이 있는 지식을 배우고 수업에 적극적으로 참여하게 하려면 교육과정 대강화가 필요하다는 것, 가르치고 배우는 실제는 각자의 교실 안에서 일어난다는 것 등등. 그런데 생각해 보니 모든 게 다 교육과정의 영역이긴 하네요.

A 교사 ＿＿＿ 잘 정리해주셨네요. 하긴 지식 습득과 역량 함양이 별개로 일어나는 건 아니지요. 지식 안에 역량이 있고, 역량 안에 지식이 있으니까요. 이걸 자꾸 지식중심교육, 역량중심교육으로 구분할 필요는 없을 것 같습니다.

국가교육위원회의 교육과정 심의·의결

2022년 12월 14일, 국가교육위원회는 교육부에서 제출한 2022 개정 교육과정을 심의·의결했다.[97] 그동안 제기된 핵심 쟁점에 관한 토론이 더 필요하다고 주장한 일부 위원이 퇴장한 후였다. 의결 직후 언론은 '자유민주주의는 넣고, 성평등·성소수자를 뺀 2022 개정교육과정 의결'이라고 일제히 보도했다.

의결에 참여하지 않고 퇴장했거나 회의장에 남아 반대한 위원들은 의결 과정이 졸속 심의와 강행 처리로 일관되었다는 입장문을 발표했다. 일부 위원은 입장문에서 한쪽 주장에 불과한 자유민주주의 표현이 들어간 성취기준을 유지한 것, 국제적 권고를 무시하고 '성평등' 용어를 삭제한 것과 포괄적 성교육의 일환인 '섹슈얼리티'를 추가로 삭제한 것을 비판했다. 또한 보편적 시대정신인 '일과 노동의 가치' 미반영, 인류의 공존과 상생을 담보할 '생태전환교육' 반영 미흡 등 그동안 제기되었던 쟁점들을 해소하지 못한 채 교육과정 심의본을 일방적으로 의결했다고 주장했다.

일부 교육감과 교원단체, 그리고 학부모 및 시민단체도 이를 비판하는 입장문을 잇달아 발표했다. 국회 교육위원회 야당 및 무소속 의원들 역시 성명서를 발표하면서 '정부가 듣고 싶고 하고 싶은 것을 담은 2022 교육과정 의결이었다'며 '이에 대해 절차적·내용적 정당성을 인정할 수 없으므로 즉각 재심의에 돌입해야 한다'고 주장했다.

한편 위원회 전체회의 도중 퇴장한 위원들을 제외하고 심의를 진행한 위원 중 10명의 위원은 '일부의 주장대로 졸속적·일방적 강행 처리가 아니었고, 시간적 제약에도 불구하고 6번의 전체회의와 2번의 소위원회의를 통해 최대한 사회적 합의를 도출하려고 노력했다'며 일부 위원들의 주장을 반박했다.

이보다 앞서 2022년 11월 28일 국가인권위원회(이하 인권위)는 위원장 명의로 된 성명서에서 교육부가 제출한 2022 개정교육과정 행정예고본을 인권 친화적 관점에서 재검토할 것을 요구했다.[98] 먼저 인권위는 교육부가 2021년 11월 24일 발표한 2022 개정교육과정 총론 주요 사항에서 '일과 노동의 의미와 가치'를 교육목표에 반영하는 개선안을 제시한 점을 확인하고, 2022년 8월에 발표한 총론 시안에서 이를 반영하지 않은 점과 행정예고본에서 '노동자'를 '근로자'로 변경한 점을 지적했다.

인권위는 '근로자'가 헌법과 법률상의 용어로 존중되어야 하지만 우리 사회가 노동의 가치를 존중하고, 노동하는 사람을 능동적인 주체로 인정하는 '노동자'라는 용어 또한 보편적으로 사용해온 점을 고려하여, 어떤 용어를 사용할지에 대해 연구진 등 교육계와 충분히 논의할 필요가 있다고 밝혔다. 또한 행정예고본에서 '성평등', '성소수자' 용어를 삭제하고 '성에 대한 편견', '성별 등으로 차별받는 소수자'로 대체한 결정에 대해서도 깊은 유감의 뜻을 표했다.

인권위는 헌법 제31조가 명시하고 있는 교육의 자주성, 전문성, 정치적 중립성 보장에 따라 2022 개정교육과정을 개발해온 연구진을 비롯한 학계와 교원 등 교육계의 전문성과 자율성을 존중하는 방향에서 심도 있게 논의하기를 바란다는 뜻을 밝혔다. 인권위는 2022 개정교육과정뿐 아니라 향후 모든 교육과정을 논의하는 단계에서 인권이 중요한 기준으로 적용되기를 바라고, 교육과정에 '인간 존엄에 대한 존중', '자유', '평등', '연대' 등 인권의 소중한 가치가 보다 체계적으로 담기길 기대한다고 말했다.

교육과정 내용과 개정 절차에 어떤 문제가 있었기에 국가교육위원회에서 심의·의결하자마자 일부 위원과 시도교육감, 교원, 시민단체, 정치권까지 나서서 일제히 반발하고 나선 것일까? 인권위는 어떤 연유로 새 교육과정에 인권 친화적 관점을 반영하라고 요구하는 것일까? 또 어떤 변화가 있어서 2021년에 발표한 교육과정 총론 주요 사항에서 언급했던 몇몇 사항이 2022 개정교육과정 심의·의결본에서 빠지거나 퇴행하게 된 것일까?

2년 동안 개발과정에 참여했던 연구진, 추진위원회와 심의회 등 거버넌스 구조에는 변함이 없었다. 가장 큰 변화는 정부가 바뀌었고, 그 아래 국가교육위원회가 출범했다는 것이다. 법률에 따르면 국가교육위원회 위원은 총 21명으로 국회에서 9명, 대통령이 5명, 교원단체에서 2명, 한국대학교육협의회 및 한국전문대학교육협의회에서 각 1명을 추천하고 교육부 차관과 전국시도교육감협의회 및 대한민국시도지사협의회 대표자로 구성하도록 되어 있다. 그러나 위원장을 포함한 위원 5명의 추천권이 대통령에게 집중되어 있어 정치로부터 독립한 사회적 합의기구라는 설립 취지가 무색해졌다고 볼 수 있다. 특히 2022 개정교육과정 심의·의결 과정을 보면 이 같은 구성이 교육과정의 보수적 색채를 강화하는 데 일조했다는 것을 알 수 있다.

국가교육위원회는 교육정책이 사회적 합의에 기반하여 안정적이고 일관되게 추진하도록 함으로써 교육의 자주성, 전문성 및 정치적 중립성을 확보하고 교육 발전에 이바지함을 목적으로 하고 있다. 아울러 법률에 따르면 국가교육위원회는 대통령 소속 합의제 행정위원회로서 독립적으로 업무를 수행한다. 그렇다면 국가교육위원회는 이런 설립 취지에 맞게 2022 개정교육과정을 심의·의결한 것일까?

오늘날 한국은 세계 10위권의 경제력을 갖춘 선진국이 되었다. 선진국은 경제력 못지않게 문화와 교양, 민주주의와 인권, 시대정신과 지속가능성을 추구하는 데서도 세계의 모범이 되어야 한다. 이번 교육과정 개정 절차는 한국이 경제력뿐 아니라, 미래세대를 위한 토대를 마련하고 시대정신과 지속가능성을 추구할 수 있는 좋은 기회였다.

이런 관점에서 보면 이번 교육과정 심의·의결 절차는 시대정신과 국제적 흐름, 그리고 위원회의 설립 취지에 비추어볼 때 아쉬운 지점이 많다. 또 앞으로 교육정책, 교원정책, 대입정책, 학급당 적정 학생 수 등 중장기 교육제도를 마련하고 교육 여건을 개선하는 등 소관사무를 이행할 때도 국가교육위원회 설립 취지에 맞지 않는 결정을 내리지 않을지 우려스럽다.

2022년 12월 22일 교육부 장관은 국가교육위원회가 심의·의결한 '2022 개정 초·중등학교 교육과정 및 특수교육 교육과정'을 확정·발표했다. 이 교육과정은 2024년 초등학교 1, 2학년 적용을 시작으로 2025년 초등학교 3, 4학년, 중학교 1학년, 고등학교 1학년부터 연차적으로 적용한다. 언론은 '자유민주주의'가 추가되고 '성소수자', '성평등', '재생산' 등의 표현이 빠진 보수 성향의 새 교육과정을 교육부가 확정·발표했다고 보도했다. 교육시민단체들은 정부가 교육과정을 정권의 입맛에 맞게 뒤흔들었다며, 교육현장 도입 전에 추가 개정에 나서야 한다고 촉구하기도 했다.[99]

교육이 전문성, 자주성, 정치적 중립성을 완전하게 확보하고 있다면 교육과정이 정부의 성격에 따라 좌지우지될 이유가 없다. 국가교육위원회가 교육과정을 처음으로 심의·의결하고 교육부가 확정·발표한 2022 개정교육과정은 이런 점에서 많은 아쉬움을 남긴다. 그러므로 2020년부터 시작한 교육과정 개정 취지에 비추어 2022 개정교육과정의 의미를 살펴보고, 진행과정을 평가하며, 이를 바탕으로 미래지향적 교육과정 생태계를 모색해보고자 한다.

길을 잃은 교육과정

두 정부에 걸쳐 개발된 교육과정

2020년 문재인 정부에서 시작된 교육과정 개정 절차는 2022년 윤석열 정부에서 마무리되었다. 2년 전 교육부는

'국민과 함께하는 미래형 교육과정'을 모토로 교육과정 개정 작업을 시작했다. 1, 2차에 걸친 정책연구와 개정추진위원회, 정책자문위원회, 각론조정위원회 등 개정 관련 협의체 및 교육과정심의회를 통해 개정 작업을 진행하였다. 여기에 더하여 국가교육회의에서 추진한 국가·사회적 요구 조사에 10만 명 넘게 참여했고, 전국시도교육감협의회가 주관한 교육과정 현장 네트워크에는 6천여 명의 현장 교원이 참여하여 총론과 각론에 대한 제안서를 교육부에 제출했다. 또한 교육과정심의회 내에 학생위원회와 지역위원회를 새로 만들어 다양한 의견을 교육과정에 담고자 했다.

2022년 5월 새로 들어선 윤석열 정부는 여러 차례 '자유'를 강조했고, 특히 교육 부문에서는 '디지털·인공지능 교육강화를 통한 미래인재 양성'을 주요 정책 의제로 설정했다. 이에 따라 대학의 자율성을 확대하는 한편, 유·초·중등교육은 시도에 이양한다는 기조를 유지하면서 교육부 조직을 개편하기도 했다.

2022년 가을 개정교육과정을 놓고 열린 총론 및 각론 공청회에서 서로 다른 방향에 선 사람들이 목소리를 높여 각자의 주장을 펼쳤다. 보수단체는 성평등이란 남녀 양성 이외에 제3의 성을 인정한다는 논리라며, 성평등 대신 양성평등이란 용어를 쓸 것을 교육부에 요구했다. 또한 역사 교육 과정 성취기준에 자유민주주의를 기술할 것을 요구했다. 한편 진보적 성향의 단체들은 생태전환교육, 민주시민교육, 성평등교육[100], 노동교육 등을 교육과정에 비중 있게 담을 것을 요구했다. 특히 성평등 교육을 반대하는 측에서는 공청회 진행이 어려울 정도로 격렬하게 성평등, 성소수자, 섹슈얼리티 같은 용어를 교육과정에서 삭제할 것을 요구했고, 교육부는 그들의 주장을 의견수렴의 근거로 삼았다.

교육과정 개정 시기와 겹친 정권교체는 교육과정을 둘러싸고 전례 없는 의견 표출의 장이 펼쳐지는 계기로 작용했다. 한쪽에서는 이전 정부에서 마련한 개정교육과정 총론의 주요 사항2021. 11. 24.이 더는 퇴행하지 않아야 한다고 주장했고, 다른 한쪽에서는 새 정부의 기조에 따라 교육과정에도 보수적 색채를 강화해야 한다는 논리로 맞섰다. 그 결과 소소한 쟁점의 해소 외에 핵심 쟁점은 합의를 보지 못한 채 국가교육위원회에서 교육과정 심의·의결이 이루어졌다.

2022 교육과정 개정을 둘러싼 이슈를 보면 정권교체라는 변수 외에도 교육과정 분야의 오랜 관행 역시 심의·의결 과정에 영향을 끼쳤음을 알 수 있다. 먼저 교육과정 개발의 형식과 절차상의 문제가 있었다. 거버넌스를 풍부하게 꾸리고

국가교육회의와 전국시도교육감협의회의 교육과정 현장 네트워크가 결합했지만 추진 과정에서 교육부의 중심 역할은 그대로 유지되었다. 오히려 정책연구 인력의 한계로 교육부의 역할이 더 강화될 수밖에 없었다. 사회적 파장을 고려했을 때 교육과정 시안 개발 공모에 적어도 총론 및 각론 영역별로 2, 3개 팀이 경쟁할 것으로 기대했지만, 극소수 과목을 제외하면 모두 한 팀씩만 지원했다. 이러한 연구 토양의 척박함과 연구자 인력의 한계 가운데 질 높은 교육과정을 개발하는 것은 어려운 일이었다.

개정 국면에서 들어오는 교육계 외적 요구 또한 강했다. 정부 부처를 포함한 여러 단체뿐만 아니라 대학이나 학회에서도 자신의 요구를 이어갔다. 이런 현상은 학교에서 가르치는 내용과 사회적 인력 창출 가능성을 동일시하는 데서 생기는 문제였다. 특히 정보교육 확대를 두고 팽팽하게 맞섰다. 일부 교원과 학부모 단체에서는 정보교육 시수 확대가 과하다는 것을 지적하기도 했다.

양극화한 진영논리도 두드러졌지만 교육과정 개정을 둘러싼 관심의 정도도 달랐다. 보통의 현장 교사들은 교육과정 개정 절차가 어떻게 진행되는지 크게 관심이 없었다. 그러나 교육과정 분야에서 활동하던 교사들은 개정추진위원회, 교육과정심의회 등 각종 거버넌스에 적극적으로 참여하여 의견을 개진했다.

교육과정이 정부의 성격에 따라 흔들리지 않는 것은 학교 현장의 오랜 염원이었다. 정치에서 독립한 의사결정 기구를 기대하며 국가교육위원회까지 만들었지만, 결과적으로는 쟁점을 해소하지 못한 교육과정에 정당성을 부여해주는 나쁜 선례를 남겼다. 이번 개정교육과정 역시 시대정신을 반영하지 못한 채 교육 외적 논리에 갇히고 말았다.

끝내 해소하지 못한 쟁점

2022 개정교육과정은 쟁점 해소에 과몰입한 나머지 정작 살펴야 부분들을 소홀하게 넘겼다는 비판을 면하기 어려울 것 같다. 7년 만에 국가교육과정을 개편하는데 몇 가지 쟁점만을 가지고 소모적인 논쟁을 벌인 탓이다. 사회적 합의라는 원칙을 개정 절차에 도입했지만 우리 현실에서는 사회적 합의마저 진영논리에 갇힌 형국이다. 이제 교육과정 개발은 국가교육위원회의 몫이므로 교육과정의 수시 개정을 포함하여 차기 교육과정 연구 및 개발 과정에서의 문제점을 극복할 장치와 절차가 필요할 것이다. 그럼에도 현존하는 교

육과정 쟁점을 어떻게 처리할 것인가 하는 문제는 여전히 숙제로 남아 있다. 이번 교육과정 개정 절차에서 드러난 대표적 쟁점과 교육부의 설명, 대립하는 양측이 주장의 근거로 내세운 논리를 살펴보자.

민주주의 vs 자유민주주의

역사 과목에서 특히 문제가 된 '자유민주주의' 기술에 대해 교육부는 역사적 맥락에 맞게 자유민주주의와 민주주의를 혼용하여 기술하되 헌법전문과 과거 교육과정의 표현 등을 고려하여 수정했다고 밝혔다.[101]

이를 수용하는 입장에서는 자유민주주의는 헌법전문의 정신을 살린 반영이며 이를 '민주주의'로 표현하자는 연구진의 입장에 동의할 수 없다고 말한다. 한편 이를 반대하는 입장에서는 민주주의라는 용어가 그 자체로 보편적이며 포괄적 개념이므로 여기에 특별한 접두어를 붙일 필요가 없다고 맞섰다. 이들은 교육부가 조정안을 통해 자유민주주의 표현을 무리하게 성취기준에 넣어 교육과정 퇴행 논란을 불러왔다고 주장했다. 게다가 이는 연구진의 전문성과 자율성을 무시하는 것이며 헌법전문에 기술된 것은 자유민주주의가 아니라 자유민주적 기본 질서일 뿐이라고 지적했다.

생태전환교육

교육부에서 국가교육위원회에 제출한 심의본에 따르면 총론에 교육과정 개정의 배경과 교육과정 구성의 중점에 '생태환경' 내용이 추가되었다. 아울러 핵심역량에 지속가능한 인류 공동체 발전에 적극적이고 책임감 있게 참여하는 공동체 역량이라고 하여 '지속가능성'을 포함시켰다.

이것을 그대로 수용하자는 입장에서는 개정 배경과 교육과정 구성의 중점, 핵심역량에 생태나 기후 관련 용어가 이미 들어있으므로 더 이상의 추가 기술은 없어도 된다는 주장이다. 한편 이 정도 기술로는 미흡하니 더 보완해야 한다는 입장에서는 생태나 기후 관련 용어가 들어있긴 하지만, 초·중·고 학교급별 교육목표에는 해당 내용이 반영되지 않아 총론 문서의 일관성이 없음을 지적했다. 아울러 생태전환교육과 관련한 학교급별 교육목표 및 내용요소가 부재한 것을 문제 삼고, 추가로 이를 보완할 것을 요구했다.

보완을 요구하는 측은 생태전환교육은 기후위기나 생태계 파괴 등 날로 증가하는 지구촌의 위험에 대응하여 교육의 전환transformative을 추구하는 것이므로 단순히 생태환경교육으로만 기술하는 것으로는 증가하는 지구촌의 위기에 적절히 대응할 수 없다고 주장한다. 또한 '전환'이라는 용어를 주로 좌파에서 쓰기 때문에 수용이 곤란하다는 논리는 사실에 부합하지도 않거니와 진영과 상관없이 사회적 합의를 이끌어낼 수 있는 문제를 진영논리로 협소하게 가둘 필요가 없다는 것이 이들의 주장이다.

민주시민교육

심의본 총론에서는 추구하는 인간상과 핵심역량에 대해 '공동체의식을 가지고 다양성에 대한 상호 이해와 존중을 바탕으로 세계와 소통하는 민주 시민으로서 배려와 나눔, 협력을 실천하는 더불어 사는 사람'으로 기술했다. 그러나 학교급별 목표 중 초등학교 교육목표에는 '일상생활과 학습에 필요한 규칙과 질서를 지키고 서로 돕고 배려하는 태도'를 기른다고 기술함으로써 인성교육 측면을 강조했다.

이를 그대로 수용하자는 입장에서는 중·고등학교 교육목표에서 민주시민교육이 명시되어 있고, 초등학교에서는 발달단계를 고려해 규칙, 질서, 배려 등 인성교육 측면을 강조한 것이라 주장한다. 게다가 민주시민교육은 범교과 학습 주제로도 다루고 있어 이미 충분하다는 것이다.

이를 보완하자는 입장에서는 인성교육이 민주시민교육을 포괄한다고 볼 수 없으므로 초등학교에서도 교육과정상 민주시민에 관한 교육내용을 명시할 필요가 있다고 말한다. 교육기본법 2조에도 나와 있는 민주시민교육을 교육과정 총론에 명시하는 것이 법률상 취지에도 부합한다는 것이다. 따라서 초등학교의 교육목표에도 '… 서로 돕고 배려하는 태도 등 민주시민으로서 자질을 기른다'라고 명확하게 기술하고, 교육과정 편성·운영 기준과 각론에 민주시민교육을 포함해야 한다고 주장한다.

일과 노동의 가치

2021년 11월 총론의 주요 사항에 반영되어 있었던 '일과 노동에 포함된 의미와 가치'는 심의본에서 삭제되고 고등학교 교육목표에서는 '일의 가치'가 포함되는 것에 그쳤다. 2022 개정교육과정은 총론에서 '노동'을 언급하지 않았으며 각론 성취기준을 통해 '청소년 노동권' 정도를 기술하는 등 노동의 의미와 가치를 협소하게 다루었다. 또한 법률 표현에 따라 '노동자' 대신 '근로자'라는 표현으로 기술하였다.

이를 수용하자는 입장은 교육의 장에서 '노동'이라는 어휘를 쓰는 것은 급진적이며, 직업계 고등학교 교육과정에 일과 노동의 가치를 포함하고 있고 범교과 학습 주제로 노동인권교육을 다루고 있으니, 고등학교 교육목표에는 '일의

가치'로 표현하는 정도가 적절하다고 말한다.[102]

이에 대해 보완을 요구하는 입장은 '노동'은 모든 국민의 보편적 가치이며 이를 피하는 것이 오히려 계층 간의 분리를 조장한다고 주장한다. 또한 현행 노동교육은 형식적으로 이루어지고 있기 때문에 학생들에게 실질적인 도움을 주지 못하고 있으며, 노동이란 용어가 빠지면 전반적으로 일과 노동의 가치, 노동인권 등과 관련한 교육이 표류할 가능성이 높아진다는 것이다. 특히 진로직업교육이 자신의 적성에 맞는 직업을 탐구하는 것이라면, 노동인권교육은 노동에 대한 인식과 가치, 노동자의 권리, 타인의 노동에 대한 존중, 노동자의 권리구제 방안과 건강권, 산업안전, 인권 등을 존중하고 존중받는 경험에 대한 것으로 엄연히 다른 부분이라고 말한다. 아울러 노동자의 범주가 다양해지고, 전통적인 노동자뿐 아니라 플랫폼 노동자 등 다양한 형태의 노동자가 생겨남에 따라 이들에게도 노동인권교육이 필요하다는 주장이다.

성평등, 성소수자, 섹슈얼리티

교육부는 '성평등'과 같이 의미가 명확하지 않거나 오해를 불러일으킬 수 있는 용어에 대해 교과 특성과 학생이 배워야 하는 교육내용을 종합적으로 고려하여 수정·보완했다고 밝혔다. 특히 '성소수자'라는 용어는 연구진 내에서 수정·보완을 거쳤음에도 해소하지 못한 쟁점이 남아 교육과정 심의회 등 개정 관련 협의체 논의를 거쳐 수정·보완했다고 밝혔다. 또한 국가교육위원회는 교육부에서는 유지했던 '섹슈얼리티'라는 용어를 추가로 삭제했다.

수정·보완한 용어를 그대로 수용하자는 입장에서는 먼저 성평등은 남녀 양성으로 이루어지는 질서에 혼란을 초래하므로 양성평등으로 표현하는 것이 옳으며, 성소수자라는 표현 역시 남녀 외에 제3의 성을 전제로 하는 용어이므로 사회적 소수자로 표현하는 것이 맞다고 주장한다. 특히 섹슈얼리티라는 말은 성적 지향을 비롯하여 성에 대한 태도, 사고, 감정, 가치관 등을 전부 의미하기 때문에 학생에게 가르치는 것이 바람직하지 않다고 말한다.

이를 반대하는 입장에서는 성평등은 법과 사회적 상황에서 평등을 추구하고자 하는 UN에서 채택한 세계인권선언의 목표 중 하나이며, 성평등을 '성에 대한 편견'으로 표현한 것은 성차별에 대한 사회 구조적인 문제를 개인의 편견 문제로 축소하는 오류를 불러올 수 있으므로 성평등으로 다시 수정해야 한다고 주장한다.

인권위 역시 대한민국 헌법은 모든 국민의 존엄함과 인권 보장의 중요성을 천명하고 있으며, 성소수자는 우리 사회의 한 구성원으로 차별받지 않고 인권을 존중받을 권리가 있으므로 성소수자 용어를 삭제한 것은 성소수자에 대한 차별의식의 심화로 이어질 우려가 있다고 지적했다. 또한 교육부가 유지한 섹슈얼리티 용어를 국가교육위원회가 추가로 삭제한 것에 대해서도 유감을 표명했다.

정보교과 시수 확대

교육부가 확정하고 발표한 교육과정에 따르면 정보교과 시간 배당은 실과영역 및 정보수업 시수와 학교자율시간 등을 활용하여 초등학교는 34시간 이상, 중학교는 68시간 이상 편성·운영하도록 하고 있다.[103]

이를 수용하자는 입장은 인공지능, 디지털 환경에 맞게 정보교육 확대가 필요하며 교원 수급 문제는 학교 밖 인력을 활용하면 된다고 주장한다. 이를 재검토하자는 입장에서는 일선 학교에는 정보교과를 담당할 교원이 없고, 또 과목 담당자를 수급하는 데 문제가 생길 수 있으므로 정보 교과목을 담당할 교원을 양성하고 담당자 연수를 통해 질 높은 수업이 이루어지도록 방안을 마련하는 것이 먼저라고 주장한다. 담당 교원 양성을 통한 추가 수급 없이 적용하는 정보 교육은 부실을 예고한다는 것이 이들의 의견이다.

제주 4.3과 5.18 민주화운동

교육부는 국가교육위원회에 제출한 심의본에서 고등학교 한국사 교육과정에서 필수적으로 이수해야 할 학습요소 중 '제주 4.3'을 삭제했다.

이를 수용하자는 입장의 주장은 이렇다. 교육과정의 대강화라는 정책 방향을 유지하기 위해서 학습요소 항목을 삭제한 것은 제주 4.3에만 해당하는 것은 아니라는 것이다. 국가교육위원회는 이후 교과서 편찬 과정에서 제주 4.3을 반영하도록 권고한다고 의결했다. 보완을 요구하는 입장에서는 '자유민주주의에 기초한 대한민국 정부 수립 과정'이라는 성취기준이 제주 4.3을 배제하는 논리적 근거로 작용했다고 문제 삼으며, 제주 4.3을 국가수준 교육과정에 명시하고, 성취기준에서 '자유민주주의에 기초한'이라는 문구를 삭제해야 한다고 주장한다.

한편 5.18 민주화운동의 경우 고시 이후 쟁점이 드러난 특이한 경우인데, 일반사회 영역의 '민주주의의 이념과 원리를 실현하고자 한 사례(예: 4.19혁명, 6월 민주 항쟁)를 찾아보

도록 함으로써…'라는 부분과 역사 영역에서 '4.19 혁명에서
6월 민주 항쟁에 이르는 민주화 과정을 탐구한다'라는 기술
이 문제가 되었다.

교육부는 이 역시 성취기준 대강화의 취지에 따른 것이며
교과서 편찬기준에는 당연히 반영할 것이라고 해명하였다.
교육과정 반영을 촉구하는 입장에서는 5.18 민주화운동을
교육과정에서 삭제한 것은 '심각한 민주주의의 훼손이자,
대한민국 민주주의 발전의 후퇴'라고 지적하고 전국의 모든
초·중·고등학생들이 민주주의를 탐구할 수 있도록 학습권을
보장해야 한다고 요구했다.

제주 4.3과 5.18 민주화운동의 삭제는 교육과정에서 유지
했던 '학습요소'를 2022 개정교육과정에서 덜어내고, 성취
기준을 포괄적으로 기술하고자 한 교육과정 대강화의 원칙
에 따른 것이다. 성취기준을 포괄적으로 기술하더라도 학습
요소로 그대로 두면, 모든 역사적 사건을 넣자는 요구가 생
길 수 있기에 이를 방지하기 위해서다. 그러므로 '4.19 혁명
에서 6.10 민주 항쟁에 이르는 민주화 과정'이라는 성취기준
은 5.18 민주화운동을 비롯해 여러 역사적 사건을 가르칠 수
있다는 의미를 내포하고 있다.

교육과정, 진화의 기회

한국은 질곡의 역사에도 불구하고 발전을 거듭하여 오늘날 명실상부한 민주주의 국가이자 세계 10위권의 경제 규모를 자랑하는 국가로 자리매김했다. 그런 우리에게 이번 교육과정 개정 국면은 국가교육과정의 대강화를 전제로 한 지역과 학교 자율성의 강화, 교육과정 실행 주체의 참여 보장, 풍부한 연구 인력풀의 생성과 미래지향적 거버넌스를 확보할 수 있는 절호의 기회였다. 국가교육과정 개정 주기를 7~8년으로 생각하면, 한 번의 개정 과정은 이후 여러 해 동안 미래세대 교육과 관련해 매우 중요한 의미가 있다.

숙원 사업이었던 국가교육위원회가 출범했지만 교육과정과 관련한 첫 의사결정에서 그 한계가 명백히 드러났다. 이는 기구 하나를 설립한 것만으로는 전반적인 개선을 이루기 힘들다는 사실을 보여준다. 그 결과 거버넌스가 어떤 방식으로 운영하고 결정을 내릴 것인지와 관련해 위원 개개인의 전문성과 철학을 확보하고, 합리적으로 국민의 의사를 대변할 방법을 찾아야 한다는 과제가 남겨졌다.

교육과정 개정 시기를 통틀어 우리가 놓친 기회가 무엇인

지 살펴보는 일은 쟁점 위주의 접근에서 벗어나 국가교육과
정의 성격을 다시 확인하고, 향후 과제를 도출하는 데 도움
이 될 것이다.

교육과정 생태계 구축의 기회

교육과정 생태계는 교육과정이 작동하는 장場을 이르는
말이다. 교육과정은 국가와 지역 층위에서, 그리고 학교와
교실에서 생명력을 가지고 작동하는 유기체와 같다. 이 유
기체는 뿌리에서 자양분을 흡수하여 각 부위로 나르고, 빛
을 받아 광합성을 하면서 성장한다. 어느 한 부분이 막혀 있
거나 양분이 원활하게 흐르지 않는다면 성장이 왜곡되거나
퇴행한다. 우리는 그동안 국가-지역-학교를 잇는 교육과정
생태계를 유지해오면서 국가 차원에서 과도한 개입이 있을
때마다 지역과 학교의 순환이 가로막히는 역사를 경험했다.
  바라는 인간상을 구현하려는 노력은 당장의 쓸모를 추구
하는 교육과정 앞에서, 수시로 분출하는 사회적 요구 앞에
서 무력화되었다. 문서로 고시하는 경직된 교육과정은 학교
차원에서 단순한 시수·편제 방안으로 전락하여 교육과정의
개념을 협소하게 만들었다. 한편에서는 성취평가제, 고교학

점제를 준비한다면서 다른 한편에서는 자사고와 외고를 부활하는 등 그 모순을 드러내고 있다.

5.31 교육개혁안 이후 다양한 방식의 학교 자율화 제고 방안을 도입하였지만 학교는 여전히 자치공동체로 작동하지 않는다. 미래교육 담론이 봇물을 이루고 있지만 정작 이것을 가능하게 하는 '체제 전환'에 대한 고민도 없다. 말하자면 미래지향적 학습자원을 구시대의 그릇에 담아 통용하고자 하는 기현상이 벌어지고 있는 것이다. 모든 변화는 기회와 위기를 동반한다. 기회를 제대로 활용하지 못하면 단순히 변화가 더딘 것에 머무는 것이 아니라 기회가 위기 국면으로 바뀐다.

2022 교육과정 개정을 둘러싸고 생긴 담론 지형은 '어떻게 하면 미래세대에게 좋은 교육과정을 만들어줄 것인가' 하는 사회적 합의보다 몇 가지 쟁점을 다룰 것인가 말 것인가 하는 소모적 다툼으로 일관하였다. 한국 교육과정 생태계의 후진성을 여실히 보여주는 사례라 하겠다. 쟁점 사항의 기술 여부로 다툴 것이 아니라 교육과정 대강화가 왜 필요한지, 교육과정 대강화의 방법으로 성취기준의 포괄적 기술을 어떻게 판단할 것인지, 성취기준을 포괄적으로 기술한다고 할 때 여러 가지 학습요소의 비중이나 적절한 통합 기

술의 방식은 무엇인지를 놓고 토론했어야 했다.

예를 들어 역사 교육과정에서 '4.19 혁명에서 6.10 민주 항쟁에 이르는 민주화 과정을 탐구한다'는 성취기준을 읽을 때 당연히 두 사건 사이에 모든 민주화 과정이 기준에 포함되어 있다고 볼 것이냐, 아니면 개별 사건을 모두 적어주는 것이 바람직하냐를 두고 토론을 벌이는 편이 쟁점 다툼보다 훨씬 생산적이었을 것이다. 또 교육과정뿐 아니라 해설서와 교과서 편찬기준 등도 마련해야 하므로 교육과정과 교과서의 각기 다른 위상과 역할에 대해서도 토론을 했다면 참 좋았을 것이다. 그러나 공청회에서 국가교육위원회 심의·의결에 이르기까지 치열한 공방이 벌어졌던 것은 몇몇 쟁점의 기술 여부였다. 그렇게 진영논리에 갇힌 교육과정은 끝내 진화의 기회를 놓치고 말았다.

2022 교육과정 개정 국면은 교육과정 연구·개발 방식과 개정 거버넌스, 그리고 의사결정 과정이 국민 신뢰를 바탕으로 살아 있는 생태계로 작동할 수 있는 절호의 기회였다. 하지만 교육부와 국가교육위원회는 이 기회를 놓쳤고, 교육과정에 시대정신을 반영하지도 못했으며, '국민과 함께하는 미래형 교육과정'이라는 개정 취지도 살리지 못했다.

자치와 분권 확대의 기회

2017년 12월 전국시도교육감협의회와 교육부는 '학교 민주주의의 실현을 위한 교육자치 정책 로드맵'을 발표했다.[104] 1995년 5.31 교육개혁안에 따라 각급학교에 학교운영위원회를 설치·운영한 이래 가장 구체적인 교육자치 정책이었다. 그런데 왜 여러 용어 중에서도 '로드맵 road map'이란 말을 썼을까? 이는 더는 추상적 선언을 하는 것이 무의미하니 교육자치를 실현할 '구체적 경로'를 밝히겠다는 뜻으로 읽힌다.

이 문서는 유·초·중등교육의 지방교육 분권을 강화하고 학교 민주주의를 달성하는 것을 교육자치의 목표로 제시했다. 나아가 규제 위주 교육정책의 관행과 문화를 혁신하여 유연한 학교운영과 자율적 교육활동을 통해 공교육 혁신의 기반을 구축하겠다고 그 추진 배경을 밝혔다. 이와 함께 초중등 재정지원 사업의 개편, 학교운영 자율화, 시도교육청 운영·평가 자율화 등 3대 즉시 이행과제를 제시했으며 교육자치 정책 로드맵 1단계에서 권한 배분 우선 과제 정비, 2단계에서 권한 배분을 위한 법령 개정을 적시했다.

학교를 관료조직에서 배움과 돌봄의 공동체로, 시도교육

청을 교육의 지방자치 실현과 학교자치 지원 기구로 전환하고, 교육부는 시도교육청의 자율적 정책 수립과 학교의 교육활동을 지원하겠다는 큰 그림은 이후 어떻게 진행되었을까? 포부와 달리 현실에서는 교육부와 시도교육청 간의 권한 배분 우선 과제를 정비하는 것에 그쳤다. 그마저도 현장에 실질적인 변화를 초래할 만한 것은 거의 없었으며, 그저 업무 소관을 다투다 마는 것으로 끝났다.

교육과정의 자율성 확대는 주변 조건이 발달하는 것과 맞물려 있으며, 그 자체로 다른 영역들의 진전을 견인하는 교육자치의 중심적 과제다. 또한 다른 영역과 서로 영향을 주고받는 상호의존적 성격의 과제이기도 하다. 그러나 현재 호기롭게 선언했던 학교 민주주의 구현이라는 목표는 달성하기가 쉽지 않아 보인다. 그만큼 교육자치의 시간은 매우 더디게 흐르고 있다.[105]

2022년 정부가 바뀐 후 교육자치는 한층 더 위기를 맞고 있다. 현행 직선제로 치루는 교육감 선거 제도를 시도지사와 러닝메이트 방식으로 바꾸자는 법률 개정안이 국회에서 논의되고 있다. 깜깜이 선거, 선거 비용 과다 지출 등 그동안 유지해온 교육감 직선제가 안고 있는 문제점을 지적하면서 이를 극복할 방안으로 시도지사와 러닝메이트를 이루어 선거에 출마하고, 당선되면 시도지사가 교육감을 임명한다는 것이 발의안의 골자다. 여기에 더하여 지방자치와 교육자치의 통합, 유·초·중·고등학교를 위해 마련한 지방교육재정을 대학으로 전용하는 국회의 결정 등 그야말로 풀뿌리 교육자치가 한꺼번에 위협받고 있다. 이는 학교민주주의의 가장 핵심적 과제인 '교육과정 분권화와 자율화'의 퇴행으로 이어질 수 있는 심각한 문제다.

교육과정 대강화, 학습량 적정화의 기회

지금까지 학교 교육과정의 자율성 확보를 가로막은 요인은 경직된 국가교육과정 체제였다. 특히 국가교육과정에 따라 촘촘하게 제시되는 교과서 집필 지침으로 인해 검정 교과서의 특색을 살리지 못하고, 사실상 모든 교과서가 비슷하게 제작되어 학교에서 교과서를 선택하는 의미가 무색해졌다. 말만 검정일 뿐 사실상 국정이나 다를 바 없는 교과서는 교사와 학생 사이의 교육과정 여백을 협소하게 만들었다.

교육과정 전문가와 현장 교원들은 이구동성으로 '국가교육과정의 대강화'를 주장한다. 국가교육과정의 대강화는 각 교과목 각론의 '학습요소' 삭제를 비롯한 교육과정 문서체계의 적정화를 포함한다. 많은 분량의 지식을 높은 수준으로 제시하는 방식이 학업 포기자를 계속 양산하기 때문이다. 그런 의미에서 이번 교육과정 개정 국면은 국가교육과정 대강화의 구체적 성격과 폭을 논의할 소중한 기회였다.

큰 틀에서 합의할 수 있는 대강화의 수준은 학교급별 교육목표와 발달단계별·교과별 성취수준 및 최소 이수 단위 명시 정도다. 대강화라고 해서 추상적 기술로 일관하는 것은 아니다. 국가가 제시할 수 있는 범위를 최소화하여 명료하게 적시하는 것이 중요하다. 이 밖의 나머지 사항은 모두 시도와 학교로 이관하여 자율성의 정도를 높여야 한다.

사실상 국가교육과정의 대강화와 적정화를 기할 수 있다면 이것만으로도 교육과정은 안정성을 회복할 수 있다. 지나치게 촘촘하고 경직된 교육과정을 구성하면 정권이 바뀔 때마다 교육과정 개정의 유혹을 받는다는 것은 주지의 사실이다. 교육과정 구성 단계에서 진영논리를 최소화하고 사회적 요구를 적정화하는 것 역시 적극 검토해야 한다.

교육과정 대강화는 교육과정 문서체계 단순화, 성취기준의 포괄적 기술로 나타난다. 이를 통해 학습량 적정화를 꾀할 수 있기 때문이다. 문서체계 속에 학습요소를 두어 가르쳐야 할 모든 사항을 촘촘하게 기록하면 대강화의 취지는 무색해진다. 2022 개정 교육과정 각론에서 학습요소 항목을 삭제한 것도 이런 이유였다. 그러나 교육과정 공청회, 토론회, 교육부, 국가교육위원회 심의과정에서는 대강화 취지를 어떻게 살릴 것인가보다 특정 내용을 교육과정에 넣을 것이냐 뺄 것이냐를 두고 다툼이 이어졌다. 이렇게 해서는 애써 마련한 대강화의 원칙이 흔들리고 교육과정은 다시 교육 외적 논리에 갇힐 수밖에 없다.

우리 교육과정은 많은 내용을 정해진 시간 안에 모두 전달해야 한다는 규칙 위에서 작동한다. 그렇지만 교육과정과 교과서에서 너무 많은 내용을 다루는 것은 깊이 있는 지식 습득을 방해하며, 교사의 교육과정 재구성의 폭을 좁히고, 학생들의 탐구 의욕마저 떨어뜨린다. 여기에다 고착화한 선발적 교육관은 교수학습을 단순히 내용을 전달하는 일에 가두는 역할을 한다. 이를 해소하기 위해서는 학습량 적정화를 염두에 둔 성취기준 및 내용체계 구성에 관한 활발한 토론이 필요하다.

교육과정 개정 작업이 주목을 받는 이유는 기존 교육과정의 문제점을 개선할 기회가 되기 때문이다. 이번 개정 과정은 대강화와 자율성의 문제 말고도 지난 교육과정의 문제들, 예를 들어 총론과 각론의 괴리, 교육과정 재구성 근거의 협소함, 학교와 지역 교육과정 활성화의 한계, 사회적 요구에 따른 의무 교육과정의 과도함 등 여러 문제점을 개선할 좋은 기회였지만 이를 살리지 못했다. 2022 교육과정 개정 작업이 '국민과 함께 만들어간다'라는 취지를 유지하면서 끝까지 사회적 합의를 위해 노력했더라면 상당 부분 개선했을 문제라서 더 안타깝다.

교육과정 개념 확장의 기회

교육과정의 개념에 접근하는 방식은 다양하다. 지식을 전수하는 통로로 볼지, 경험의 축적 및 구성으로 여길지, 문서로 고시되는 규범적 성격으로 이해할지, 교육의 장에서 이루어지는 총체적 삶의 구현 방식으로 생각할지에 따라 교육과정은 각기 다른 정체성과 생명력을 갖는다. 특히 자치 또는 분권과 관련하여 교육과정을 사고하자는 의견, 교육과정 거버넌스의 재구조화를 생각하자는 의견 등은 지금까지의 교육과정이 갖고 있는 경직성을 탈피할 것을 주문한다.

현재 교육과정이 정체성과 생명력을 확보하지 못하는 가장 큰 이유는 우리 교육이 입시라는 덫에 갇혀 있기 때문이다. 입시가 가진 지배력이 기형적으로 큰 탓에 교육기본법에서 말하는 교육이념, 국가교육과정에서 추구하는 인간상과 핵심역량 등은 생명력을 잃는다. 과도한 경쟁은 한정된 자원을 둘러싼 소모적인 각축을 부추기며 교육활동을 왜곡할뿐더러 입시를 둘러싼 기계적 공정성 논리는 교육과정-수업-평가의 순환과 연계를 훼손한다. 이 논리는 과정중심 평가와 같은 평가혁신을 위한 노력을 무의미하게 만들고 고교학점제가 추구하는 바와 충돌한다. 따라서 지금의 입시 구조가 바뀌지 않는 한 교육과정 개선과 체제 재구조화 논의는 한계를 가질 수밖에 없다.

현재 국가교육과정 총론의 성격과 추구하는 인간상, 핵심 역량 등의 가치는 각론에서 구체화되지 못하고 있고, 현장에서 실행되는 방식과도 괴리가 크다. 어떤 이는 교육과정 총론이 지나치게 이상적으로 설정되었다고 말하며, 다른 이들은 총론을 실행 차원에서 구체화하지 못하는 다른 요인이 있기 때문이라고 말한다. 다수의 교육과정 전문가는 교육과정 총론의 정신을 실행 차원에서 구체화하지 못하는 요인으로 과도한 입시 지배력, 지역과 학교의 자율성 부족, 경직된 교과서 제도, 교육과정 개발·고시 단계에서 민주성과 투명성의 결여, 교육과정 운영 주체인 현장의 소외, 충분히 독립적이지 못한 교육정책 등을 꼽는다.

문서상의 규범으로만 고착화한다면 교육과정은 생명력을 잃는다. 국가교육위원회의 설립 목적은 교육과정과 관련한 여러 문제를 함께 숙의하면서 개선하자는 것이었다. 원래 취지에서 벗어난 국가교육위원회의 성급했던 심의·의결 과정은 두고두고 아쉬움이 남는 대목이다.

다시 교육과정에 의미를 부여함

먼저 우리 스스로에게 던져야 할 질문이 있다. 쟁점을 해소하지 못한 채 그대로 고시되었다고 하여 2022 교육과정 개정 작업이 전혀 의미가 없는 것일까? 교육과정 개정 절차가 진행되는 도중에 정부가 바뀌었다는 것, 국가교육위원회가 제 역할을 하지 못했다는 것 때문에 2025년부터 본격적으로 적용될 교육과정은 가치 없는 문서에 불과한 것일까?

그렇지 않다. 이 문서는 지역과 학교 교육과정을 개발할 근거를 명시하고 있고, 각 교과에서 달성해야 할 성취기준을 담고 있다. 아울러 향후 문제점이 발견된다면 '수시 개정'이라는 절차를 통해 얼마든지 좋은 교육과정으로 거듭날

가능성을 안고 있는 문서다. 그러므로 교육과정은 역동적이고 비예측적 교육상황에서 쌓이는 경험의 총체이며 이 상황에서 교사와 학습자에게 주는 최소한의 교육내용과 기준이라 하겠다.

물론 교육과정에서 정한 성취기준은 교과서 개발의 근거가 되고 교수학습 장면에서 교사와 학생 사이의 행위를 결정하지만, 성취기준에 도달하는 방법은 교사와 학생 그리고 교실의 환경과 조건에 따라 다양하다. 이런 점에서 교육과정은 개발할 때만이 아니라, 실제 교수학습 상황에서 교사와 학생이 함께 만들어가는 총체적 경험이다. 이러한 관점에서 2022 개정교육과정의 의미를 다시 살펴보자.

국민과 함께하는 미래형 교육과정의 시작

2021년 11월 24일 교육부는 2022 교육과정 총론의 주요 사항[106]을 발표했다. 지난 교육과정 개발 방식과 달랐던 것은 '국민과 함께 하는'이라는 새로운 슬로건이었다. 단순히 의견을 청취하는 수준이 아니라, 국민의 참여를 제도화하여 교육에 대한 인식 개선 및 패러다임 전환의 계기를 마련한 것이다. 이는 교육과정 실행의 주체인 현장 교사를 포함하여 학생, 학부모 등 교육의 주체, 그리고 전문가와 일반 시민 등 다수 국민의 사회적 합의 과정을 거쳐 교육과정 개정 국면에서 최선의 대안을 만들어내고자 한 시도라 하겠다. 이를 위한 주요 추진 기구로 개정추진위원회, 정책자문위원회, 각론조정위원회가 구성·운영되었으며 국가교육회의의 대국민 설문조사와 전국시도교육감협의회 교육과정 현장 네트워크의 제안 내용이 결합되었다.

국민과 함께 하는 미래형 교육과정 추진 체계도

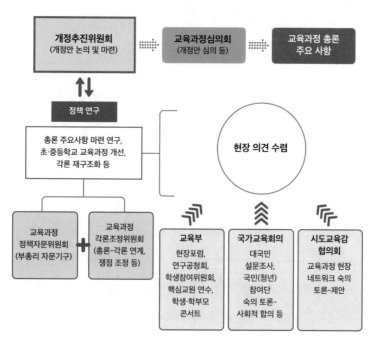

정책 연구진은 현장의 의견을 수렴하고 시대적 요구를 담아 논의를 위한 초안을 마련했다. 또한 교육과정심의회 운영위원회를 비롯한 학교급별·교과별 심의회에 속한 600여 명의 위원은 초안의 내용을 살피고 심의했다. 공청회와 행정예고를 거치면서 일부 내용이 훼손된 것과 국가교육위원회의 심의·의결 과정은 많은 아쉬움을 남겼지만, 함께 만들어가는 교육과정을 위해 거버넌스를 풍부하게 구성한 실험은 그것대로 중요한 의미를 남겼다. 여러 한계에도 불구하고 교육과정은 전문가의 독점물이 아니라는 것을 공유한 점은 향후 국가교육위원회에서 교육과정 기준과 내용을 마련할 때 참고해야 할 사항이다.

학습자의 삶과 성장을 지원하는 교육과정

2022 개정교육과정은 '포용성과 창의성을 갖춘 주도적인 사람'을 기르고자 한다. 그동안 교육과정 총론에서 제시한 인재상인 '창의융합적 인재'라는 말이 산업이 요구하는 기능적 인간형이라는 비판이 있어왔다. 그런데 이번에 '인재'를 '사람'으로 표현한 것은 보편적 학습자상을 우선한 결과라 볼 수 있다. 특히 '학교 교육과정이 학생을 중심에 두

고 주도성과 자율성, 창의성의 신장 등 학습자의 성장을 지원할 수 있도록 교육과정의 기준과 내용을 제시하도록 함'으로써 학습자의 삶과 성장을 지원하는 것으로 교육과정의 성격을 명확히 했다. 교육과정 문서의 완성도가 높아도 학습자의 삶과 충분히 연계되어 있지 않다면 생명력이 반감한다. 따라서 학습자의 삶과 성장에 비중을 둔 이번 교육과정은 실행 측면에서도 그 취지를 이어가야 할 것이다.

한편 2022 개정교육과정은 '모두를 위한 교육과정'을 표방하면서 초·중등학교 교육과정 총론에 특수교육 대상 학생에 대한 학교 교육과정의 편성·운영과 평가 등 학생 맞춤형 교육 지원 사항을 제시하고 있다. 또한 학습부진 학생, 배움이 느린 학습자, 장애 학생, 다문화가정 학생 등 다양한 특성을 가진 학생을 위해 필요한 지원 방안을 마련하고, 소규모 학교 및 초·중등 통합학교, 지역과 학교 간 교육격차를 완화할 수 있는 지원체제도 구축하고자 한다.

지역 및 학교 교육과정의 활성화

국가교육과정의 대강화는 교육과정 분야의 오랜 논쟁거리다. 이는 국가가 제시하는 내용요소와 성취기준의 대강화라는 요구로 나타나기도 했고, 지역 또는 학교의 교육과정 자율성 확대를 위한 전제로 제시되기도 했다. 2022 개정 교육과정에서는 지역 분권화를 추구하는 동시에 학교 교육과정의 자율성을 확대하였다. 또한 학교 교육과정 자율권에 대한 운영 근거를 마련하고, 국가, 지역, 학교 교육과정 간 주체별 역할을 구분하여 제시하고 있다.

이에 따르면 국가교육과정은 초·중등학교 교육목적과 목표 달성을 위해 일반적인 기준과 내용을 담은 전국 공통의 교육과정이다. 지역 교육과정은 국가교육과정을 기준으로 지역의 특수성과 학생의 교육적 필요를 반영하여 시도교육청 등이 개발·운영하는 교육과정이다. 학교 교육과정은 국가와 지역 교육과정을 기준으로 학생, 학부모, 교사, 지역 주민의 관심과 교육적 필요를 반영하여 학교에서 개발·운영하는 교육과정이다.

학교 교육과정의 자율성 확대를 위해 초·중등학교 교과(군)별 및 창의적 체험활동의 20퍼센트 범위에서 시수를 증감할 수 있도록 정책을 개선했다. 이는 학교 현장의 오랜 요구를 반영한 것이다. 여기에 더하여 총론에 학교에서 자율적으로 다양한 선택과목을 개발·운영할 수 있게 운영 근거가 마련되었다. 한 학기 기준 17주의 수업량을 16회의 수업

+1회(자율시수)로 유연화하여 자율시수를 확보하도록 한 것이다.[107]

소규모 학교나 농산어촌 학교, 통합운영 학교 등에서는 공동교육과정 운영 방안을 모색하고자 한다. 단위학교에서는 2022 개정교육과정에서 허용하고 있는 분권과 자율성 확대의 근거를 활용하여 적극적으로 교육과정을 구성할 수 있을 것이다. 아래는 교과목 및 창의적 체험활동으로 편성·운영할 수 있는 선택과목의 예시다.

초등학교의 다양한 선택과목 운영 예시

3학년	4학년	5학년	6학년
지역연계 생태환경 디지털 기초소양	지속가능한 미래 우리 고장 알기	지역과 시민 지역 속 문화탐방	인공지능과 로봇 역사로 보는 지역

※ 선택과목: 초등 학년별 선택과목 2개 운영 가능, 3~6학년 총 8개 과목 운영 가능

초·중학교 교육과정 운영의 유연성 확대

2022 개정교육과정에서는 초등학교의 입학 초기 적응활동을 개선했다. 개선 방향은 초등 통합교과와 창의적 체험활동 내용을 구분하여 체계화하고 한글 익힘 교육을 위한 국어교과 시수를 확대하는 방향으로 재구조화하는 것이다.

안전교육을 개선해달라는 요구는 초등학교 현장에서 꾸준히 있어왔다. 이를 위해 안전한 생활의 성취기준과 내용요소를 통합교과로 재구조화하여 교과와 연계한 생활 중심 안전교육을 강조하고 있다. 다시 말해 기존의 창의적 체험활동 영역에 있었던 64시간의 안전한 생활을 바른 생활(16시간), 슬기로운 생활(32시간), 즐거운 생활(16시간) 등 관련 통합교과에 재구조화하여 배치하는 방식이다. 다음 도표는 안전한 생활을 통합교과에 어떻게 재구조화하는지 설명한다.

초등학교 안전한 생활 재구조화 방향

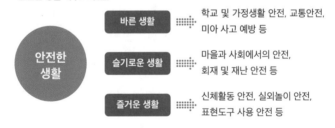

안전한 생활		바른 생활	슬기로운 생활	즐거운 생활
(64시간)	개선	(16시간)	(32시간)	(16시간)

안전한 생활 재구조화(안)

안전한 생활

바른 생활	학교 및 가정생활 안전, 교통안전, 미아 사고 예방 등
슬기로운 생활	마을과 사회에서의 안전, 화재 및 재난 안전 등
즐거운 생활	신체활동 안전, 실외놀이 안전, 표현도구 사용 안전 등

초등학교 1, 2학년 학생의 신체활동과 놀이활동을 강화하기 위해 즐거운 생활교과에서 실외놀이 및 신체활동을 확대했다. 이를 통해 예술·체육 활동을 조화롭게 실천해 전인적 발달을 저학년 단계부터 촉진하고자 했다.

중학교의 경우 자유학기제와 스포츠클럽 활동을 개선했다. 자유학기제의 시기 및 방법 등을 지역과 학교 상황에 맞게 운영하고, 창의적 체험활동과 겹치는 것을 최소화할 수 있도록 지침을 개선했다. 학교 교육과정 편성·운영의 어려움을 고려하여 학교 스포츠클럽은 동아리 활동으로 매 학기 운영하되 기존 136시간에서 102시간으로 의무 편성 시간을 적정화했다.

창의적 체험활동은 학생의 자기주도성과 선택을 확대하는 방향으로 개선하고, 범교과 학습 주제 역시 각 교과 교육과정 성취기준에 그 내용을 담아 운영할 수 있도록 구성한다. 또한 법령을 개선하여 학교 교육과정 자율성 확보 방안을 마련한다.

다음은 범교과 학습 주제가 어떻게 달라졌는지 2015 개정교육과정과 2022 개정교육과정을 비교한 것이다.

2022 개정교육과정에서 범교과 학습의 개선

2015 개정교육과정	2022 개정교육과정
초·중등학교 교육과정 총론에 별도 학교급별 편성·운영 기준으로 제시	각 교과 교육과정 성취기준에 범교과 학습 주제 내용이 다뤄질 수 있도록 구성
<학교급별 교육과정 편성·운영의 기준> 범교과 학습 주제는 교과와 창의적 체험활동 등 교육활동 전번에 걸쳐 통합적으로 다루도록 하고, 지역사회 및 가정과 연계하여 지도한다.	**안전·건강 교육** 범교과 학습 주제와 관련한 내용 교과목 성취기준에 반영 **범교과 아이콘** + **[관련 교과목 성취기준]** (개정안 심의 등)

진로연계교육

상급학교로 진학하기 전(초6, 중3, 고3) 2학기의 일부 기간을 활용하여 학교급별 연계 및 진로교육을 강화하는 '진로연계교육'을 운영한다. 학교에서는 교과 및 창의적 체험활동을 활용하여 운영하되 학습과 진로에 동기를 부여하고 능동적이고 자기주도적인 학습과정에 참여하도록 교과 교육과정을 재구조화할 수 있다. 이 시기를 활용하여 기초학력을 보장하기 위한 학생 개개인의 학습 수준 진단과 이에 따른 개별화 학습을 지원할 수 있다. 또한 교과 이수 경로와 연계해 학습자의 진로와 적성을 고려한 다양한 체험 중심의 진로탐색 활동을 지원한다. 운영 예시는 다음 도표와 같다.

진로연계교육 운영 예시

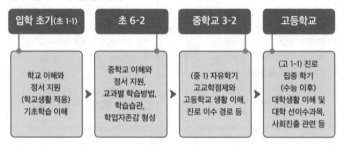

고교학점제 기반 고등학교 교육과정

학생이 자신의 진로와 적성에 맞는 교과목을 선택하여 자기주도적 학습 능력과 미래의 성장 잠재력을 키울 수 있는 고교학점제의 도입 기반을 마련하였다. 이를 위해 현행 수업량 204단위를 192학점으로 적정화하고, 50분 기준 수업을 현행 17회에서 16회로 전환하며, 여분의 시간을 활용하여 다양한 프로그램을 자율적으로 운영하도록 했다. 고등학교 단계의 공통소양 함양을 위해 공통과목을 유지하며 일반선택 과목은 적정화했다. 또한 학생의 선택을 다양화하기 위해 진로선택 과목을 재구조화하며 융합선택 과목을 신설했다. 특수목적고등학교의 '전문교과 I'을 보통교과로 편입하여 일반고 학생도 진로와 적성에 따라 교과를 선택할 수 있게 했다.

그리고 과목별 이수학점 증감 범위를 4±1학점으로 조정하고 필수 이수학점을 94단위에서 84학점으로 축소하여 다양한 선택과목 개설 및 교육과정 편성의 유연성을 확보했다. 단, 한국사, 체육·예술, 생활·교양 영역은 현행 수준을 유지하고 탐구 중심의 교육과정 및 교수학습으로 개선하며 성취평가제를 적용한다.

최근 교육부 장관은 고교학점제의 성공적 시행을 위해 '고교 전학년 성취평가제 도입'을 검토하겠다고 밝혔다. 이상적인 방법이긴 하나 제대로 시행되기 위해서는 자사고·외고 존치 문제를 어떻게 처리할 것인가, 성취평가제를 통해 산출한 성적의 사회적 신뢰성을 어떻게 확보할 것인가 같은 고민이 반드시 뒤따라야 한다. 다음은 고교학점제 도입에 따른 과목 편제안이다.

고등학교 과목 편제(안)

	현행			개편 방안			
교과	과목		교과	공통과목	선택과목		
					일반 선택	진로 선택	융합 선택
보통	공통과목		보통	기초소양 및 기본학력 함양, 학문의 기본 이해 내용 과목 (학생 수준에 따른 대체 이수과목 포함)	교과별 학문 영역 내의 주요 학습 내용 이해 및 탐구를 위한 과목	교과별 심화 학습 및 진로 관련 과목	교과 내·교과 간 주제 융합 과목, 실생활 체험 및 응용을 위한 과목
	일반 선택과목						
	진로 선택과목						

  인문사회와 자연과학의 기초소양을 균형 있게 함양하기 위해 사회와 과학 교과군의 교육과정 편성·운영 지침을 마련한다. 아울러 국어, 영어, 수학 교과의 총 이수학점은 필수 이수학점의 50퍼센트인 81학점을 초과하지 않도록 정한다. 학생의 선택과 학교에서 제공하는 교과목의 불일치를 극복하기 위해 공동교육과정과 온라인학교[108]를 운영한다. 나아가 학교 밖 자원을 활용한 학습경험을 제공하고 수업을 삶과 연계하도록 지원한다.

  모든 선택과목에 성취평가제를 도입하는 등 고교학점제와 개정 교육과정에 맞는 성장 중심 평가체제를 구축한다. 과목이수 기준(수업 횟수의 3분의 2 이상 출석, 학업성취율 40퍼센트)을 충족하면 학점을 취득하고, 미이수자가 발생하면 보충이수(대체이수도 가능)를 지원한다. 고교학점제가 성공적으로 안착하기 위해서는 일관된 정책으로 신뢰를 쌓는 것이 중요하다. 예를 들어 선택과목은 늘어나는데 교원 수급이 미흡한 것, 성취평가제를 실시하면서 자사고·외고는 그대로 두는 것, 고교학점제와 부합하지 않는 대입제도를 이어가는 것 등은 고교학점제 정착에 걸림돌이 될 것이다.

특수교육 교육과정 개선

특수교육 교육과정에서는 기본 교육과정을 일반 교육과정의 대안적 성격이 아닌 학생 맞춤형 교육과정으로 정립하고, 적용 대상을 구체적으로 제시했다. 또한 특수학교의 특수성과 학생별 장애 특성에 맞는 '일상생활 활동'을 신설하도록 했다. 이를 위해 학습량 적정화와 내용체계 및 성취기준을 재구조화하고 원격수업 상황에서 보조공학기기 활용, 학습 꾸러미 등을 제공하여 맞춤형 교육을 지원한다.

초·중등학교 교육과정 총론에 특수교육 대상 학생에 대한 학교 교육과정 편성·운영·평가 등의 지원 사항을 제시했다. 이와 함께 통합교육 지원에 관한 기준과 학교급별 지원 방향, 일반-특수 교사 간 협력적 교육과정 운영 방안 등을 총론에 명시했다. 또한 특수학교의 고교학점제 운영을 위해 별도의 과목별 이수기준(수업 횟수 3분의 2 이상 출석, 장애학생 교과학습 발달상황 평가)을 두기로 했다. 이처럼 특수교육 교육 과정 대상의 진로와 과목 선택권 확대 등을 고려하여 교과 (군)가 재구조화되고 신설된 것은 의미가 있다.

교과 교육과정 개발 방향 개선

2022 개정교육과정은 '깊이 있는 학습'과 '교과 간 연계와 통합', '삶과 연계한 학습', '학습과정에 대한 성찰'을 강조한다. 이를 위해 교과 교육과정의 성격과 목표 및 원리, 지식·이해, 과정·기능, 가치·태도를 골자로 하는 내용체계 및 성취기준, 교수·학습 평가 방안을 모색한다. 교과 교육과정 설계의 원리는 다음과 같다.

- 각 교과의 본질과 얼개를 드러내는 핵심 아이디어 선정
- 학생이 궁극적으로 이해하고 있어야 할 것, 교과의 사고 및 탐구 과정, 교과 활동을 통해서 기를 수 있는 고유한 가치 및 태도를 선정하고 조직

- 성취기준은 영역별 학습의 결과로 진술하고 각각의 내용 구성 요소가 아니라 3가지 차원의 요소를 통합한 학생의 수행을 보여주는 문장으로 진술

다음은 역량 함양을 위한 교과 교육과정의 강조점을 구조화하여 나타낸 것이다.

역량 함양을 위한 교과 교육과정의 강조점

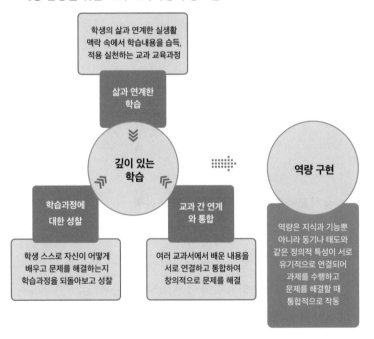

교과 교육과정은 총론과의 유기적 연계를 토대로 개발하고자 노력했으며, 각론 조정위원회는 내용의 적정화와 중복해소, 일관성 등을 유지하기 위해 노력했다. 이를 위해 교과 교육과정 개발을 위한 연구팀과 총론 연구진이 합동 워크숍을 갖는 등 수시로 소통의 시간을 가졌다. 또한 현장 적합성이 높은 교과 교육과정 개발을 위해 연구진의 50퍼센트 이상을 현장 교원으로 구성했다. 그러므로 이후 국가교육위원회에서 교육과정의 내용과 기준을 마련할 때에도 현장 교원의 적극적 참여가 이어져야 한다.

미래지향적 교육과정의 과제

국가교육위원회의 몫이 된 교육과정

법률에 따르면 앞으로 교육과정의 내용과 기준을 마련하는 일은 국가교육위원회의 소관업무다. 이제 2022 개정 교육과정의 운영 과정에서 발생할 '수시 개정'을 비롯하여 차기 교육과정 연구개발까지 모두 국가교육위원회의 몫이다.

그러나 심의·의결 과정에서 드러난 미흡한 토론과 졸속 처리를 보면 앞으로 교육과정의 내용과 기준을 판단하는 일을 맡겨도 될지 의문이 들 정도다.

국가교육위원회는 이런 우려를 잠재우기 위해 산하에 국민참여위원회, 전문위원회 등 실무단위를 내실 있게 꾸리고, 교육과정을 보는 위원들의 안목을 높여서 위원 각자의 판단에 대한 신뢰성을 높여야 한다. 또한 사무처의 교육과정 담당 인력을 보강하여 소관업무를 적시에 다룰 수 있는 역량을 확보해야 한다. 국가교육위원회 직제에 따르면 사무처 산하 교육과정과의 업무는 다음과 같다.

1. 국가교육과정 기준과 내용 수립·변경 계획에 관한 사항
2. 교육부 장관, 교육감 협의체 및 국민의 국가교육과정 수립·변경 요청에 관한 사항
3. 유치원, 특수학교, 초·중등학교의 국가교육과정 개발 및 고시
4. 특성화고등학교, 산업수요 맞춤형 고등학교의 교육과정 개발 및 고시
5. 진로교육의 목표와 성취기준에 관한 사항
6. 범교과 학습 주제의 교육과정 반영에 관한 사항

7. 국가교육과정 평가 및 미래지향 교육과정의 연구·개발

8. 통일 대비 남북 표준 교육과정 연구·개발

9. 국가교육과정에 대한 조사·분석 및 점검 계획 수립·실시

10. 국가교육과정 점검 결과 공개 및 사후 관리

11. 국가교육과정 모니터링단 구성·운영

12. 국가교육과정 모니터링 단원 교육에 관한 사항

13. 국가교육과정 관련 전문위원회, 특별위원회 구성·운영

14. 국가교육과정 관계기관 간 실무협의체 구성

15. 교육과정 관련 국내외 네트워크와 협력에 관한 사항

한눈에 봐도 교육과정과가 포괄해야 할 업무 범위가 매우 넓은 것을 알 수 있다. 이 정도의 업무를 수행하려면 지금처럼 과가 아니라 국 단위 편제가 필요하다. 지원 조직을 확대하는 것은 운영 과정에서 시급하게 보완해야 할 문제다.

미래세대가 공부할 교육과정을 심의하고 결정하는 일에는 막중한 책임감이 필요하다. 자칫 위원들이 정치·경제 논리를 우선하거나 진영논리에 갇혀 심의를 그르치면 그 폐해가 온전히 학생에게 가기 때문에 사회적 합의기구의 위상과 역할에 맞는 조직의 모습을 갖추어야 한다.

무엇보다 교육과정 실행 주체인 현장 교원의 목소리를 담

기 위한 제도적 장치를 마련해야 한다. 시행령에 따르면 국가교육위원회는 교육과정의 내용과 기준을 마련하기 위한 연구와 조사를 실시하고, 모니터링단을 운영한다. 이 같은 조직을 운영할 때는 교육과정 실행의 주체인 현장 교원과 학생의 참여를 보장하는 것이 중요하다.

교육과정의 적용과 안착 지원

새로운 교육과정이 수립되면 교육청별로 핵심교원을 연수 교육시켜 그 내용을 현장으로 전달하는 것이 그동안의 관행이었다. 그러나 이 같은 전달연수 방식으로는 교육과정의 취지를 이해하거나 적용하는 데 한계가 있다. 교육과정의 총론과 각론을 고시하는 것은 교육과정 개발의 끝이 아닌 시작이다. 문서에 담긴 내용과 기준 못지않게 중요한 것은 이를 편성하고 운영하는 과정에서 학교의 실정과 조건에 맞는 최적의 교육과정을 생성하는 것이다. 개발보다는 적용 과정에서 '만들어가는 교육과정'의 본 모습을 구현할 수 있다. 따라서 일방적 전달연수를 넘어 참여자가 스스로 기획하고 사례를 공유하며 전파하는 방식의 개방형 워크숍을 실시해야 한다.

2022 개정교육과정이 본격적으로 시행되기까지는 2년 정도의 시간이 있다. 이 시기에 교육과정 해설서와 교과서 개발 등의 후속 작업을 계속하면서 지역 교육과정과 학교 교육과정 사례를 발굴하고 전파하는 일을 활발하게 진행해야 한다. 이를 위해 교육청에 설치하는 지역교육과정위원회는 물론이고 학교교육과정위원회와 같은 기층 단위 거버넌스를 활성화해야 한다.

학교 현장에서 생각하는 교육과정에 대한 이미지는 교과 시수의 편제와 이로 인해 생기는 과목별 과원 교사 발생 등과 강하게 연동되어 있다. 이런 까닭에 학교 교육계획을 수립할 때 과목 간 긴장이 높아지기도 한다. 특히 고교학점제를 시행하는 국면에서는 과목별 유불리를 따지는 풍경이 펼쳐질 것이다. 그러므로 전 교직원 워크숍 등을 통해 교육과정에 대한 이해를 돕고 합리적인 운영 방안을 모색해야 한다. 이를 위해 학교교육과정위원회는 구성원의 이해와 요구를 모아 합리적 운영 방안을 결정해야 할 필요가 있다.

2022 개정교육과정은 교육과정 재구성의 폭을 확대했다. 과목 안에서 학습 주제를 재구성할 수도 있고 교과 간, 교과와 창의적 체험활동 간 20퍼센트 범위 안에서 교육과정을 유연하게 운영할 수도 있다. 또 학교 교육과정의 가능성과

한계를 정확히 알고, 이를 학습자의 편에서 재구성할 수 있도록 교원의 교육과정 문해력과 운영 역량을 강화했다.

교육부가 고시한 2022 개정교육과정은 여러 면에서 아쉬웠지만, 이후 초·중·고등학교에서 가르치고 배워야 할 내용과 기준을 담고 있다는 점에서 의미가 있다. 교육과정을 나무에 비유했을 때 총론은 뿌리이며, 학생 한 명 한 명의 가능성과 잠재력을 교육과정을 통해 그들 삶 속에서 다양한 방식으로 실현케 하는 것은 나뭇가지가 뻗고 열매를 맺는 일과 같을 것이다.

고시 이후 학교 현장을 중심에 둔 다양한 의견수렴과 숙의 토론, 그리고 이를 뒷받침하는 연구를 통해 '더 나은 미래, 모두를 위한 교육과정'의 이행 방안이 만들어져야 한다. '국민과 함께 하는 미래형 교육과정'이 긍정적 취지를 살려 나가기 위해서는 남은 후속 활동에 충실해야 한다.

미래세대가 배울 교육과정을 마련하는 일은 그 내용을 선정하고 조직하는 것 못지않게 어떤 방법으로 추진할지가 중요하다. 그런 의미에서 교육과정 개정 국면에서 가능성을 확인한 각종 거버넌스의 운영과 학생 및 지역 참여위원의 열정적 참여를 이어나가야 한다. 그 과정에서 교육주체가 함께 소통하며 집단지성을 모아 합리적인 의견을 도출해낼 수 있을 것이다. 그 중심에 내일을 살아갈 미래세대의 삶과 성장이 있다.

학습자원 공유를 위한 자발적 플랫폼 모색

많은 교사와 학생, 학부모는 교과서를 통해 교육과정을 운영한다고 생각한다. 그동안 교육과정 운영에서 교과서가 차지하는 위상은 절대적이었다. 교과서에 기술된 내용이 자주 언론에 오르내리고, 특정 어휘가 민원의 대상이 되거나 진영논리 안에서 해석되는 일이 비일비재했다.

교과서가 교육과정을 실행하는 유력한 수단 중 하나인 것은 맞지만 절대적인 것은 아니다. 교사는 제일 먼저 교육과정의 성취기준과 이에 따른 해설, 그리고 교수·학습에서의 유의사항을 이해해야 한다. 그다음에 그것을 이행하는 데 가장 적합한 교과서를 선택하여 적절히 사용하면 된다. 이때 '적절히' 사용이라는 것은 교과서를 대체불가한 경전처럼 생각하지 말라는 뜻이다.

교과서는 주요 참고자료이자 교육과정 재구성의 대상이다. 때때로 교과서 내용은 진영논리에 휩싸이기도 하고, 학문공동체의 연구 산물처럼 여겨지기도 한다. 교육과정을 풍성하게 운영하기 위해선 교과서가 가진 절대적 신화를 깰 필요가 있다.

과거 국정교과서를 주로 사용하던 시절에서부터 지금까지 교과서 발행체제는 변천을 거듭해왔다. 현재 국정교과서는 초등학교의 소수 교과만 사용하고 있고, 중학교와 고등학교에서는 사라진 지 오래다. 초등학교의 다수 교과와 중학교·고등학교에서는 검정교과서와 인정교과서를 사용하고 있다. 이 중 인정교과서는 교과서 자유발행제의 초입 단계를 보여주는 것이라 하겠다.

교과서를 포함한 학습 콘텐츠는 교사의 가르침과 학생의 배움을 매개해주는 수단이다. 지금은 정보화의 진전에 따라 많은 콘텐츠가 디지털로 전환되고 있는 시점이기도 하다. 앞으로 학습 콘텐츠를 교류·생성하는 온라인 플랫폼이 일상화될 것으로 예상된다. 각종 온라인 콘텐츠나 플랫폼 등 민간 학습자원을 사용하는 것도 하나의 방법이지만 교육과정 운영만큼은 교사와 학생의 자발적 참여를 기반으로 이루어질 때 지속가능성을 유지할 수 있다.

서책 형태의 고정화된 교과서가 아닌 온라인 플랫폼에서 '교사와 학생이 함께 만들어가는 교과서'를 사용할 날이 곧 올 것이다.[109] 교육부에서 시범학교에 적용했던 '온라인 콘텐츠 활용 교과서'가 좋은 사례다. 2024년 초등 1, 2학년을 비롯하여 2025년부터는 새로운 교육과정에 따라 제작된 교과서가 첫 선을 보일 예정이다. 따라서 하루라도 빨리 온라인 학습자원을 위한 공유 플랫폼 설계를 시작해야 한다.

교육과정에 대한 10가지 질문과 답변

질문 1 교육과정은 그동안 숱한 쟁점을 만들어내며 때로 다툼의 대상이 되기도 했지만 그 성격과 개념이 무엇인지 한마디로 정의하기 쉽지 않다. 교육과정이란 무엇인가?

교육과정의 성격 또는 개념에 접근하는 방식은 다양하다. 일반적으로 통용되는 교육과정의 개념은 '교육목표를 달성하기 위해 선택한 교육내용과 학습 활동을 체계적으로 편성·조직한 전체 계획'이다. 그러나 이 개념만으로 교육과정의 모든 것을 말하기엔 역부족이다. 그런 까닭에 교육과정의 개념을 말할 때는 이것이 쓰이는 맥락과 용도, 목적에 따라 조금씩 다르게 정의한다.

교육과정을 국가가 법령에 따라 '고시하는 문서'로 생각하든, 학습과정에서 축적되는 '경험의 총체'로 생각하든 교육과정은 '무엇(교육내용)'을 '어떻게(교육방법)' 가르치고 배울지를 정하는 문서이자 경험이다. 다만 최근 교육과정 설계의 추세는, 포괄적 성취기준을 통해 가르치고 배워야 할 요소와 범위가 제시되면 교수·학습 장면에서 이를 재구성하여 가르치는 쪽으로 진화하고 있다.

질문 2 | 교육과정 구성을 둘러싸고 이해가 충돌하는 이유는 무엇인가? 아이들의 배움에 왜 어른들이 개입하여 다투는가?

교육과정은 그 성격상 가르치고 배우는 '내용'과 '방법'을 다룬다. 그런데 가르치고 배우는 내용을 선정하기는 쉽지 않은 일이다. 예를 들어 어떤 사람은 '인성교육'이 중요하다고 말하고 어떤 사람은 '민주시민교육'이 중요하다고 한다. 가르치고 배울 내용을 정하는 것이 교육과정인 만큼 어떤 내용을 넣거나 배제할 때 서로 간의 이해가 엇갈릴 수 있다.

특히 2022 개정교육과정의 경우 자유민주주의, 민주시민교육, 생태전환교육, 노동교육, 성평등교육 등을 둘러싸고 서로 다른 견해가 빈번이 충돌했다. 기본적으로 교육과정은 정치적 속성을 갖는다. 그 과정에서 어른들은 질서 있게 토론하고 사회적 합의를 이끌어내어 교육과정이 다루는 내용이 '합의의 산물'이 되도록 해야 한다.

가르칠 내용을 완전무결하게 합의할 수는 없기에 그 합의는 잠정적일 수밖에 없다. 가르쳐야 할 지식에 대해서도 누군가가 완전무결성을 보증하는 것은 아니기에 해당 지식은 그 시기, 그 사회 구성원이 한시적으로 정하는 합의의 결과일 수밖에 없다. 이런 성격의 지식을 가지고 타인에게 신념을 강요하는 행위는 바람직하지 않다.

질문 3 고등학생들은 교육과정과 상관없이 대입제도에 유리한 방식으로 공부할 것이다. 2022 개정교육과정에 맞는 이상적인 대입제도는 어떤 것인가?

고등교육법은 '대학입시와 관련한 사항을 정하거나 변경할 경우에는 해당 입학 연도의 4년 전 학년도가 개시되는 날 전까지 공표해야 한다'고 정하고 있다. 이에 따라 현재 정책연구 중에 있는 대학입시 개선 방안은 교육부의 검토를 거쳐 2024년 초에 발표하고, 2028학년도에 처음 적용한다.

새로운 대입제도는 2022 개정교육과정과 고교학점제에 부합하는 것이어야 한다. 어떤 경우라도 교과목 성취의 결과로 학생을 줄 세우는 방식은 대학이나 고등학교 교육에서 바람직하지 않다. 대학에서는 학생의 진로적성에 따라 각 학과의 특성에 맞는 학생을 선발하고, 고등학교에서는 학교 교육의 결과를 반영하는 것이 이상적이다. 나아가 고등학교 교육을 정상화하고 사교육을 유발하는 요인을 최소화하는 방향으로 개선을 추진해야 한다. 또한 수시·정시 비율 논쟁을 넘어 미래지향적 대입제도로 고등학교와 대학이 함께 상생·발전하는 계기가 되어야 한다.

질문 4 지금까지 교육과정 총론은 물론 각론 한번 읽지 않아도 수업하는 데는 큰 무리는 없었다. 우리 학교만 봐도 학교 교육과정을 편성·운영하기 위해 관련 부서장들이 교육과정 문서를 들여다보는 정도다. 교육과정은 왜 매력적으로 읽히지 않는가?

많은 교사가 교육과정 문서를 꼼꼼하게 읽어보지 않는다. 읽지 않아도 교과서만으로 수업을 하는 데는 전혀 문제가 없다고 생각하기 때문이다. 게다가 총론 문서나 각론의 성취기준은 흥미 있는 내용도 아니다. 또한 학생과 학부모의 입장에 서서 교과서 내용을 중심으로 지식을 잘 전달해주는 것이 시험에 도움이 된다고 생각하는 경향이 있다.

교사는 교재연구 이전에 해당 교과목의 교육과정 내용체계 및 성취기준을 읽어보아야 한다. 여기서는 그 영역에서 가르쳐야 할 핵심 아이디어와 발달단계별 내용요소를 제시한다. 이것을 다시 '지식·이해' '과정·기능' '가치·태도'로 구분하여 살펴보는 일은 교육과정의 맥락과 관련하여 매우 중요하다. 자신이 가르칠 학생이 이전 단계에서 무엇을 배우고 올라왔는지, 또 다음 학년으로 올라갈 때 어떤 내용을 공부하게 될지를 조망할 수 있게 되면 교육과정 설계가 훨씬 쉬워진다.

그다음으로 중요한 것은 성취기준이다. 여기서는 해당 영역의 공부를 통해 어느 지점까지 도달해야 할지 제시한다. 교수학습의 난이도나 흐름을 조절하는 데서 성취기준을 참고하는 것은 필수적이다. 성취기준 해설이나 적용 시 고려사항도 교수학습을 풍부하게 만들어준다. 성취기준이 교과서와 정확히 일치하지 않으므로 성취기준에 따라 교과서 내용을 재구성하여 가르치는 것이 좋다.

교육과정 문서가 쉽게 읽히지 않는다는 지적은 어제 오늘의 이야기가 아니다. 2022 개정교육과정에서는 가독성을 높이기 위해 내용의 순서나 배치를 상당히 고려했다. 일례로 총론에 장별로 도입글이 신설되고 교육과정이 개정된 배경

을 총론 문서 내에 처음으로 기술하는 등의 개선이 이루어
졌다. 교육과정 후속 조치와 관련해서 교과별로 교육과정을
좀 더 쉽게 이해하고 적용하기 위한 방안이 나올 것으로 기
대한다.

질문 5 앞에서 국가교육위원회의 교육과정 심의·의결 과
정에 문제가 있었다고 지적하면서도 2022 개정교육과정
에 의미를 부여하고 있다. 고시된 교육과정이 문제점과
의미를 동시에 가지고 있다는 말인가?

처음으로 교육과정을 심의한 국가교육위원회가 쟁점 사
항을 놓고 충분하게 토론하지 못했고, 일부의 반대에도 불
구하고 표결을 강행한 것은 지적받아 마땅하다. 그러나 그
렇다고 해서 2022 개정교육과정이 가지고 있는 긍정적 취지
마저 훼손되는 것은 아니다.

분명히 2022 개정교육과정은 이전 교육과정보다 진일보
한 측면이 있기에 그것은 그것대로 평가되어야 한다. 미흡
하나마 국민과 함께 하는 미래형 교육과정이라는 슬로건 아
래 거버넌스를 풍부하게 꾸린 것이나 국가교육회의 대국민
설문조사와 시도교육감협의회의 교육과정 현장 네트워크
활동, 학생과 지역 참여위원회의 가동, 교육과정의 분권화

와 자율화를 진전시킨 것은 2022 개정교육과정에 의미를 부여할 만한 긍정적 측면이다. 개정 국면에서 드러난 문제점을 정리해보는 것은 앞으로 국가교육위원회 운영에 중요한 참고 사항이 될 것이며, 그 의미를 정리해보는 것 역시 더 좋은 교육과정을 지향하기 위한 노력의 일환이라 하겠다.

質문 6 학교 입장에서는 국가교육과정, 지역 교육과정, 학교 교육과정의 가능성을 다 열어둔 꼴이어서 다소 혼란스럽다. 지역 교육과정과 학교 교육과정을 반드시 도입해야 하는가?

교육과정이 실행되는 곳은 학교와 교실이다. 2022 개정교육과정 총론에서도 교육과정의 성격을 '교육목적을 달성하기 위한 학교 교육과정의 공통적이고 일반적인 기준'이라고 규정하고 있다. 즉, 교육과정 운영의 중심은 학교이며 지역에서 개발한 교육과정의 도입 여부, 학교에서 별도 교과목 개설 여부 등은 학교 구성원의 의사에 따라 결정할 수 있다. 학교의 조건과 환경, 교사와 학생의 필요를 조사하고 이에 기반하여 교육과정을 구성할 수 있는 근거가 이번 교육과정에 명시되었다고 보면 될 것이다.

2022 개정교육과정은 초등학교와 중학교에서 지역과 연

계하거나 다양하고 특색 있는 교육과정을 운영하기 위해 학교 자율시간을 재량껏 편성·운영하도록 하고 있다. 이는 기존 교육과정에 제시된 교과목 외에 새로운 선택과목을 개설할 수 있도록 한 것이다. 학교 자율시간은 교과별 및 창의적 체험활동 수업시간의 학기별 1주의 수업시간을 확보하여 운영한다. 자세한 방법은 향후 교육부의 후속 연수를 통해 시도교육청별로 안내될 것이다. 여기서 중요한 것은 학교 구성원들이 민주적인 방법으로 자율시간의 내용과 방법을 결정하는 것임을 명심하자.

질문 7 교육과정을 개정할 때마다 역량중심 교육과정인지, 지식중심 교육과정인지를 두고 논란이 있었다. 2022 개정교육과정은 어떤 교육과정인가?

2022 개정교육과정은 학습자의 역량 함양에 비중을 두면서도 깊이 있는 지식 축적을 돕고자 한다. OECD 학습 나침반 2030에서 말하듯 미래사회의 불확실성에 대응하기 위해 '변혁적 역량'을 키우는 것은 매우 중요한 과제다. 역량 함양을 강조한다고 해서 지식 획득을 소홀히 하는 것은 아니다. 일반적으로 역량의 범주에는 인지역량, 사회·정서역량, 행동역량이 있다.

인지역량에서 중요한 것은 기존 지식을 체계적으로 익히고, 새로운 지식을 생성하는 능력을 키우는 것이다. 2022 개정교육과정은 '깊이 있는 학습', '교과 간 연계와 통합', '삶과 연계한 학습', '학습과정에 대한 성찰'을 강조한다. 이를 위해 교과 교육과정의 성격과 목표 및 원리, 지식·이해, 과정·기능, 가치·태도를 골자로 하는 내용체계 및 성취기준, 교수학습 평가 방안을 모색한다. 역량 함양은 지식과 기능뿐 아니라 동기나 태도와 같은 정의적 특성이 서로 유기적으로 연결되어 과제를 수행하고 문제를 해결하는 총체적 접근 과정이라 하겠다.

질문 8 고등학교에서 고교학점제를 시행할 때, 학생이 이수하고 싶은 과목이 학교에 개설되지 않았을 경우엔 어떻게 하는가? 학교의 여건이나 교사들의 조건에 따라 격차가 발생할 것이 우려된다. 2022 개정교육과정에서는 이를 어떻게 해결할 수 있는가?

고교학점제 운영 과정에서 학교는 학생이 필요로 하는 바를 충족하기 위해 최대한 노력하겠지만 이는 현실적으로 학교가 가진 환경과 조건, 교원수급 능력에 따라 달라진다. 다만 학교에서 개설하지 않은 과목을 학생이 희망할 경우, 그

과목을 개설한 다른 학교에서 이수한 것을 인정하도록 했다. 또한 학교는 학생의 필요에 따라 지역사회 기관에서 행해진 학교 밖 교육을 과목 또는 창의적 체험활동으로의 이수를 인정한다. 다른 학교와 진행하는 공동교육과정이나 온라인학교를 통해서도 학교에서 개설되지 않은 교과목을 이수할 수 있다.

질문 9 고등학교 교육과정을 편성·운영할 때 수학이나 영어를 어려워하는 학생들이 있다. 이들도 똑같이 공통과목으로 개설한 수학이나 영어 수업을 들어야 하는가?

공통과목은 해당 교과(군)의 선택과목 이수 전에 편성하는 것을 원칙으로 하고 있다. 학생의 학습 수준이 공통과목을 이해하는 데 어려움이 있는 경우에는 공통수학 1, 2를 기본수학 1, 2로, 공통영어 1, 2를 기본영어 1, 2로 대체하여 이수하도록 편성할 수 있다.

질문 10 '만들어가는 교과서' 또는 '학습자원을 위한 공유 플랫폼'은 어떻게 만들어지고 누가 사용하는가?

앞으로는 디지털을 기반으로 한 많은 교재가 만들어질 것이다. '만들어가는 교과서'는 서책 형태의 교과서와 함께 쓰이거나 독립적 콘텐츠 형태의 열린 학습자원으로 활용할 수 있다. 학습자원을 위한 공유 플랫폼은 교수학습 콘텐츠를 생성·교류하는 온라인 장소다. 이곳에서는 교사는 물론이고 학생까지도 자유롭게 학습자원을 제작하고 공유할 수 있으며, 이를 교실 조건에 맞게 가공하여 재수정하거나 재등록할 수도 있다. 이를 위해 교육목적으로 쓰이는 학습자원의 저작권 적용 예외를 폭넓게 검토하는 것이 필요하다.

주(註)

교사의 전문성과 학습공동체

1 서경혜, 〈교사 전문성 개발을 위한 대안적 접근으로서 교사학습공동체의 가능성과 한계〉, 한국교원교육연구, 26권 2호, pp. 243-276, 2009.

2 오욱환, 《교사 전문성》, 교육과학사, 2005.

3 OECD, '*Learning Frame Work 2030*', 2018.

4 유발 하라리, 《21세기를 위한 21가지 제언》, 전병근 옮김, 김영사, 2018.

5 UNECSCO 국제미래교육위원회, 〈함께 그려보는 우리의 미래--교육을 위한 새로운 계약〉, UNECSCO 한국위원회 옮김, 2021.

6 앤디 하그리브스·마이클 풀란, 《교직과 교사의 전문적 자본: 학교를 바꾸는 힘》, 진동섭 옮김, 교육과학사, 2012.

7 함영기, 〈수업전문성의 실천적 재개념화를 위한 질적 사례연구〉, 성균관대학교 박사학위 논문, 2009.

8 이 기준은 2015년 서울시교육청의 정책연구에 담겨 시도교육과정 편성·운영 지침인 '함께 만들어가는 혁신미래교육과정'의 '서울교사 전문성 기준'으로 채택되었다.

9 유발 하라리, 앞의 책.

10 일본의 사토 마나부가 창안한 교육개혁 방안으로 공공성, 민주주의, 탁월성이라는 철학적 원리를 바탕으로 운영된다.

11 프랑스 초등학교 교사 셀레스탱 프레네(Célestin Freinet)가 공교육을 개혁하기 위해 창안한 교육. 프레네는 삶을 통해 형성하는 지식, 협동과 민주주의, 학교 안에서 협력적으로 일하기 등을 학습원리로 삼았다.

12 1919년 루돌프 슈타이너(Rudolf Steiner)가 세운 발도르프 학교에서 출발한 대안교육을 말한다. 남녀공학, 에포크수업(집중수업), 전인교육, 성적이 없는 성적표, 교과서가 없는 수업, 외국어 수업, 자치 행정 등을 특징으로 한다.

13 Dewey, John, "*Democracy and Education: An Introduction to the Philosophy of Education*", Macmillan, 1916.

14 비고츠키는 모든 아동이 부모와 친구, 교사와의 상호작용을 통해 많은 것을 배운다는 사실에 주목하면서 이러한 사회관계 속에서 인지발달이 이루어진다고 보았다. 그에 따르면 인간의 고차적 정신 기능의 발달은 언어의 내면화, 기호적 중재, 근접발달 영역을 통해 이루어진다.

15 서울시교육청에서 실시한 협력종합예술활동은 중학교 기간 중 한 학기에 걸쳐 학생들이 전문가의 도움을 받아 뮤지컬, 연극, 영화 등의 작품을 기획하고 실제 무대에 올리는 활동이다. 중학교에서 시작했지만 지금은 일부 초등학교와 고등학교에서도 실시하고 있다.

16 예산을 대강 계산하여 미리 지급하는 방식.

17 예를 들어 서울시교육청의 희망교실은 교육취약학생(4~10명)에게 교원이 멘토가 되어 학생과 함께하는 자발적인 교원 중심의 교육복지 특화 사업으로 2015년부터 운영되고 있다. 2022년 현재 928개 학교 9,347개 팀이 참여하고 있다.

18 2022년 10월 현재 교육부는 민주시민교육과를 인성체육예술교육과로 통폐합했다.

19 곽덕주 외, 《미래교육, 교사가 디자인하다》, 교육과학사, 2016.

20 마이클 풀란, 《학교를 개선하는 교사》, 무지개사, 2006.

21 함영기, 《통하는 학교 통하는 교실을 위한 교사 리더십》, 바로세움, 2008.

22 이 정책은 관리자의 민주적 리더십, 교사의 자율적 결정과 책무성, 학생의 자치와 참여, 학부모의 참여와 협육을 바탕으로 진행했다.

23 서울시교육청이 의욕적으로 추진했던 학교공동체의 민주적 의사소통 프로그램으로 의사소통 내실화에 집중했던 학교가 있었는가 하면 형식에 그친 학교도 있었다. 학교 현장에서는 내용이 좋아도 이를 이행할 방법이 적절하지 않으면 그저 또 하나의 업무로 받아들이는 경향이 있다.

24 서경혜, 앞의 논문.

25 Cohen·March·Olsen, '*A Garbage Can Model of Organizational Choice*', Administrative Science Quarterly, Vol. 17(1), pp. 1-25, 1972.

26 일부 교육청에서는 이를 '학교 간 학습공동체'로 보고 활동을 지원한다.

27 막스 반 매넌, 《가르친다는 것의 의미》, 정광순·김선영 옮김, 학지사, 2012.

28 함영기, 《교육사유》, 바로세움, 2014.

29 함영기, 앞의 책, 2008.

30 에티엔 벵거, 《실천공동체 COP》, 손민호·배을규 옮김, 학지사, 2007.

31 에티엔 벵거, 앞의 책.

학교 리더와 학습조직

32 내부형 교장 공모에는 2가지 형태가 있다. 교장 자격증 소지자가 대상인 공모(A형)와, 일부 자율학교에서 교장 자격증 미소지자를 대상으로 하는 공모(B형)가 있다.

33 Ben Solly, "*Distributed leadership explained*", 2018. 분산 리더십에는 자율성, 역량 및 책임이라는 3가지 핵심 원칙이 있다. 각각은 동등하게 중요하며 모두 상호의존적이다. 원문출처 https://www.sec-ed.co.uk/best-practice/distributed-leadership-explained/

34 수호믈린스키가 교장이자 교사로 20년간 근무했던 파블리시 학교(우크라이나의 초·중등 통합학교)에서는 지식교육, 노동교육, 예술교육, 도덕교육, 신체교육 등 학생의 전인적 발달을 위한 교육에 심혈을 기울였다.

35 앨런 코커릴, 《바실리 수호믈린스키 아이들은 한 명 한 명 빛나야 한다》, 함영기 편역, 한울림, 2019.

36 마사 C. 누스바움, 《인간성 수업》, 정영목 옮김, 문학동네, 2019.

37 막스 반 매넌, 앞의 책.

38 엘리어트 아이즈너, 《교육적 상상력》, 이해명 옮김, 단국대학교출판부, 1999.

39 앨런 코커릴, 앞의 책

40 함영기, 앞의 책, 2008.

41 최명선, 《해석학과 교육 - 교육과정사회학 탐구》, 교육과학사, 2005.

42 Cohen·March·Olsen, 앞의 논문.

43 OECD, 앞의 자료, 2018.

질문이 있는 교실과 민주적 수업문화

44 서울특별시교육청, '서울교육방향과 해설', 2014.

45 양미경, 〈교수-학습 상황에서 질문이 갖는 의미와 역할〉, 교육개발, 9(1), 108-115,1987.

46 광주시교육청, '질문이 있는 교실' 보도자료, 2014.

47 존 듀이, 《하우 위 싱크: 과학적 사고의 방법과 교육》, 정회욱 옮김, 학이시습, 2010.

48 김재춘·배지현, 〈플라톤과 들뢰즈 철학에서의 '문제'의 성격 탐색〉, 아시아교육연구, 13(1), 187-213, 2012.

49 김재춘·배지현, 앞의 논문.

50 김재춘·배지현, 앞의 논문.

51 전성수, 《부모라면 유대인처럼 하브루타로 교육하라》, 예담friend, 2012.

52 전성수, 앞의 책.

53 황청일·이성호, 〈대학 강의식 수업에서 학습자가 경험한 질문 저해 요소 분석 연구〉, 교육과학연구, 42(1), 181-212, 2011.

54 유지원, 〈질적 사례 연구를 통한 '질문이 사라진 교실'의 원인 분석 및 해결 방안 제시〉, 한국사회학회, 2014.

55 한국교육과정평가원은 대학수학능력시험을 출제하는 기관이고 EBS는 대입 관련 각종 교재와 인터넷 강의를 제공하는 곳이다. 흔히 수능에서 EBS 연계율이 70퍼센트니 50퍼센트니 하는 말이 나오는데, 이는 학생들이 공부할 때 EBS 교재나 인터넷 강의를 필수적으로 듣게 만든다. 이런 까닭에 한국의 고등학생이 평가원과 EBS를 지식권력으로 보는 것은 어색하지 않다.

56 힐베르트 마이어, 《좋은 수업이란 무엇인가》, 손승남·정창호 옮김, 삼우반, 2011.

57 함영기, 앞의 논문, 2009.

58 이혁규, 《수업-누구나 경험하지만 누구도 잘 모르는》, 교육공동체벗, 2013.

59 로버트 영, 《하버마스의 비판이론과 담론교실》, 이정화·이지헌 옮김, 우리교육, 2003.

60 양미경, 〈집단지성의 구현을 위한 협력학습의 원리 탐색〉, 교육방법연구, 23(2), 457-483, 2011.

61 주철민, 〈문제제기 역사 교수-학습의 원리〉, 역사교육연구, 19, 2014.

62 OECD는 미래핵심역량(2003)과 학습 프레임(2018)을 제시하여 학습의 사회적 성격을 명확히 했다. 한편 UNESCO(2021)는 세계시민으로서 지속가능한 미래를 위한 변혁의 주체 형성이라는 측면에 강조점을 둔다.

기초학력의 재개념화와 정책 전환 탐색

63 교육부, '기초학력 보장 종합계획', 2022.

64 좋은교사운동, '기초학력보장법 통과에 따른 입장문', 2021.

65 교육부는 컴퓨터 적응형 평가가 문항 응답에서 학업성취 수준이 낮은 것으로 판별될 경우, 저난도 문항(기초학력 판별 문항 등)을 제시하고 영역별 정밀한 수준을 파악하여 학습 동기를 향상시키는 평가 방식이라고 말한다.

66 마사 누스마움, 《역량의 창조》, 한상연 옮김, 돌베개, 2015.

67 토드 로즈, 《평균의 종말》, 정미나 옮김, 21세기북스, 2021.

68 상대평가를 이르는 교육학 용어는 '규준지향평가'다. 절대평가는 '준거지향평가'라고 부른다. 상대평가는 개인차 변별이나 경쟁을 통한 동기유발이 가능하며 교사의 주관을 배제한 측정이 가능하다는 장점이 있다. 그러나 학습목표 도달 여부를 확인하기 힘들고 낙인 효과나 암기 위주 교육을 조장한다는 단점이 있다. 한편 절대평가는 변별보다 목표에 따른 성취에 관심을 두며 내적 동기를 유발할 수 있다는 장점이 있다. 단점으로는 교사의 주관이 개입될 여지가 있으며 학생을 선발하는 시험에서는

적용하기 어렵다는 점이 꼽힌다.

69 교육청별로 수행평가, 과정중심평가(초등학교, 중학교), 성취평가제(고등학교) 등의 평가혁신 프로그램을 도입했지만 대학입시의 줄 세우기 평가로 인해 특히 고등학교에서 평가혁신은 더디게 진행되고 있다.

70 이를 '낙수효과(trickle-down)'라고 한다. 대기업이나 고소득자의 투자와 소비가 늘어나면 자연스럽게 저소득층의 소득도 증가한다는 논리다.

71 아마티아 센, 《자유로서의 발전》, 김원기 옮김, 갈라파고스, 2013.

72 토드 로즈, 앞의 책

73 찰스 디킨스, 《어려운 시절》, 장남수 옮김, 창비, 2009.

74 일반 교육과정에서 낙오하는 학생이 없게 하기 위한 법이다. 이 법에 따르면 각 주에서 정한 성취기준이 성취도 평가를 통해 충족되어야 하고, 그 기준이 충족되지 못한 학교와 교사, 그리고 학생은 제재를 받는다.

75 미국 정부는 아동낙오방지법에 의한 평가 결과, 기준 미달 학생이 많으면 주 정부에서 지원하는 예산을 삭감했다. 학력이 계속 향상되지 않으면 해당 학교의 교장이나 교사를 해임하기도 했다. 수년간 학력 미달이 개선되지 않은 학교는 폐교까지 가능하다.

76 마이클 애플, 《교육과 이데올로기》, 이혜영·박부권 옮김, 한길사, 1985.

미래교육 미래학교 상상

77 제롬 S. 브루너, 《교육의 과정》, 이홍우 옮김, 배영사, 1973.

78 클라우스 슈밥, 《클라우스 슈밥의 제4차 산업혁명》, 송경진 옮김, 메가스 터디북스, 2016

79 WEF, 〈세계경제포럼보고서〉, 2015.

80 https://www.worldometers.info.

81 UNESCO, 앞의 보고서.

82 UNESCO, 앞의 보고서.

83 UN, 'Transforming Our World', Sustainable Development Goals 합의문, 2015.

84 한국에서는 모든 제안과 주장을 진영논리화하는 관습이 있다. 예를 들어 생태전환교육이나 지속가능발전교육은 진보, 보수의 입장을 초월하여 인류가 맞닥뜨린 위협에 공동 대처해야 한다는 문제의식에서 비롯하는데도 진보진영의 의제로 분류된다. 비슷한 사례로 보이텔스바흐 합의(Beutelsbacher Konsens)는 1970년대 독일에서 학생의 올바른 정치교육을 위해 서로 다른 정치적 입장을 갖고 있는 정치교육학자들이 합의하여 채택한 일종의 수업지침이지만, 한국에서는 진보진영의 민주시민교육 프로그램 중 하나로 인식되는 경향이 있다.

85 클라우스 슈밥, 앞의 책.

86 공동체의 문화와 정치, 환경 면을 고려하여 만들어진 기술을 말한다. 적정기술을 주장하는 사람들은 당대의 주류 기술보다 적정기술이 더 적은 자원을 사용하며, 유지하기 쉽고, 환경에 더 적은 영향을 미친다고 말한다.

87 정지은·강기수, 〈메를로-퐁티의 《지각의 현상학》에 나타난 몸철학의 교육적 의의〉, 교육사상연구, 35(2), 173-100, 2021.

88 윤은주, 〈2016 핀란드 국가핵심교육과정 개편: 학습의 기쁨(Joy of Learning)을 향한 끝없는 여정〉, 한국교육개발원 2015 세계교육정책 인포메이션 7호, 2015.

89 유발 하라리, 앞의 책.

90 마사 누스바움, 앞의 책, 2015

91 UNESCO, 앞의 보고서.

92 오즐렘 센소이·로빈 디앤젤로, 《정말로 누구나 평등할까?》, 홍한별 옮김, 착한책가게, 2016.

93 함영기, '인공지능 시대에 교육 불평등을 말하기', 2016 서울국제교육포럼 토론문, 370-374, 2016.

94 서울시교육청, 〈서울미래교육 상상과 모색〉, 서울미래교육준비협의체 기초연구 보고서, 2016.

95 UNESCO, 〈모두를 위한 교육(Education for All, EFA) 세계 현황 보고서〉, 유네스코 한국위원회, 2015.

96 서울시교육청의 경우 2014년 조희연 교육감 1기부터 혁신교육과 미래교육을 통합하여 '혁신미래교육'이라는 용어를 써왔다.

2022 개정교육과정의 의미와 과제

97 2022년 7월에 제정된 국가교육위원회 설치 및 운영에 관한 법률 부칙 제4조에 따르면 '이 법 시행 당시 초·중등교육법 제23조에 따라 교육부장관이 개정 중인 국가교육과정에 한하여는 위원회의 심의·의결을 거쳐 교육부장관이 2022년 12월 31일까지 고시'해야 한다.

98 국가인권위원회, '2022 개정 교육과정 행정예고에 대한 국가인권위원장 성명서', 2022.

99 2022년 12월 22일 자 한겨레신문 기사. '성평등' 없는 2022 교육과정 확정 발표…"개정 아닌 개악".

100 2020년 6월 장혜원 의원이 대표 발의한 '차별금지법안'은 현재 국회 상임위원회 심사 중이다. 이 법안은 교육목표, 교육내용, 생활지도 기준이 성별 등에 대한 차별을 포함하는 행위, 성별 등에 따라 교육내용 및 교과과정 편성을 달리하는 행위, 성별 등을 이유로 특정 개인이나 집단에 대한 혐오나 편견을 교육내용으로 편성하거나 이를 교육하는 행위를 금지하고 있다.

101 고등학교 공통과목인 '한국사2'의 성취기준에는 '냉전 체제가 한반도 정세에 미친 영향을 파악하고, 자유민주주의에 기초한 대한민국 정부 수립 과정을 탐색한다'라고 최종 기술되었다.

102 고시안에 따르면 고등학교 교육목표에 '성숙한 자아의식과 인간의 존엄성에 대한 존중을 바탕으로 일의 가치를 이해하고, 자신의 진로에 맞는 지식과 기능을 익히며 평생 학습의 기본 능력을 기른다'라고 기술하여 노동이 빠진 일의 가치를 언급했다. 다만 '통합사회2'의 성취기준에서 '사회적 소수자 차별, 청소년의 노동권 등 국내 인권 문제와 인권지수를 통해 확인할 수 있는 세계 인권 문제의 양상을 조사하고, 이에 대한 해결 방안을 모색한다'라고 기술하여 청소년의 노동권을 언급했다.

103 2022 교육과정 편제와 시간 배당 기준에 따르면 초등학교의 경우 정보 교육은 실과의 정보영역 시수와 학교 자율시간 등을 활용하여 34시간 이상 편성·운영하고, 중학교는 정보수업 시수와 학교자율시간 등을 활용하여 68시간 이상 편성·운영한다.

104 교육부·전국시도교육감협의회, '학교 민주주의의 실현을 위한 교육자치 정책 로드맵', 2017.

105 2022년 11월 정부는 일반자치와 교육자치를 통합하는 법안을 발의했다. 아울러 교육감 직선제를 폐지하고 시도지사와 러닝메이트로 출마하는 의원 발의 법안이 논의되고 있다. 교육자치가 더딘 정도가 아니라 사실상 퇴행의 조짐을 보이고 있다.

106 교육부, '2022 개정 교육과정 총론 주요 사항', 2021.

107 2021년 11월 발표한 2022 개정교육과정 총론의 주요 사항에 따르면 자율시수는 초등학교 3학년부터 중학교 3학년까지 매 학년별 최대 68시간을 확보하도록 했지만 최종 확정본에서는 시수를 구체적으로 명시하지 않았다. 이는 현장 교원들이 '최대 68시간'을 교육부에서 제시하는 권고로 생각하기보다 준수해야 할 기준으로 생각할 경우 오히려 현장의 자율성을 제한할 수도 있다는 우려가 반영된 것으로 보인다.

108 온라인학교는 고등학교 학생들이 자신의 진로와 적성에 맞춰 원하는 과목을 학기당 최대 6단위까지 이수할 수 있도록 다양한 수업을 제공하는 학교다. 2023년 대구, 광주, 인천, 경남 등 4개 시도에서 시범 운영한 뒤 연차적으로 확대해나갈 계획이다.

109 교육과정의 폭을 제한하는 것은 서책형 교과서뿐만이 아니다. 민간에서 완성도 높게 만든 온라인 콘텐츠 역시 교사와 학생의 폭을 제한할 가능성이 있다. '만들어가는 교과서'는 이 같은 한계를 극복하고 교사와 학생의 적극적 참여를 기반으로 구현하는 교육과정 운영의 한 방법이다. 배우고 가르칠 내용을 함께 만들어갈 때 지식 전달을 넘어 창조의 교육과정, 생성의 교육과정을 상상할 수 있다.

교사, 학습공동체에서 미래교육을 상상하다

글쓴이 | 함영기
펴낸이 | 곽미순 편집 | 박미화 디자인 | 김민서

펴낸곳 | ㈜도서출판 한울림 편집 | 윤소라 이은파 박미화
디자인 | 김민서 이순영 마케팅 | 공태훈 경영지원 | 김영석
출판등록 | 1980년 2월 14일(제2021-000318.호)
주소 | 서울특별시 마포구 희우정로16길 21
대표전화 | 02-2635-1400 팩스 | 02-2635-1415
블로그 | blog.naver.com/hanulimkids
페이스북 | www.facebook.com/hanulim
인스타그램 | www.instagram.com/hanulimkids

1판 1쇄 펴냄   2023년 2월 28일
    2쇄 펴냄   2023년 5월 31일

ISBN 978-89-5827-144-4 03370